한국 근대문학의 수렴과 발산

지은이 정선태는 1963년 전북 남원에서 태어났다. 서울대학교 국어국문학과 및 동대학원을 졸업하고 현재 국민대학교 국어국문학과 교수로 재직중이다. 저서로 『개화기 신문논설의 서사수용 양상』, 『심연을 탐사하는 고래의 눈—한국근대문학의 형성과 그 외부』, 『근대의 어둠을 응시하는 고양이의 시선—문학·번역·사상』, 『시작을 위한 에필로그』, 역서로 『동양적 근대의 창출』, 『가네코 후미코』, 『일본문학의 근대와 반근대』, 『일본어의 근대』, 『지도의 상상력』, 『생활 속의 식민지주의』, 『근대 일본의 풍경』(공역), 『삼취인경륜문답』(공역), 『근대일본사상사』(공역), 『조선의 혼을 찾아서』(공역) 등이 있다.

한국 근대문학의 수렴과 발산

1판 1쇄 발행 _ 2008년 8월 10일
1판 2쇄 발행 _ 2009년 8월 15일

지은이 _ 정선태
펴낸이 _ 박성모
펴낸곳 _ 소명출판
등록 _ 제13-522호
주소 _ 137-878 서울시 서초구 서초동 1621-18 (란빌딩 1층)
대표전화 _ (02) 585-7840
팩시밀리 _ (02) 585-7848

somyong@korea.com | www.somyong.co.kr

값 17,000원
ISBN 978-89-5626-295-6 93810

한국 근대문학의 수렴과 발산

Essays on Modern Korean Literature and Thoughts

정선태

소명출판

• 책머리에 •

다시 '사람의 무늬'를 읽기 위하여

도대체 알다가도 모를 일이다. 내로라하는 인터넷 서점을 돌아다니면서 확인해보았더니, 글쎄 작년 한 해 간행된 책들 중 역사·문학·철학 등을 포함한 '인문학' 관련 책들이 어림잡아 2,000종을 훌쩍 넘는 게 아닌가. 통계의 허점 또는 '속임수'를 감안한다 하더라도 놀라운 숫자임에 틀림없다. 알 만한 사람이면 누구나 한 마디씩 거드는 그 말, "인문학은 죽었다!"는 탄식이 이 숫자 앞에서 어찌 무색해지지 않을 수 있겠는가.

빈사상태에 처한 줄 알면서, 그러니까 팔리지 않을 줄 뻔히 알면서도 그렇게 끈질기게 인문학의 이름으로 책을 펴내는 이들의 심사는 무엇이란 말인가. 줄기차게 밀어붙이다 보면 뭐 하나 걸릴 거라는 기대라도 걸고 있는 것인지, 아니면 다 죽어가는 인문학에 정중한 애도라도 표하려는 것인지, 그것도 아니라면 인문학의 부흥(또는 부활)을 꿈꾸며 기꺼이 돈과 몸을 투자하는 유지각한(!) 사람들이 차고 넘쳐서 그런 것인지, 그 속사정을 헤아리기가 참으로 어렵다.

이미 화폐라는 이름의 전지전능한 신이 우리의 몸과 영혼을 잠식해버린 상황에서, 그 신에 대한 믿음을 의심하기 시작한 이들이 '인문학'이라는 깃발 아래 집결하고 있는 신호로 읽을 수 있을까, 이 숫자의 의미를? 조금만 관대한 태도를 취한다면 물론 그렇게 읽지 못할 것도 없다. 더구나 저자와 역자들이 오랜 세월 공들인 책들도 적지 않게 찾아볼 수 있으며, 어려운 출판환경 속에서도 각고의 노력을 기울인 악전고투 끝에 인문학의 '명품'들을 출산하고 있는 출판사들도 여럿 있다.

하지만 최근 간행되고 있는 이른바 인문학 관련 서적들을 찬찬히, 아니 대충이라도 살펴보면 대부분이 '인문학백화점'에 슬며시 진열된 '짝퉁'들이라는 것이, 허무하게도 너무나 쉽게 눈에 띄어버린다. 물론 그 중에는 '빛과 소금'같은 책들이 없지는 않다. 그러나 '하룻밤'에 '한 권'으로 끝내는 책들이, 살아 있는 '교과서'와 누구나 알아야 할 '교양'이, 동서고금의 학자들을 현란하게 내세운 '해설'과 '각주'들이, 갖가지 진기명기를 선보이는데야 어디 '진품'들이 설자리가 있겠는가. 창고로 돌아가 곰팡이 숙주가 될 수밖에.

'진품'인 줄을 어떻게 아느냐고 묻는다면, 서운하게 또는 모질게 들릴는지 모르지만, 나는 한국 지성사의 맥락에서 의미를 갖는 동서고금의 고전들, 우리의 현실을 비판적으로 성찰하는 데 시금석이 되는 동시대의 저작들, 다시 말해 팔릴 가능성이 희박한, '정신적 귀족'을 위한 책들이라고 대답할 것이다. 강잉하게 '정신적 귀족'이 되기를 욕망하는 사람들을 견인할 수 있는 책이라 해야 보다 적절할 듯하다.

이렇게 말하는 것은 폭넓은 소통이 이루어지지 않으면 인문학의 활로가 없다는 핑계를 들이밀며 대중적 취향에 영합하는 뻔한 상술로는 이른바 인문학의 위기를 돌파할 가망이 별로 없다고 생각하기 때문이다. 누군가 위기일수록 정공법을 선택하는 게 바람직하다고 말하지 않았는가. 대부분의 출판사들이 인문학의 대중화 노선으로 '전향'해 버린다면, 그때야말로 인문학의 죽음은 현실로 다가올 것이다.

"하늘의 무늬를 보아 때의 변화를 관찰하고, 사람의 무늬를 보아 천하를 교화한다[觀乎天文 以察時變, 觀乎人文 以化成天下]." 『주역』에 나오는 말이다. '하늘의 무늬[天文]'와 '사람의 무늬[人文]'가 조화를 이루는 세계, 이것이 인문학이 꿈꾸는 세계가 아닐까. 사람의 무늬는 이 세상을 살았고, 살고 있으며, 또 살아갈 사람들의 수만큼이나 다양해야 할 것이다. 그러나 과연 그러한가.

세계를 종횡무진 유린하면서 사람의 무늬뿐만 아니라 하늘의 무늬까지 온통 자신의 색깔로 바꾸어버리는 자본의 위력 앞에서 우리들은 표면의 무늬를 좇느라 여념이 없다. 아마도 이 무늬를 추종하다 보면 인문학 또한 자본의 품에 안겨 오래도록 그 생명을 유지할 수 있을는지도 모른다. 그러나 자본과 권력의 압박 아래 짓이겨진 이면의 무늬를 찾으려 고심하는, 인문학을 통해 새로운 삶의 구성과 희망을 말하려는 이들에게 그것은 살아도 사는 게 아닌, 구차하게 구걸하는 일과 조금도 다르지 않을 것이다.

* * *

이 책에 실린 글들은 문학의 주변을 맴돌면서 부질없이 변경인이 되기를 희망하는 어느 '난장이'의 희미한 그림자들이다. 그림자인 까닭에 속살이 있을 리 없다. 빛의 흐름에 따라 흔들리면서 그려온 이 그림자 안에서 삶과 사유의 무늬들을 발견할 수 없을지도 모른다. 그것은 순전히 저자 탓이다. 다만 이 책이 '인문학의 꿈'을 훼손하지나 말았으면 하는 바람이다.

새로운 인문 정신을 구성하기 위해 몸으로 마음으로 애쓰는 이들에게, 공부의 길을 비칠거리며 걸어가는 나를 지켜온 가족들과 친구들에게, 이 책이 나올 수 있도록 힘써주신 김영민 선생님께, 그리고 외로운 인문학 출판의 길을 묵묵히 다져가고 있는 소명출판 식구들에게 미안함과 고마움을 전한다.

2008년 6월 20일, 정선태 적음

차례

모방과 배제, 그 이율배반의 정치심리학

근대계몽기 '일본(인)'이라는 타자의 표상

제2부

민족/국민의 발견에서 아나키즘으로

단재 사상의 향방

'번역'을 타고 바다를 건넌 걸리버, '계몽의 품'에 안기다

『걸리버여행기』의 한국적 수용에 관한 단상

번역이 몰고 온 공포와 전율

『월남망국사』의 번역과 '말년 / 망국'의 상상

번역 또는 식민주의를 '애도'하는 방법

종군문학이 그린 '전쟁의 얼굴'

『보리와 병정』과 『전선기행』

표준어의 점령, 지역어의 내부식민지화

현기영의 『순이삼촌』을 시점으로

제3부

사회진화론의 빛, 그 파장과 동아시아적 굴절

개념 또는 정치의 기만을 넘어 울트라 에고이즘으로 243

고바야시 히데오의 초기 비평

화폐—신의 세계, 파문당한 상상력

'문학위기론' 비판 서설

『죄와 벌』, 선악의 경계에 선 자의 비극

제1부

근대계몽기 민족 · 국민 서사의 정치적 시학

『대한매일신보』 논설을 중심으로

1. 홍수의 세계, 노아의 방주

1898년 12월 26일, '충군애국'과 '자주독립' 그리고 '부국강병'을 슬로건으로 내세우고 황제 고종을 비롯한 권력층을 궁지로 내몰았던 만민공동회의 해산과 함께 대한제국은 이른바 '계몽의 공백' 지대로 접어든다.[1] 만민공동회 해산 직후 1899년에서 1904년에 이르는 시기 대한제국에서는 연이은 정변 음모와 테러 등으로 계엄을 방불케 하는 분위기가 조성되면서 전제군주적 통치체제가 확고해져 갔으며,[2] '진공상태'였다고까지 말할 수는 없겠으나 그 이전이나 이후에 비해 계몽의 열정은 현

1) 만민공동회의 성격과 전개 과정에 대해서는 정선태, 「근대적 정치운동 또는 '국민' 발견의 시공간」, 『근대의 어둠을 응시하는 고양이의 시선—번역 · 문학 · 사상』, 소명출판, 2005 참조.

2) 도면회, 「정치사적 측면에서 본 대한제국의 역사적 성격」, 『역사와 현실』 제19집, 역사비평사, 1996, 27면 이하 참조.

저하게 위축되었다. 『독립신문』 『매일신문』 등 상대적으로 급진적인 계몽의 담론을 전파했던 인쇄매체들이 잇달아 폐간되면서 개혁의 목소리도 빠른 속도로 잦아들었다. 이를 일컬어 '계몽의 공백' 상황이라 부를 수 있을 것이다.

이렇듯 수면 아래로 침잠했던 목소리들이 러일전쟁 후 통감부정치 실시와 외교권 박탈, 조선의 보호국화를 골자로 하는 이른바 을사보호조약(1905.11.17)이 조인되면서 다시 한번 거세게 분출하기 시작한다. 이후 1910년 8월 29일 한일합방조약이 공포되고 조선총독부가 설치되기까지 약 5년 동안 근대계몽기 담론장은 망국의 위기를 돌파할 수 있는 방법이 무엇인가를 둘러싼 논의로 후끈 달아오른다. 『대한매일신보』를 비롯하여 『대한민보』 『만세보』 등 신문과 『태극학보』 『대한흥학보』 『서우』 등 각종 학술지들이 우후죽순처럼 간행되어 각계각층의 다양한 목소리들을 실어나르기 시작했던 것이다. 그리고 그 선두에 신채호 · 박은식 · 양기탁 등이 논설진으로 가담한 『대한매일신보』(1904.7.18 창간)가 있었다.

제국주의 세력이 모든 것을 휩쓸어버리는 시대, 망망대해를 정처없이 떠돌고 있는 민족의 운명을 탄식하는 음울한 목소리와 더불어, '지옥의 구렁텅이'로 떨어지고 있는 국가의 구원을 갈구하는 기원의 목소리가 이 시기 담론 공간을 가득 채운다. 이를 대변하듯 『대한매일신보』는 이 시대를 민족주의의 사나운 물결이 세계를 뒤덮고 있는 '홍수의 세계'로 명명한다.

> 문명이라는 글자를 잘못 해석하여 옹용평화(雍容平和)함으로 행복을 누리는 자는 어리석은 자의 완만한 꿈이며, 인류는 진리에 의지하여 산다 하여 강하고 권세 있는 말을 반대하는 자는 썩은 선비의 오활한 의론이니, 장래 몇천 년 후에는 어떤 장려한 황금시대에 지상천국이 건설될지는 알지 못하거니와 목하 이십세기는 문득 천지개벽한 이후로 전고에 없는 제일 큰 홍수가 범

람하는 세계니라.[3]

천지가 개벽한 이래 전례 없이 강력한 홍수가 범람하고 있는 20세기를 지배하는 것은 약육강식과 적자생존의 깃발을 앞세운 경쟁의 논리였다. 근대계몽기 담론장을 석권한 이론이 사회진화론이라는 것은 박영효와 유길준을 비롯한 문명개화론자들뿐만 아니라 박은식과 신채호 등 민족주의자들의 글들을 통해 어렵지 않게 확인할 수 있다. 문화의 역사적 기반을 철저하게 무시한 채 오직 근대화(=서구화) 진전 정도에 근거하여 세계를 개화-반개화-미개화-야만으로 위계화한 사회진화론적 사고는 국가유기체설과 결합하면서 근대국가의 폭력을 정당화하는 논리로서 기능해왔다. 한국의 경우도 예외가 아니어서 메이지 시대와 청말의 사회진화론을 수용한 지식인들은 이 논리에 입각하여 '문명국'으로 향하는 방법을 모색했다.[4]

『대한매일신보』에 따르면, 이러한 사회진화론이 지배하는 세계는 "제국주의로 배를 만들고 상업정책으로 돛대를 세우며 식민방침으로 낚싯대를 삼아" "순풍에 돛을 달고 사방으로 다니며 엿보다가 어느 곳에든지 열리지 아니한 민족이 있거든 꾀이기도 하고 공갈도 하며 주살질도 하고 그물질도 하여 일체 자기집 속과 가마로 몰아넣는" 홍수의 세계이며, 이곳에서 문명국 인민은 왕성하게 그 힘을 과시하고 미개한 나라의 인민은 무력하게 빠져죽을 수밖에 없다. 그렇다면 어두운 하늘빛, 음침한 구름이 사방에서 모여들어 큰 바람이 불고 조수(潮水)가 날마다 넓어지는 시대에 한국 동포는 어찌해야 할 것인가. "속속히 노아의 배를 준비하고 옷과 양식을 이에 싣고 부모처자를 이에 실으며 종족붕우(種族朋友)도 이에 싣고 일만(一萬) 눈이 함께 보며 일만 입이 함께 소리하며 일만 발이 함께 걸으며 일만 사람이 함께 용심하여 서로 연구하

---

3) 「논설」, 『대한매일신보』, 1908.8.9.

4) 상세한 내용은 전복희, 『사회진화론과 국가사상』, 한울, 1996. 제4장 및 제5장 참조

며 서로 강론할 것이요, 한 배 안에 있는 자가 모두 나의 대적(大敵)이라 하는 구습을 버리고 사생동고(死生同苦)의 단체를 결하여 분발하고 용맹으로 진보하여 괴로운 바다와 어려운 땅을 뛰어나오"지 않으면 "어복(魚腹)의 귀신"을 면할 길이 없을 것이라고 이 논설의 필자는 경고한다.[5)]

이렇듯 거침없이 몰아치는 홍수의 세계를 건널 수 있는 '노아의 방주'를 만들지 못한다면 조선 민족은 격랑 속에 휘말려 자취도 없이 사라지고 말 것이라는 위기의식에 짓눌려 있던 계몽지식인들은 '사생동고의 단체'를 결성할 것을 촉구한다. 이 단체는 민족 · 국민 정신으로 충만한, 애국의 열정으로 똘똘 뭉친 강고한 국가의 다른 이름이다. 이제 국가는 모든 가치를 평가하는 척도가 되며, 국가정신을 발양하는 이들을 주인공으로 하여 향후 우리의 (무)의식에 깊게 새겨지는 '민족 · 국민 서사'가 작성되기에 이른다.

2. '신성한 민족'이라는 역사적 기억의 창안

에르네스트 르낭이 강연 「민족이란 무엇인가」에서 "하나의 민족은 하나의 영혼이며 정신적인 원리"[6)]라고 규정한 이래, 에른스트 겔너, 베네딕트 앤더슨, 그리고 에릭 홉스봄 등은, 강조점에 있어서 각각 적지 않은 차이를 보이긴 하지만, 민족(nation)이 근대에 이르러 형성된 '상상적 구성물'이라는 입장을 견지해왔다. 종족 · 언어 · 종교 · 지리 등을 바탕으로 하여 구성된 민족은 '영혼인 동시에 육체'로서 유럽 및 아시아 각국에서 근대국민국가를 떠받치는 '감정의 공동체'로 자리매김되었다.

5) 「논설」, 『대한매일신보』, 1908.8.9.
6) 에르네스트 르낭, 신행선 역, 『민족이란 무엇인가』, 책세상, 2002, 80면.

특히 신문과 소설 등 인쇄자본주의의 산물인 근대적 매체는 민족주의라는 '문화적 조형물'을 창출하는 데 중요한 기여를 해왔다. 앤더슨에 따르면 민족을 근간으로 한 근대 민족주의는 18세기 말경 "서로 관련이 없는 역사적 동력들이 복잡하게 교차해서 나온 우발적인 증류물로 창조"되었으며, 동시에 다양한 "정치적 · 이념적 유형들을 통합"[7]하는 원리로 작동하기 시작했다. 일본에서는 메이지 시대 이후 '민족'을 둘러싼 많은 논란을 거쳐 "일본국은 단일하고 순수한 기원을 지닌, 공통의 문화와 혈통을 가진 일본 민족만으로 구성되어 왔으며 지금도 구성되어 있다"는 관념으로 정식화되었다.[8] 그리고 이 관념 또는 신화는 때로는 근대국가를 형성하는 동력으로, 때로는 침략을 정당화하는 구실로 이용되어 왔다.

그렇다면 한국의 경우는 어떠한가. 근대계몽기 담론장에서 '민족'이라는 개념이 근대적인 의미로 사용되기 시작한 것은 1905년을 전후한 시기이다. 물론 그 이전에도 '민족'이라는 말이 산발적으로 사용되긴 했으나 이는 '동포'나 '백성' 또는 '인민'과 뚜렷하게 구별되는 것이 아니었다. 그런데 『대한매일신보』에는 '민족'이라는 용어가 '본격적으로' 사용되기 시작한다.[9] 「민족과 국민의 구별」이라는 제목의 1908년 7월 30일자 논설은 그 대표적인 예이다.

이 논설에 따르면 '민족'이란 "다만 같은 조상의 자손에 매인 자이며, 같은 지방에 사는 자이며, 같은 역사를 가진 자이며, 같은 종교를 받드는 자이며, 같은 언어를 쓰는 자"이다. 즉 혈통 · 지역 · 역사 · 종교 · 언

7) 베네딕트 앤더슨, 윤형숙 역, 『상상의 공동체』, 나남출판, 2002, 23면.

8) 오구마 에이지, 조현설 역, 『일본 단일민족신화의 기원』, 소명출판, 2003, 27면.

9) 물론 『대한매일신보』에 빈출하는 '민족'이라는 용어가 꼭 지금 우리가 사용하는 것과 같은 의미로 사용되었던 것은 아니다. 민족은 '동포'나 '백성' 또는 '인민'이라는 말과 뒤섞여 사용되는 예가 없지 않으며, '영남민족'이나 '호남민족'이라는 예에서 보듯이 특정 지역의 구성원들을 지칭할 때에도 민족이라는 말이 사용된다. 그러나 대부분의 경우 '민족'이라는 용어는 한반도라는 영토적 경계 안에서, 혈통과 역사와 언어를 공유하고 있는 사회적 구성원을 통칭하는 말로 사용된다.

어를 공유하는 공동체 및 그 구성원을 일컬어 민족이라 명명했던 것이다. 그리고 민족과 구별되는 '국민'에 관해서는 다음과 같이 말한다. 즉 "조상과 역사와 거처(=지리)와 종교와 언어의 같은 것이 국민의 근본은 아닌 것이 아니"지만, 이들이 동일하다고 해서 반드시 하나의 국민이라 말할 수는 없다. 비유하자면 근육이나 뼈, 핏줄 등이 진실로 동물을 구성하는 근본적인 요소이긴 하지만, 수많은 근육과 뼈와 핏줄들을 한 곳에 모아놓고 이것을 생기 있는 동물이라고 억지로 말할 수 없는 것과 같이, 저 별과 같이 흩어져 있고 모래 같이 모여 사는 민족을 가리켜 국민이라 일컬을 수 없다. 요컨대 "국민이란 자는 그 조상과 역사와 거지(居地)와 종교와 언어가 같은 외에 반드시 같은 정신을 가지며 같은 이해를 취하며 같은 행동을 지어서 그 내부에 조직됨이 한 몸에 근골과 같으며 밖을 대한 정신은 한 영문(營門)에 군대같이 하여야 이것을 국민"이라 할 수 있다는 것이다. 이처럼 '민족'은 '국민'을 구성하기 위한 필요조건일 뿐 충분조건은 되지 못한다. '정신'과 '이해관계'를 공유할 때라야 비로소 국민이라 할 수 있다는 것이다. 이 논의에 따르면 '국민'이란 모름지기 내부적으로 구성원들이 유기적인 관계를 맺고 있어야 하며 외부적으로는 군대조직처럼 일사불란하게 대처할 수 있어야 한다.

'민족'은 다른 민족(들)과 구별되는 개별성을 지닐 수 있어야 하나의 민족으로서 존립 근거를 가질 수 있다. 따라서 '한국 민족'이 다른 민족(들)과 구별되는 지점은 어디인가라는 물음은 피하기 어렵다. 이제 한국 민족이 어떤 민족인가, 그 정체성의 근거를 어디에서 찾을 것인가라는 과제를 해결해야 한다. '홍수의 세계'를 헤쳐 나갈 수 있는 민족을 발견하여 '위대한 민족상'을 구축하는 것이 계몽지식인들에게 부여된 과제였던 셈이다. 앞당겨 말하자면 그들은 '우리 민족'을 사천 년 신성한 역사를 가진 인종, 총명영오(聰明穎悟)한 황인종 중 상등인, 문명한 단군의 자손, 예의지방으로 자처하는 조선 사람, 수천 년 전에 문명이 이미 열려서 일본을 교도(教導)하던 삼한 민족[10] 등으로 명명한다. 그리하여 '신성하고 위대한 민족'이라는 근대적 신화가 탄생한다. 그 몇몇 예를 보이면 다음과 같다.

①지도를 본즉 삼천리강산은 금두그리같이 되었고, 사기를 읽은즉 사천 년 기업(基業)이 반석같이 견고하고, 인재를 본즉 지혜롭고 영오하며, 풍속을 살핀즉 돈후하고 온공하여 자전으로 대인군자가 사기에 끊이지 아니하며, 금은 동철과 미곡마포 등의 천산물이 또 풍족하니 이같이 신성한 이천만 민족으로 이같은 나라를 웅거하였는데 나라 형세가 어찌하여 이에 이르렀는고.[11]

②우리가 동반도의 신성한 민족으로 이 나라에서 나서 이 나라에서 자라기를 이제 이미 사천여 년을 지낸지라. 이 사천여 년 동안 일을 생각하면 굴속에서 생활하는 즐거움이 도도하였거니와 오늘날 이 시대는 거연히 사천여 년에 처음으로 있는 때어늘.[12]

③무궁화야 무궁화야 너의 토지는 십삼도의 금수강산이요, 너의 주인은 이천만의 신성한 민족이라. 네가 태백산 단목 아래에서 성인이 처음 나시던 해에 뿌리를 박아서 부여 천년에 화신풍을 맞으며, 삼국이 성할 때에 봄빛을 자랑하고 고려 말년에 몽고의 침노하는 험한 운을 잠깐 당하였으나 맹장열사의 칼이 필경 독립의 가지를 보호하여 무양케 하였으며, 본조에 이르러서는 지나에 조공하는 치욕은 항상 받았으나 내치외교의 도는 항상 자유로 하였더니.[13]

동반도의 신성한 이천만 민족, 단군 이래 사천 년 동안 독립을 지켜온 유구한 역사, 천연자원이 풍성한 신성한 토지 ……. 이 논설들은 한결같이 '홍수의 세계'에서 좌초하여 보호국으로 전락한 민족을 구원하기 위해서는 신성한 민족으로서의 자존감을 회복해야 한다고 역설한다. '단군성조'의 피를 이어받은 신성한 민족이라는 역사적 기억을 창

10) 「논설」, 『대한매일신보』, 1908.7.28.
11) 「논설」, 『대한매일신보』, 1907.12.24.
12) 「기서」, 『대한매일신보』, 1908.8.21.
13) 「논설」, 『대한매일신보』, 1909.8.14.

안, 유포하고 이를 근거로 하여 식민지로 전락해가는 민족의 자존감을 되찾을 수 있도록 하는 것이 지식인들의 급선무였다. 이렇게 보면 '신성한 민족'이라는 신화는 튼튼한 독립국가라는 노아의 방주를 만드는 데 있어 일종의 정신적 무기였던 셈이다. 「마지막 승리를 얻는 민족」이라는 제목의 1910년 4월 23일자 논설은 위기의 상황에서 과거의 기억이 어떤 식으로 선택되어(또는 망각되어) 역사화하는지를 분명하게 보여주는 예이다.

> 단군성조께서 태백산 아래에서 일어나서셔 동족을 단결하며 국가를 창립하실 때에 여러 민족을 소제(掃除)하고 강토를 정돈하였으며, 그 후에 동으로 숙신과 옥저를 물리치고 서로 동호와 지나를 막았으며, 한 모퉁이에 와서 침범하던 선비는 대국의 웅위한 군병을 피하여 시베리아로 멀리 도망하였고, 동해 일방에 숨어 있던 예맥은 신성한 민족의 위엄을 두려워하며 강릉 산천을 영영 떠났으며, 기자 이후로 낙랑 등 지방을 잠깐 점령하였으나 여러 영웅이 한번 일어남에 저희가 손을 거두고 도망하였으며, 고구려 중간에 모용 민족이 요수 이동(以東)을 침범하다가 황황한 위엄을 한번 떨침에 저희가 백기를 세우고 항복하였으며, 고구려의 광개토왕과 신라 문무왕이 칼을 만짐에 왜국 종족이 다리를 떨고 도망하였으며, 을지문덕과 합소문이 북을 울림에 수나라와 당나라 민족이 머리를 싸고 쥐같이 도망하였으며, 고구려와 백제가 지나 민족의 한 번 능답(凌踏)함을 당하였으나 필경은 발해와 신라 사람이 좌우로 길을 나누어 저희를 멀리 쫓았으며, 고려 중간 시대에 거란의 침범함이 있었으나 필경은 저희가 패하여 돌아갔으며, 몽고의 화가 있었으나 필경은 저희가 스스로 멸망하였으며, 고려 말년에 한족이 침범하였으나 필경은 저희가 진멸을 당하였으며, 왜적이 횡행하다가 필경은 소탕을 당하였으며, 본조 시대에 이르러서는 함경도 북변 야인을 정복하여 토지를 널리 개척하였으며, 왜란을 평정하여 나라의 위엄을 멀리 떨쳤나니 …….

이처럼 역사는 '대한 민족'의 위대한 승전의 기억을 전유한다. "민족끼리 경쟁하는 데 반드시 승리를 얻어서 다른 민족을 정벌하여 국가를 확장하였으며 다른 민족을 방어하여 사천여 년의 대한 산천을 오래 보전하였으며 대한 권리를 오래 떨쳤"다는 자랑스러운 역사적 기억이 전면에 부상하는 것이다. 이때 치욕스러운 기억이나 비참했던 기억은 민족의 영광스러운 기억에 길을 내준다. 과거의 영광을 재구성함으로써 '마귀의 수렁텅이'에 빠진 '대한 민족'에게 현재의 위기를 돌파할 수 있는 에너지를 공급할 수 있을 것이라는 믿음! 우리 민족은 처음부터 신성한 민족이었고, 어떠한 고난에도 굴하지 않고 승리의 길을 걸어왔으며, 지금은 비록 진퇴양난의 위기에 처해 있으나 궁극적으로는 승리하고야 말 것이라는 민족 서사가 구성되기에 이른다.

이러한 '민족 서사'가 요구하는 바는 분명하다. 「제국주의와 민족주의」에서 명확하게 밝히고 있듯이 제국주의에 저항할 수 있는 방법은 '민족주의(다른 민족의 간섭을 받지 아니하는 주의)'를 분발하는 길밖에 없다. "금수(錦繡)같고 꽃같은 한반도가 오늘날에 이르러 캄캄하고 침침한 마귀굴 속에 떨어진 것은 한국 사람의 민족주의가 어두운 까닭"이다. 이 지점에서 "우리 민족이 아니면 우리를 반드시 해롭게 할 것"[14]이라는 배타적 민족주의가 전면화한다. '맹렬하고 포악한' 제국주의에 맞서기 위해 민족주의로 무장해야 하며, 그러기 위해서는 '대한 민족'이 위대하고 신성한 민족임을 역사라는 공동의 기억을 재구성함으로써 증명해보여야 했던 것이다.[15] 근대 역사에서 기억이 구성되고 가공되는 데 가장 중요한 단위는 '민족'이었다. 그리고 민족의 과거에 대한 기억에서 영웅은 중요한 '기억의 터전'을 차지해왔다.[16]

---

14) 「제국주의와 민족주의」, 『대한매일신보』, 1909.5.28.
15) 신채호, 「독사신론」, 『대한매일신보』, 1908.8.27 참조.
16) 박지향 외, 『영웅만들기—신화와 역사의 갈림길』, 휴머니스트, 2005, 22면.

3. 국민적 영웅 또는 영웅적 국민

위기에 처한 민족을 구원할 영웅을 갈망하는 장중한 호흡의 수사가 전면에 등장하는 것도 제국주의 일본의 한국침략이 본격화하면서부터이다. 1908년 4월 1일자 논설의 표현을 빌면 영웅은 기회를 만들고 기회는 영웅은 낳는다. "일세를 농락하여 대적(大敵)을 평정하고 망한 나라를 다시 흥케 하는 자"를 영웅이라 부른다면, 영웅은 대적을 평정할 기회가 있었기에 능히 평정할 수가 있었고 망국을 흥케 할 기회가 있었기에 능히 한 나라를 흥하게 할 수 있었던 것이다. 그렇다면 망국의 지경에 이른 상황이야말로 영웅이 탄생할 적기(適期)라 할 수 있을 터이다.[17] 신채호・장지연・박은식 등이 영웅 전기를 통해 과거의 영웅을 그려 미래의 영웅을 부르고자 했던 것도 이런 맥락에서 이해해야 한다.[18] 현실적 위기를 타개하고 새로운 질서를 창출할 영웅을 대망하는 그들의 조급한 심정을 이해하기란 어렵지 않다. 그들뿐만 아니라 이 시기 지식인들은 광개토왕, 을지문덕, 김유신, 강감찬, 이순신 등 국민적 영웅을 역사의 현장으로 불러냄으로써 민족을 구원할 정신적 표상으로 삼고자 했다.[19] 그들에게 영웅은 근대적 국민을 창출하고 그들을 하나로 결합하는 하나의 수단이었다. 1908년 1월 5일자 논설 「영웅과 세계」는 다음

17) 이와 관련하여 다음과 같은 진술을 함께 참조하라. "지금의 한국은 쌓아놓은 알이 무너짐과 같고 인민은 괴로운 바다에 빠짐과 같으며, 나라된 지 사천여 년 이래에 가장 위험하고 가장 고통한 시대를 만났으니 이 시대가 어떤 시대인가. 만일 이 시대에 있어 일개 크고 좋은 사람이 나서 국가를 태산같이 튼튼하게 하고, 인민을 낙원으로 인도하여 쾌락하고 승평한 시대를 조성하면 그 사람은 곧 영웅이라 할진저. 그런고로 우리는 오늘날 한국 시대에 이름하여 가로되 영웅이 날 시대라 하노라."(「영웅이 나는 시대」, 『대한매일신보』, 1909.4.9)

18) 근대계몽기 역사전기 서사의 의의에 대해서는 정선태, 『심연을 탐사하는 고래의 눈 ―한국 근대문학의 형성과 그 외부』, 소명출판, 2003, 28~35면 참조.

19) 「한국에 제일 호걸대왕」, 『대한매일신보』, 1909.2.25, 26 참조.

과 같이 천명하고 있다.

> 영웅이란 자는 세계를 지어내는 성신(聖神)이요, 세계란 자는 영웅이 운동하는 터이라. 만일 하느님이 세계를 창조하신 이후에 영웅이 하나도 없었으면 높고 넓은 산과 들은 새와 짐승이 울고 부르짖는 거친 풀마당이 될 뿐이요, 넓고 깊은 바다는 고기와 용이 뜨고 잠기는 처소가 될 뿐이요, 사람은 한 모퉁이에 칩복하여 몸은 있어도 집은 없고 무리는 있어도 나라는 없으며, 활동은 하여도 법률은 없어 다만 별처럼 둔취(屯聚)하고 개미처럼 모여 있는 준준(蠢蠢)한 물건과 같이 와도 이러하고 가도 이러하며, 살아도 이러하고 죽어도 이러하여 곰과 호랑이에게 천하를 사양하고 한 번 웃고 한 번 우는 데도 그 소리를 감히 크게 못하리니, 슬프다, 영웅이 없고 세계만 있었더라면 물건을 창조하신 이가 눈을 들어 한 번 바라봄에 처연한 눈물이 흐름을 금치 못할지라. 그런고로 영국에 글하는 사람 칼라일씨가 가로되 세계는 영웅을 숭배하는 제단이라 하니라.

이 글에 따르면 "거룩한 사람을 칭호하는 아름다운 이름"인 영웅만이 위기에 처한 세상을 구원할 수 있다. 여기에서 말하는 영웅이란 을지문덕이나 연개소문, 진시황이나 항우 같은 '좁은 의미'의 영웅을 지칭하지 않는다. 이들도 영웅임에는 틀림이 없다. 그러나 지금 필요한 것은 이들과 같은 군사적 영웅만이 아니라 사회 각 방면의 뛰어난 인물이다. 즉, "그 사람의 손에 총을 가졌든지 칼을 가졌든지 붓대를 잡았든지 산가지를 잡았든지 문부(文簿)를 잡았든지 이것은 다 묻지 말고 오직 그 장기(長技)로 바람을 부르고 비를 쫓으며 산을 무너뜨리고 바다를 옮겨서 이목과 수족이 갖춰진 신령한 인물로 하여금 일제히 그 슬하에 굴복하게 하는 능력이 넉넉하면 이것을 영웅이라" 일컫는다는 것이다.

토마스 칼라일은 그의 저서 『영웅숭배론』(1841)에서 "세계 역사 즉 인간이 이 세상에서 이룩한 역사는 근본적으로 이 땅에서 활동한 영웅들의 역사"라고 단언한다.[20] 영웅들은 보통 사람들의 지도자였으며, 그들은 일반 대중이 도달하고자 노력하는 모범과 패턴을 만든 인물이요, 넓은 의미에서 그것을 창조한 인물이었다. 칼라일에 따르면, 오늘날까지 세계가 이룩한 모든 것은 이 세상에 보내진 영웅들에게 깃들어 있던 사상의 외적·물질적인 결과요, 현실적인 구현이자 체현이라고 말하는 것이 정당하다. 영웅은 살아 있는 광명의 원천이며, 이제까지 세상의 어둠을 비추어왔다. 영웅은 하늘의 은총에 의해 반짝이는 자연의 빛과도 같은 존재다. 물론 민족적·국민적 영웅을 갈망했던 이들에게 칼라일의 영웅숭배사상이 안고 있는 위험성이 눈에 들어왔을 리 없다.[21] 중요한 것은 민족 구성원 개개인이 동일시할 수 있는 영웅을 재발견하는 일이었다. 역사적 영웅을 호명하여 민족 구성원들로 하여금 그들이 겪었던 고난과 영광의 기억을 다시 체험하게 하는 것이 지식인들에게 주어진 지상과제였다.

이 지상과제를 수행하는 데 넘어야 할 하나의 난제가 놓여 있었다. 그것은 바로 영웅을 영웅으로 숭배할 줄 모르는 조선민족의 용렬한 기질이다. "영웅은 그 민족이 숭봉하는 데서 태어난다."[22] 영웅은 민족적

---

20) 토마스 칼라일, 박상익 역, 『영웅의 역사』, 소나무, 1997. 다음 구절과 비교하라. "대저 영웅이라 하는 자는 세계의 큰 사업이 심중에 쌓여서 천지를 펴고 줄이며, 풍운을 베풀고 거두나니 그런즉 세계 역사를 영웅의 사적이라 하여도 또한 과한 말이 아니로다."(「영웅과 시세」, 『대한매일신보』, 1910.6.26.)

21) 토마스 칼라일의 영웅론에 대한 비판적 고찰은 에른스트 카시러, 최명관 역, 『국가의 신화』, 서광사, 1988. 제15장 참조. 이 책에서 카시러는 "사제이건, 교사이건 우리가 한 인간 속에 깃들인다고 상상할 수 있는 세속적 혹은 영적 존엄성을 지닌 어떤 것이건, 여기서 구현되어 우리를 지휘하고 항상 실제적인 교훈을 주며, 날마다 시간마다 우리가 무엇을 해야 할 것인가를 우리에게 일러준다"라는 칼라일의 말을 인용하면서, "현대의 파시즘 옹호자들은 여기서 그들의 기회를 놓치지 않았으며 칼라일의 말들은 쉽사리 정치적 무기로 전환시킬 수 있었다"고 지적하고, 파시즘 옹호자들이 칼라일의 영웅론을 오독했다고 비판한다. 카시러에 따르면 칼라일은 진짜 영웅과 가짜 영웅을 구별했으며 그 기준은 '통찰력'과 '성실성'이었다. 칼라일은 절대로 거짓말이 큰 정치투쟁에 있어서 필요하고 정당한 무기라고 생각하거나 말할 수 없었다는 것이다. 위의 책, 267~268면.

22) 「논설」, 『대한매일신보』, 1908.8.18.

믿음의 총화다. 다시 말해 "그 민족이 영웅에게 대하여 믿기를 신명같이 하며 성인같이" 해야 한다. 영웅을 숭배하는 마음이 있어야 비로소 영웅이 만들어진다는 것이다. 영웅은 민족의 염원이 깃들인 기념비이다. 그럼에도 불구하고 용렬하기 짝이 없는 조선민족은 항상 영웅을 미워하고 조롱하기를 일삼는다. 이 지점에서 계몽지식인들은 영웅을 섬길 줄 아는 새로운 무수한 영웅, 즉 '20세기 신국민'을 대망하기에 이른다.

그리하여 『대한매일신보』 논설진은 이른바 '위대한 역사적 영웅상'을 주조하는 데서 한 걸음 더 나아가 '이름 없는 무수한 영웅=국민'의 모습을 창안, 유포하는 데 심혈을 기울인다. 이 신문의 많은 논설은 위대한 영웅도 영웅을 기리고 숭배할 줄 아는 '이름 없는 영웅'을 만나고서야 그 진가를 발휘할 수 있다고 역설한다. 예컨대 『대한매일신보』 1908년 9월 15일자 논설 「이름 없는 영웅」은 '영웅'과 '이름 없는 영웅'의 관계를 다음과 같이 밝힌다.

> 영웅을 세계에서 은인이라 하니 그러면 영웅의 은인은 누구뇨 하면 곧 이름 없는 영웅이라 이를지라. 대개 일개의 돌이 비록 크나 족히 높은 성을 쌓지 못할지며, 일개인이 비록 웅위하나 족히 영웅이 되지 못할지니, 높은 성으로 하여금 저렇게 층층이 높게 한 것은 곧 이름 없는 여러 조각들이요, 영웅으로 하여금 이같이 큰 공을 이루게 한 자는 곧 이름 없는 여러 영웅이라.

영웅은 이름 없는 무수한 영웅의 대표에 지나지 않는다. 고쳐 말해 영웅은 이름 없는 영웅의 총화이며, 이름 없는 영웅은 영웅의 분신이다. 이름 없는 영웅이야말로 "나라의 생명이요, 평화의 근원이요, 세계의 큰 은인이다." 따라서 "영웅을 사랑코자 하는 사람은 먼저 이름 없는 영웅을 사랑하며, 영웅을 앞에 경배코자 하는 사람은 먼저 이름 없는 영웅 앞에 경배해"야 한다. 왜 그런가. "세계에 영웅을 짓는 이름 없는 영웅이 진실한 영웅"이기 때문이다. 여기에서 말하는 '이름 없는 영웅'이란

'이십세기 신국민'의 다른 이름이다. 무수한 작은 영웅 즉, "오직 애국하는 마음이 뇌수에 충만하여 앉으나 누우나 마음이 나라에서 떠나지 아니하고, 음식을 먹고 수작할 때에도 마음이 나라를 잊지 아니하며, 애국함으로 살고 애국함으로 죽되 정신도 애국이요, 꿈도 애국이요, 활동도 애국하는 남자"가 진정한 영웅이며, 이들이야말로 새로운 국민상이라 할 수 있다. "이천만 동포가 애국하는 사상이 분발하면 이천만 영웅이 될" 것이라는 진술에서 볼 수 있듯, 지금 필요한 것은 나폴레옹이나 워싱턴이나 을지문덕이나 김유신 같은 영웅이 아니라 애국사상으로 무장한 새로운 시대의 '국민'이다.23)

'열혈생'이라는 필자가 쓴 논설 「이십세기 새 동국의 영웅」(1909.8.17~8.20)은 '국민적 가치관'을 체화한 자만이 새로운 시대의 영웅이 될 수 있음을 분명하게 보여준다. 그가 그리는 진정한 영웅은 "그 사상이 천지에 뛰어나고 그 정성이 하늘을 꿰어서 삼천리 강토를 그 집으로 알고 이천만 민족을 그 권속으로 알며, 지나간 사천 년 역사를 그 족보로 알고 장래 억만 대 국민을 그 자손으로 알며, 간고하고 험난한 경력을 그 학교로 알고 사회에서 공익을 그 생애로 알며, 나라를 사랑하고 동포를 걱정하는 것으로 그 직책을 삼으며, 독립 자유 한 가지를 그 목숨으로 알아서 뭉치고 쌓인 혈성이 천지간에 가득하며, 국가의 위엄과 신령을 의지하여 일선 마귀와 일일 백물로 더불어 싸워서 동포의 생명을 위하여 앞길을 열어주는 자"이다. 영웅은 국민 중에서 나는 까닭에 그는 사사로운 이해관계를 버리고 오직 국민적 입장에서 사고하고 행동해야

23) 다음 글도 함께 참고하라. "우리 한국도 이천만 동포가 개개히 영웅의 마음을 품고 개개히 영웅이 되기를 자기하여 사업을 하되 일심병력하여 기어이 성취하기를 결심하면 그 가운데 자연 유명한 영웅이 천지를 번복하고 풍운을 농락하는 수단을 가진 자가 있으리니, 무명한 영웅은 유명한 영웅을 의앙(依仰)하고 유명한 영웅은 무명한 영웅을 믿어서 몸에 사지와 같이 하며, 팔에 손과 같이 하면 그 힘이 강하지 아니코자 하여도 절로 강할 것이요, 단체가 되지 아니코자 하여도 절로 단체가 되리라 하노라." (「유명한 영웅과 무명한 영웅」, 『대한매일신보』, 1910.7.24)

할 인물로 설정된다. 이제 영웅은 국민적 염원을 체현하는 인물이어야 하며, 새로운 국민은 영웅의 꿈을 실현할 수 있는 주체가 되어야 한다. 우리의 '열혈생'은 다음과 같이 호소한다. "슬프다, 너 새 동국 영웅이여. 네가 영웅이 되고자 할진대 너의 혀와 너의 목구멍으로 새 국민을 날마다 부를지며, 너희 새 동국 국민이여, 너희가 영웅을 보고자 할진대 너의 열심과 너의 혈성으로 새 국민 되기를 날마다 축원할지라. 옛 국민은 국민이 아니며, 옛 영웅은 영웅이 아니라."24)

4. '이십세기 신국민'의 창출

이처럼 대한제국이 망국을 향해 치닫는 급박한 상황에서 '나라 사랑하기를 자기 몸같이 하라'는 명령을 수행할 새로운 국민의 창출이 무엇보다 시급한 과제로 떠오른다. 새로운 국민 창출이라는 문제와 관련하여 "처량한 비와 음침한 바람에 삼천리강산이 안색을 변하고 맹렬한 불과 깊은 물에 이천만 동포의 호곡소리가 슬프도다"라는 비장한 어조로 시작하는 「이십세기 새 국민」(1910.2.22~3.3)은 주목을 요한다. 총 8회에 걸쳐 연재된 이 글은 근대계몽기 '국민론'의 결정판이라 할 수 있다.

이 글에 따르면 국민 동포가 이십세기 신국민으로 거듭나지 않고서는 "이 급한 지경을 벗어나서 복락을 누리며 부강의 터를 닦고 만국에 위엄을 빛내볼" 가망이 없다. '총력경쟁'의 시대인 이십세기의 국가경쟁은 과거와 달리 "그 힘이 한두 사람에게 있지 아니하고 그 나라 국민 전체에 있으며, 그 이기고 패하는 것은 한두 사람을 의뢰함이 아니라

24) 「이십세기 새 동국의 영웅」, 『대한매일신보』, 1909.8.20.

그 나라의 국민 전체를 의뢰"한다. 그런 까닭에 전 국민이 '이십세기 새 국민의 사상'으로 무장하지 않는다면 약육강식의 시대에 살아남을 길이 없다.

국민 동포가 '새 국민'으로 거듭나야 할 이 시대는 어떤 시대인가를 깨닫는 게 무엇보다 중요하다. 이 글의 필자는 다음과 같이 일목요연하게 정리한다. 첫째, 이십세기 세계는 제국주의를 숭상하는 세계다. 강한 자가 약한 자를 삼키고 큰 자가 작은 자를 병탄하는 것은 역사에서 흔히 볼 수 있는 일이지만 근세에 이르러서는 이것이 더욱 맹렬하여 제국주의가 온 천하에 진동하고 있다. 둘째, 이 세계는 민족주의를 숭상하는 세계다. 저희 동족이면 합하고 저희와 다른 종족이면 다투는 것은 상고적에도 이미 있었던 바이나 중고 이후로 그 경쟁이 더욱 심하며 더욱 참독(慘毒)하여 이기는 자는 더욱 확장이 되고 지는 자는 영영 쇠멸(衰滅)해버린다. 셋째, 이 세계는 자유주의를 힘쓰는 세계다. 자유주의에 배치하는 자는 망하고 자유주의를 복종하는 자는 보존하며, 자유주의를 거스르는 자는 망하고 자유주의를 순히 하는 자는 강하게 된다.

이러한 세계 정세 아래에서 한국은 어떻게 대처해왔는가. 「이십세기 새 국민」의 필자는 몇백 년 동안 정치가 혼암(昏闇)하여 지극히 빈약한 지경에 이르렀으며, 천하의 대세를 알지 못하여 외국과 경쟁할 힘을 아예 상실해버렸다고 단언한다. 이 모든 것이 완고한 습관을 버리지 못하여 문명으로 나아가기를 즐기지 않았기 때문이다. 요컨대 모든 고통의 원인은 자신에게 있다는 것이다. 한국이 제국주의 속에 빠지고 민족주의의 고통스러운 지경을 당한 것이 모두 제 잘못이라는 얘기다. 문명을 앞세운 구미열강의 폭력성에 대해서는 아무런 비판도 가하지 않는다.

그는 '남'을 탓하고 있을 게 아니라, 이십세기 신국민으로 거듭나기 위해서는 하루바삐 새로운 '도덕' 즉 평등, 자유, 정의, 용맹, 공공한 마음을 갖추어야 한다고 주장한다. 한국인들이 결여하고 있는 이 새로운 도덕을 구비하지 않는 한 회생의 가능성은 어디에서도 찾을 수가 없다.

조금 구체적으로 살펴보자면, 우선 "평등을 쓰지 아니하는 괴이한 법이 한번 생기면 도덕도 망하며 정치도 망하고, 법률도 망하며 학술도 망하고 무력도 망하여 세계는 흑암(黑暗)하고 민생은 멸절이 되"고 만다. 평등에 기초한 법이야말로 국민을 하나로 묶을 수 있는 토대라는 말이다. 그리고 자유는 인간의 '둘째 생명'이라 할 수 있다. 자유가 죽는 날은 그 몸도 죽는 날이며, 자유를 잃는 순간 인간의 노예로 전락하고 만다. 그러나 한국에서는 문벌과 신분차별이 여전히 남아 있어 평등사상의 활로가 막혀 있으며, 자유가 무엇인지를 알지 못하는 까닭에 노예 아닌 자가 없을 정도이다. 다음으로 이십세기 신국민이 갖추어야 할 덕목은 정의이다. 정의를 위해서는 자기 몸만 이롭게 하는 마음을 고쳐야 하며, 미혹한 것(=미신)을 타파해야 한다. 정의와 함께 용맹도 새로운 국민이 구비해야 할 중요한 덕목이다. 용맹은 '국민의 장수'다. 마지막으로 '공공한 마음'을 갖춤으로써 단체를 잘 조직하고 공익에 힘써서 동포를 자기 몸과 같이 보고 국가를 자기 집과 같이 보아야 한다.[25)]

평등, 자유, 정의, 용맹, 공공한 마음은 새 국민의 기초라 할 수 있다. 이를 토대로 하여 새로운 국민은 무력을 숭상하는 태도와 재정을 경쟁하는 자세를 갖추어야 한다. 열강이 그러하듯이 한국 역시 유약한 문치(文治)의 세계에서 벗어나 무력을 숭상하고, 정신계와 물질계를 물론하고 무력을 확장하여 국민 모두가 '스파르타 사람'이 되어야 한다. 또 세계 열강이 재정을 다투어 식민지를 경영하는 것처럼 한국 역시 재정에 힘써 유의유식하는 사람이 없도록 해야 한다. 이와 더불어 새로운 국민

---

25) "그러나 한국은 자래로 몸만 이롭게 하는 마음이 굳으며 남을 배척하는 마음이 많은 나라"이며, "공덕이 없어지고 서로 잔해함이 심하여 이제 이 하늘이 참담하고 땅이 컴컴한 노예 굴 속에서도 오히려 형제가 서로 잡아먹는 악행이 끊이지 않는" 나라라는 진술에서 볼 수 있듯, 『대한매일신보』 필진들의 조선인관은 대단히 부정적이다. 미망을 헤매고 있는 인민들을 새로운 영웅으로, 나아가 새로운 국민으로 동원해야 한다는 욕망과 그들에 대한 부정적인 시선은 계몽지식인들이 처해 있었던 딜레마가 얼마가 심각한 것이었는지를 보여주는 단적인 예라 할 수 있을 것이다.

은 근면하고 진취적인 자세로 어떤 경제 사업을 경영하든지 반드시 국민경제로 주장을 세우고 앞을 향하여 경제에 상관되는 문명의 지식과 기술을 속히 개량하며 경제 사업을 속히 실행해야 한다. 그리고 정치사상을 분발하며 정치능력을 양성하여 독립하는 국민의 능력을 확장하고, 헌법을 주장하는 국민의 자격을 갖추어서 국가의 운명을 유지하며 민족의 복락을 확장해야 한다. 또 이십세기 신국민의 교육은 무력을 숭상하는 교육이어야 하며, 종교는 국가 정신이 있는 종교여야 한다. 「이십세기 새 국민」의 필자는 다음과 같이 언명한다. 무력을 숭상하는 교육이 아니면 결단코 국가정신과 민족정신과 문명주의를 유지하지도 못하고 발달시키지도 못할 것이며, 또 한국과 같이 무기가 보잘것없는 나라는 더욱 무력을 숭상하는 교육이 아니면 회생할 길이 없을 터이니, 국민 동포는 반드시 무력 숭상하는 교육을 확장하여 군사나라 인민의 정신을 양성하며 군사나라 인민의 능력을 구비할지어다!

이러한 정신으로 무장한 이십세기 신국민은 국가가 명령하는 국민으로서의 의무를 기꺼이 수행해야 한다. 국가는 이십세기의 새로운 '종교'로 등장한다. 국가가 있고서야 개인이 존재할 수 있는 까닭에 새로운 국민이 된(또는 되고자 하는) 개인은 국가라는 신성한 제단에 모든 것을 바쳐야 한다.[26] 예컨대 「품은 회포를 널리 고함」이라는 논설의 필자는 이렇게 쓴다.

> 오호 제공이여, 오호 제공이여. 이 나라가 흥하면 제공이 학문과 상업에 힘쓴 효력이라 할 것이요, 이 나라가 망하면 제공이 학문과 실업에 해태(懈怠)한 죄라 할 것이니, 이 나라가 흥하면 제공이 복을 누릴 것이요, 이 나라가 망하

---

26) 니시카와 나가오의 설명에 따르면 근대에 이르러 세속종교의 지위로 올라선다. 이제 국가와 국가기구가 주도하는 온갖 공적 주체는 민중을 '새로운 정치'로 흡인하는 장이 되며, 국가라는 종교를 신봉하는 국민을 생산하는 정치적 · 경제적 · 문화적 프로젝트가 펼쳐지게 된다. 상세한 내용은 니시카와 나가오, 윤대석 역, 『국민이라는 괴물』, 소명출판, 2002, 235~253면 참조.

면 제공이 함께 망할 것은 유식한 사람을 기다리지 않고도 가히 알지라. (…중략…) 오호 제공이여, 오호 제공이여. 재주가 없다고 한탄을 말고 재주가 있거든 재주를 드리고, 재주가 없거든 정성을 드릴지어다. 재물이 없다고 한탄치 말고 재물이 있거든 재물을 드리고, 재물이 없거든 눈물로 대신할 것이오. 눈이 먼 것을 슬퍼 말라. 눈이 밝거든 그 밝은 것을 드리고, 눈이 멀었거든 그 귀 밝은 것으로 대신할지니라.[27)]

이처럼 국가라는 숭고한 대상 앞에 선 국민은 자신이 가진 모든 것을 헌납해야 한다. "세계의 각 민족이 눈을 부릅뜨고 국가주의를 주장하며 경쟁을 벌이고 국가 세력을 자랑하고 있는 시대"[28)]에 자기만 알고 나라를 모르는 자들은 나라를 멸망하는 주의를 주장하는 자들이다. "그대의 몸은 곧 국가의 몸이요, 그대의 집은 곧 국가의 집"이다. "나라를 버리고 (해외로) 가는 자는 국가의 마적"이며, "나라를 버리고 가는 자는 곧 나라를 멸망케 하는 죄인"이다. 살 길은 하나밖에 없다. 사사이익을 버리고 "국가의 정신으로 통일 연합하여 동심협력"[29)]하는 것이 그것이다. 국권을 위해서라면 민권도 기꺼이 버려야 하며,[30)] 개인주의를 가진 자는 큰 칼과 넓은 도끼로 그 용렬한 성품을 급급히 끊어버리고 민족주의를 분발해야 한다. 개인주의는 사람을 죽이는 주의이기 때문이다.[31)] 이것이 '이십세기 신국민'의 참모습이다.[32)]

---

27) 「품은 회포를 널리 고함」, 『대한매일신보』, 1908.8.21.
28) 「조국을 지킬 일」, 『대한매일신보』, 1908.12.24.
29) 「국가의 정신을 발양하라」, 『대한매일신보』, 1909.1.5.
30) 「국권이 없고서 민권을 생각하는 어리석은 무리」, 『대한매일신보』, 1909.10.26.
31) 「자기 일신을 위하여 살기를 구하지 말지어다」, 『대한매일신보』, 1909.11.21.
32) 국가와 국민의 관계, 국권과 민권의 관계, 그리고 국가주의와 개인주의의 관계 등에 관해서는 글을 달리하여 보다 치밀하게 고찰할 필요가 있다.

5. 민족 · 국민 서사 비판을 위하여

『대한매일신보』 논설에서 읽을 수 있는 국민제작 프로그램은 철저하게 '서양 대 한국' 또는 '문명국 대 한국'의 이항대립구도로 짜여 있다. 민족의 창안과 영웅의 호명 그리고 국민의 창출을 주제로 하는 정치적 내러티브는 서양(또는 문명국)을 프로타고니스트로 삼고 한국을 안타고니스트로 삼아 전개된다. 그러나 프로타고니스트와 안타고니스트 사이에는 그렇다할 갈등이나 대결이 보이지 않는다. 안타고니스트의 길은 처음부터 정해져 있다. 주인공이 걸어간 길을 따르지 않으면 소멸할 수밖에 없다는 위협이 그림자처럼 따른다.

예를 들면, "인심을 떨쳐서 희망하는 마음을 품고 날로 문명에 나아가서 나라를 황금세계가 되게 한다 하는 것은 진보케 한다는 말이요, 인심을 저상(沮喪)케 하여 슬픈 광경을 일으키고 나로 흑암한 데로 향하여 마귀지옥에 빠지게 한다 하는 것은 감쇠(減衰)케 한다는 말"이라는 자못 비장한 수사로 시작하는 논설 「진보와 감쇠」의 필자는 다음과 같이 서양제국과 한국의 선명한 대조를 보여준다.

> 서양제국을 보라. 인륜의 희망하는 마음이 무궁하며, 인류의 진보됨이 또한 무궁하고 혹 감쇠하는 의론을 주장하는 자가 있었으나 그런 사람은 서 있을 땅이 없어진 지가 오래였음으로 후세 사람이 옛 사람보다 크게 낫기를 다투며, 후세 사람이 옛 사람보다 뛰어나기를 꾀하여 옛 사람의 지은 말을 후세 사람이 고치며, 옛 사람이 설립한 사업을 후세 사람이 교정하여 사람마다 진보하기를 힘쓰는 고로 사회도 이같이 진보가 되고 국가도 이같이 진보가 됨이어늘, 이제 한국을 보면 재래로 학자의 의론도 감쇠함을 주장하며 여항에서 담론하는 것도 감쇠함만을 주장하여 가로되 인재가 날마다 쇠한다 하며, 가로되 풍속이 해마다 퇴패(頹敗)한다 하여 옛 사람의 언론이면 시비를 묻지 아니하고 복종하며, 옛 사람의 행한 일이면 잘하고 못한 것도 비교도 아니하고 좋

다 하며, 의관문물도 옛 사람이 창조한 것이면 이것만 지키며, 예악정법도 옛 사람이 정한 것이면 이것만 지켜서 옛 사람이라 하면 인류 밖에 뛰어난 상제와 같이 믿어서 일호도 감히 의심을 두지 못하니, 오호라, 민족이 문명할수록 더욱 옛 사람을 숭배하여 후세 사람의 모범이 되게 하는 것이 가하거니와 이 같이 어리석게 숭배하는 것은 진보의 길만 막음이라.[33]

"경쟁이란 것은 진보의 어미요 전쟁이란 것은 문명의 중매"[34]라는 구호가 맹위를 떨치던 시대에 새로운 국민은 무엇보다 경쟁의 시대를 살아갈 수 있는 정신적·물질적 무기를 벼려야만 했다. 「이십세기 새 국민」의 필자 '열혈생'이 무력의 힘을 그렇게 강조했던 것도 이러한 맥락에서 이해할 수 있을 것이다.

그러나 놓치지 말아야 할 것은 전쟁과 식민지주의를 자양분으로 하여 문명국을 건설한 국가들을 모델로 할 때, 피해 당사자 또한 필연적으로 전쟁과 식민지주의를 주창할 수밖에 없는 상황에 내몰리고 말 것이라는 점이다. 전쟁은 전쟁을 낳고 무력은 무력을 낳게 마련이다. 경쟁과 전쟁이 국민·민족 서사를 추동하는 원천이라 해도 과언이 아닐 터인데, 근대계몽기의 막바지에 분출한 국민·민족 서사가 지금-여기에서도 여전히 설득력을 잃지 않고 있다면, 그것은 근대 국민국가의 '숙명'이 그렇기 때문일까. 여기에 경쟁과 전쟁을 거부하는 사회 구성원을 '비국민'으로 낙인찍는 폭력성이 내재되어 있다는 것을 간파했다면, 우리는 무엇을 어떻게 할 것인가. 근대계몽기의 진보적 민족주의를 대표하는 신문으로 알려진 『대한매일신보』의 민족·국민 서사가 던지는 문제를 풀어나가기 위해서 우리는 이 물음에 성실하게 대답할 수 있어야 할 것이다.

---

33) 「진보와 감쇠」, 『대한매일신보』, 1908.8.13.
34) 「국민경쟁의 대세」, 『대한매일신보』, 1910.8.5.

『독립신문』의 '교육입국'론과 '국민' 생산 기획

1. 교육 또는 '문명세계'에 이르는 길

근대계몽기 '교육'은 지식인들과 오피니언 리더들을 사로잡은 가장 중요한 화두 가운데 하나였다. 이 시기 교육은 '개나 돼지'와 다름없는 조선 인민을 일약 '인간'의 수준으로 끌어올릴 수 있는, 그리고 조선과 조선인이 앓고 있는 온갖 '야만적 질병'을 치유할 수 있는 일종의 '만병통치약'으로 간주되었다고 해도 지나친 말이 아니다. "아는 것이 힘, 배워야 한다!"는 구호가 근대계몽기 격동의 시공간을 가득 채우고 있었던 것이다. 정부가 수행해야 할 일차적인 직무도 인민을 교육하는 데 있었다. 다음 논설을 보면 『독립신문』이 얼마나 교육에 많은 관심을 기울였는지 선명하게 알 수 있다.

정부에서 학교를 지어 인민을 교육하는 것이 정부에 제일 소중한 직무요,

다른 일은 아직 못하더라도 정부에서 인민 교육은 하여야 할 것이라. 나라가 지금은 이렇게 약하고 백성이 어두워 만사가 남의 나라만 못하고 남의 나라에 업신여김을 받으나 조선도 인민을 교육만 하면 외국과 같이 될지라. 지금 장성한 사람들을 남녀 물론하고 교육을 시키려고 하면 매우 어렵거니와, 자식들을 남의 나라 아이들 같이 교육을 시켜 그 아이들이 자라서 남의 나라 사람 같이 될 터이니, 그 때나 조선도 남의 나라 같이 되기를 바랄 터이라.

그러나 만일 자식들을 교육을 아니 시키면 그 아이들이 장성한 후에도 자기 아비나 할아비보다 더 지식 있는 사람이 못 될 터인즉, 그러면 나라가 자기 아비나 할아비 때보다 어찌 낫게 되리오. 자식을 사랑하는 사람은 지금부터 자식을 교육시키는 것이 옳고, 만일 자식이 학문이 있는 사람이 되면 그 자식이 다만 집만 보호할 뿐 아니라 나라를 보호할 터이요, 그 사람들이 나라를 지금보다 낫게 만들 터이니, 실상을 생각하면 자식 교육하는 것이 곳 나라를 위함이라.

혹 사람이 말하기를 지금 나라가 말이 못 되었는데 언제 그 자식들이 학문을 배워 가지고 나라 잘 되게 하기를 바라리오 하나, 농사하는 사람이 봄에 양식이 없다고 봄에 씨도 심지 않고 밭도 갈지 아니하면 그 사람은 가을이 되어도 봄보다 더 낫지 못할 터이나, 그러나 봄에 남의 집에 가서 일을 하면서라도 기어이 씨를 땅에다 뿌려두면 가을에는 추수를 할 터인즉, 그 때는 집에 먹을 것이 있어 과동(過冬)까지라도 걱정 없이 할 터이니, 어찌 봄에다 비유하리오. 지금 자식들 교육하는 것이 곳 봄에 씨 뿌리는 것이니 추수하고 싶은 부모는 자식을 교육시키기를 봄에 씨 뿌리는 줄로 생각하기를 바라노라.[35](강조는 인용자)

만사를 제쳐두고 정부는 교육에 앞장서야 한다고 주장하는 이 논설에서 우리는 근대계몽기 지식인들의 다급하고 초조한 마음을 읽을 수 있다. 여기에서도 에누리 없이 '남의 나라'와 같이 되고자 하는 동일화 욕망이 얼굴을 내밀고 있다. '남의 나라'란 말할 것도 없이 '문명개화국'을 뜻한다. 요즘말로 하면 '선진국'쯤 될 터인데, 지금도 "선진국에서는

35) 「논설」, 『독립신문』, 1896.5.12. 현대어 표기와 인용문의 괄호 안 한자 표기는 인용자의 것임. 이하 동일.

이러이러한데 우리는 그렇지 못하다"는 수사법이 횡행하는 것을 보면, '남의 나라' 또는 '남의 나라 사람'과 같이 되고자 하는 욕망의 뿌리는 어제오늘에 형성된 것이 아닌 듯하다.

교육은 개인을 문명상태로 이끄는 데 머물지 않는다. 자식에게 몇천 몇만 평의 땅을 물려주는 것보다 교육을 시키는 것이 제대로 된 자식 사랑이라는 구절들을 곳곳에서 발견할 수 있지만, 인민의 교육은 단순히 개인의 '입신출세'를 위한 수단을 넘어 '나라를 위하는 길'이기도 했다. 교육입국(教育立國), 교육을 받은 인민이 있고 나서야 나라가 바로 설 수 있다는 말이다. 그럴진대 어찌 교육을 게을리 할 수 있겠는가. 그래서 『독립신문』은 말한다. 추운 겨울을 날 수 있는 식량을 거두기 위해 이른 봄 씨앗을 뿌리는 농부처럼 자식을 교육시키는 것이야말로 부모들의 가장 중요한 임무이자 사명이라고. 땅에 거름을 주는 마음으로 인민을 교육시키는 일이 곧 모든 폐단을 일소하고 국가를 바로 세워 '남의 나라'와 동등하게 될 수 있는 길이라고.

한 마디로 말해 교육은 개인의 행복과 국가의 문명개화를 이끄는 핵심적인 힘이었던 것이다. 이렇게 약하고 가난한 나라가 강하고 부유하게 되고, 어리석은 백성이 현명해져서 외국과 동등한 대접을 받기 위해서는, 새 학문을 배워 개화한 자주독립국 백성과 같이 되는 수밖에 없다는 논지를 펼치고 있는 다음 논설은 교육이야말로 이른바 '조선병'을 고칠 수 있는 만병통치약이라고 말한다. 그러면 신식 교육을 받은 사람들이 이끄는 나라의 풍경을 엿보기로 한다.

> 그 사람들이 자라 정부에서 정치도 마땅히 의논하고 제조장(製造場)을 세워 각색 물화를 제조하며 장사하는 집이 동리마다 일어나, 외국물을 수입하며 내국 물건을 수출할 줄을 알고, 화륜선을 지어 세계 각국에 조선 국기 단 상선과 군함이 바다마다 보이며, 국중에 철도를 거미줄같이 늘어놓아 인민과 물화 운전하기가 편리하게 되며, 도로와 집들이 변하여 넓고 정한 길에 공원지(公

園地)가 골목마다 있고, 마거(馬車)와 전기 철도들이 개미 같이 왕래하고, 백성이 무명옷을 아니 입고 모직과 비단을 입게 되며, 김치와 밥을 버리고 우육과 브레드를 먹게 되며, 말총으로 얽은 그물을 머리에 동이지 아니 하고 남에게 잡혀 끄달리기 쉬운 상투를 없애고 세계 각국 인민과 같이 머리부터 우선 자유를 하게 될 터이요, 국중에 법률과 규칙이 서서 애매한 사람이 형벌 당할 묘리도 없고, 약하고 무세(無勢)한 백성들이 강하고 유세한 사람들에게 무리하게 욕볼 묘리가 없으며, 정부 관원들이 법률을 두렵게 여겨 협잡이 없어질 터이요, 인민이 정부를 사랑하여 국중에 동학과 의병이 다시 나지 않을 터이요, 조선 대군주 폐하께서 남의 나라 공관에 가셔서 위태함을 면하실 경계가 아니 생길 터이니 ……36)

아마 『독립신문』이 그린 '꿈속의 조선'의 모습이 이러했을 것이다. 외국과 활발한 통상이 이루어져 조선 국기를 단 상선과 군함이 오대양을 누비고, 철도가 거미줄처럼 전국을 연결하며, 무명옷 대신 모직과 비단을 입고 김치와 밥 대신 쇠고기와 빵을 먹는 백성들이 깨끗하게 단장한 길을 걸어 아름다운 공원에 한가롭게 산책하는 세상! '남에 잡혀 끄달리기 쉬운' 상투를 잘라버리고 서양식 헤어스타일로 단장한 사람들이 대낮 같이 환한 법률 아래서 평등하게 살아가는, 그리고 동학도들과 의병들이 자취를 감추고 한결같이 정부를 사랑하는 그런 '아름다운 질서'가 갖추어진 세상! 그곳이 바로 그토록 꿈속에 그리던 휘황한 문명세계일 터, "전국에 있는 인민이 학교에서 적어도 십 년은 공부를 하여 무슨 학문이든지 한 가지씩 성취한 후"에야 그 세상에서 살 수 있을 거라는 게 『독립신문』의 확신이었다. 그러니 교육이야말로 그 무엇보다 시급한 일이 아닐 수 없다. 다음은 1899년 1월 6일자 「교육이 제일 급구」라는 제목의 논설이다.

서양 사람 말에 십 분 동안에 나무를 베려면, 오 분 동안은 도끼를 갈고 오

36) 「논설」, 『독립신문』, 1896.10.10.

분 동안에 나무를 베는 것이, 둔한 도끼로 십 분을 다 허비하는 것보다 낫다 하니, 백성을 개화시키는 것도 역연한지라. 방금 세계 형편을 보면 대한이 하루 바삐 개화하여야 나라를 보존할 터이라. 그런 고로 사람마다 마음이 조[급]하여 개화할 방법을 생각하여, 화륜선·철로·전보·광산 사무를 설시하려 하며, 신문과 연설과 토론으로 지식을 발달하려 하며, 정치 득실을 시비도 하며, 각기 소견 자라는 대로 속히 개화하기를 도모하려 하건마는, 종시 인민과 진보가 현연(顯然)한 것이 없고 국세는 점점 위태하여 가니, 이것은 다름 아니라 백성의 교육이 없음인 줄 아노라.

옛 사람이 가라대 백성을 가르치지 않고 싸우게 하는 것은 백성을 해롭게 하는 것이라 하였으니, 지나간 일년에 경력한 것을 보아도 인민이 교육이 없으면 아무 일도 할 수 없는 것을 깨달을지라. 그 연고를 말하면 첫째는 백성들이 구습에 젖고 교육이 없는 고로, 다만 목전 이해만 알고 정치상 큰 도리는 모르는 고로 당장에 돈량 이해와 몸에 편하고 아니 편한 것만 생각하고 법률과 강령을 어긴 것은 말하여도 심상히 여기며, 둘째는 교육이 없는 고로 무슨 일을 하든지 조직하는 규칙을 모르며 알고서도 시행하지 못하여 미리 일을 헤아리지 못하고 끝에 낭패하거나, 셋째는 교육이 없는 고로 시비곡직을 분간하지 못하여 세력 있는 사람이 역적이라 하면 역적으로 여기고 충신이라 하면 충신으로 여기어서, 일정한 주견이 없이 문자상에 딸려다녀서 옳은 일을 하는 사람이 있어도 그 뒤를 받쳐주지 못하고, 그른 일을 하여도 세력만 있으면 다 추종하며, 넷째는 구습에 편당 싸움하던 문견에 익고 넓은 학문이 없는 고로 의심과 혐의를 주장하여 열 사람만 모이면 그 속이 합하지 못하여, 서로 의심하고 서로 미워하고 서로 방해하여 조그마한 애증으로 큰 일을 그르치며, 다섯째는 교육이 없는 고로 속이 넓지 못하여 사람을 용납하지 못하여, 의견이 다르거나 큰 목적을 가지고 작은 당파 싸움에 아까운 재주와 세월을 허비하는 폐단이 있으니, 이 여러 가지는 다 우리가 교육이 없는 까닭이라. 그로 보면 대한에 한 가지 바랄 것은 교육밖에 없도다.

혹 말하되 교육은 너무 오활하여 가르칠 동안에 나라가 망한다 하나, 이것은 하나만 알고 둘을 모르는 말이라. 지금부터 제백사(除百事)하고 남녀 동몽교육을 힘쓰며 신문과 연설과 토론으로 장정한 사람의 문견을 확장하여 아무쪼록 사람의 의견을 넓게 하면 당장에 위태한 국세를 구원하지 못하더라도 후망(後望)이나 있거니와, 더디다고 동몽교육을 치지도외하면 지금 일도 아니 되고

이 다음에 바랄 것도 없으니, 관민들이 이 일을 깨달아서 금년에는 아무쪼록 학교를 넓게 배설하여 교육을 힘써 다른 데 허비하는 국재(國財)를 모두 남녀 교육에 쓰기를 지극히 원하노라.(강조는 인용자)

반복되는 말이긴 하지만, 이처럼 조선이 지금처럼 위태로운 상황에 처하고 백성들이 도탄에서 허덕이는 이유가 '신식교육의 부재'에 있다고 진단한 『독립신문』은 조선과 조선백성이 기사회생할 희망을 교육에서 찾는다. '대한'에서 바랄 것이라고는 교육밖에 없다고 못박고 있는 것이다. 너무도 당연한 진단과 처방이라 할 수 있을 터이다. 그런데 무작정 교육이 유일한 희망이라고 외칠 수만은 없는 노릇이다. 말할 필요도 없이 구체적인 사례가 있어야 설득력을 얻을 수 있다. 여기에서 또 두 '선생'이 등장한다. 청나라와 일본이 그들이다. 하나는 반면교사이고 하나는 모범적인 스승이다.

청국에 사서삼경을 잘 아는 사람이 조선보다 많이 있고 토지와 인민이 조선보다 커 그러하되, 구라파 속에 청국 십분지 일밖에 못되는 나라라도 세계에 대접받기를 청국보다 십 배나 더 받고 정부와 백성이 백 배나 강하고 부유하니, 그것은 다름이 아니라 구라파 각국에서는 적든지 크든지 인민들이 남녀 없이 적어도 십여 년을 학교에서 각색 새 학문을 배운 연고요, 청국은 그저 오랜 사서삼경을 공부하는 까닭이라. 그런 고로 싸움하면 청국이 늘 외국에게 지는 것은, 문명 개화한 나라 사람들은 군사를 조련할 줄 알고 이로운 병장기와 화륜선과 철도와 전신과 전화와 편한 의복과 유익한 음식과 정결한 거처를 만들 줄 알고, 나라 일에 죽는 것을 영광으로 아는 연고로 사람의 몸이 강하고 마음이 굳세고 지혜가 높아지거니와, 청국은 이 중에 한 가지도 공부 안 한즉 인민이 약하며 천하며 어리석으며 더러우며 나라 위할 마음이 없으며 남에게 천대를 받아도 천대인 줄 모르고 업신여김을 받아도 분한 줄을 모르는지라.

일본 같은 조그마한 나라가 싸움을 하여서 청국 병정 무찌르기를 풀 베는 것 같이 하고 청국 내지와 항구에 들어가기를 평지 밟는 것 같이 하며, 대만 같은 큰 나라를 빼앗고 배상을 이억 팔천만 원을 받았으니, 그것은 다름이 아니라 일본도 삼십 년 전 같으면 나라 형세가 청국과 똑같았으니 어찌 조그마한 나라가 청국 같은 큰 나라를 이기리오마는, 일본 사람들이 서양 각국이 부강한 곡절을 알고, 곧 백성 교육하는 일을 힘써 학교가 하나도 없던 나라가 지금 전국에 공립소학교가 오만여 개요, 중학교가 팔천여 개요, 대학교가 삼십여 개니, **못 만들던 화륜선을 만들고, 못 놓던 철도를 놓고, 못 하던 장사를 하고, 이기지 못하던 싸움을 이기고, 없던 돈이 많이 생기고, 한 층으로 지은 나무집이 삼층 사층으로 지은 벽돌집이 되어 가며, 방바닥에 꿇어앉던 사람들이 교의(交椅)에 걸터앉게 되고, 더럽고 보기 흉한 두루마기 입던 사람들이 정하고 튼튼한 양복을 입게 되고, 나무신이나 짚신을 끌고 다니는 사람들이 가죽으로 만든 양혜(洋鞋)를 신게 되니, 이것은 모두 학교에서 인민이 학문을 배운 까닭이라.**

조선도 오늘날부터 시작하여 인민 교육하는 일만 몇 해 동안 힘쓰면 불과 몇 해 전에 조선 정부와 인민이 서로 도와 줄 터이요, 합심이 되어 참 개화란 것이 될 터이니, 그리하면 사람마다 직업이 있어 국중에 노는 사람이 없을 터이요, 빈천은 없어지고 사람마다 모도 부귀케 될 터이니, 이 선생의 말을 깊이들 생각하여 당장에 적은 리와 욕심을 내어버리고 인민 교육하여 몇 해 후에나 조선도 남과 같이 되기를 바라노라.[37](강조는 인용자)

'사서삼경'만 외우다가 일본에 무참하게 패하고 외세에 갈갈이 찢긴 청나라로부터 무엇을 배울 것인가. 백성들이 신식 공부를 하지 않아 천하고 약하며 더럽고 어리석은 청나라는 너무나 '훌륭한' 반면교사였다. 『독립신문』이 중국을 바라보는 시각은 조선을 이 지경으로 만든 '원수'를 바라보는 것과 다를 게 없다는 느낌을 지우기 어렵다. 과연 중국이 그처럼 '야만적'이었는지 여부는 확신할 수는 없지만, 분명한 것은 배워서는 안 될 부정적 타자를 설정함으로써 자신의 말에 설득력을 더하고자 했다는 점이다. 청나라와 대조되는 나라가 바로 일본이었다는 것은 우리가 이미 보아온 바와 같다. 화륜선을 만들고 철도를 놓으며 급기야 '대국'과의 전쟁에서 승리한 일본을 견인한 힘도 다름 아닌 신식 학문

37) 「논설」, 『독립신문』, 1896.4.25.

을 가르치는 학교였다는 것을 이 논설을 분명하게 보여준다. 일본은 조선이 따라야 할 모범이자 긍정적 타자였던 셈이다. 같은 '동양권'에 속한 청나라와 일본, 이 두 개의 거울에 비친 자신의 모습을 보면서 조선은 정체성을 구상했다고 말해도 좋을 것이다. 어쨌든 다시 문제는 교육이다. 신식 교육을 등한시하다 불행하고 가엾은 상황에 처한 청나라를 좇을 것인가, 왕성하게 서양의 지식을 흡수하여 문명국으로 내닫고 있는 일본을 따를 것인가. 대답은 명확하다. 그러나 다른 모든 것과 마찬가지로 조선의 현실을 막막했다.

2. 조선교육의 현실

아니 암담했다고 말하는 게 옳을 성싶다. 국세가 잔약(孱弱)하고 국재(國財)가 턱없이 부족한 까닭에 해군과 육군을 확장하여 나라의 위엄을 떨쳐볼 수도 없고, 물질적 풍요를 도모하고자 하지만 인민이 무식하여 필요한 재물(財物)을 만들 줄 모르는 현실. 이렇듯 암담한 상황을 타개할 수 있는 방법이라곤 교육밖에 없다는 것을 절감하고 있었음에도 불구하고 사정은 그렇게 호락호락하지 않았다. 무엇보다 '대한 인민의 인기(人氣)가 잔약'하다는 게 최대 걸림돌이었다. 『독립신문』 논설란의 종종 등장하는 독자 중 한 사람인 '몰라요 씨'는 「교육 방법」이라는 제목의 1899년 1월 9일자 논설에서 그 심각성을 다음과 같이 지적하고 있다.

> 대한은 인기가 잔약하여 무예를 천히 여기며 입으로는 문학을 숭상하나 실상은 학문도 남에게 자랑할 것이 없으며 어렸을 때부터 집안에서 배우고 글방에서 보고 세상에서 행하는 일이 모두 일신이나 이롭게 할 일뿐이요, 사회

> 공익은 생각도 아니하며, 재주로 남보다 나으려고는 못하되 나보다 나은 자를 시기하여 해롭게만 하며, 말로는 널리 사랑함이 어진 것이라 하면서 행하는 일들은 다 머리털 하나를 빼어 천하를 이롭게 할 일이라도 조금만 일신 안위에 관계되면 하지 아니하며, 자손들이 돈견(豚犬)같이 무식하고 용통하여(소견 머리가 없고 매우 미련하여－인용자) 경계도 모르고 명예도 모르더라도 꾸어다 놓은 보리자루같이 안방 구석에나 들어앉았거나 주색잡기하여 부모에게 욕을 들리는 것이 차라리 효자요, 사회상 공익을 위하여 분주하는 것이 일은 옳아도 위태한 고로 불효라 하여 좋은 의견이 있어도 말도 못하게 하니, 자녀들을 이러하게 교훈하는 세상에 무슨 인재가 나리오. 대한 부모된 이들이 자녀에게 자유 권리를 주어 그른 일 외에는 무엇이든지 마음대로 행하여 공익을 사리보다 더 중히 여기게 교훈하여야 전국 사람들이 쓸데없는 문구 예절을 버리고 실상으로 사업과 명예와 무예를 높이 여기게 되지 아니하면 대한은 어느 때까지든지 지금같이 잔약하여 아무것도 못 될 줄 아노라.

일신상의 이로움만을 도모할 뿐 사회와 공익을 위해서는 아무것도 하려 들지 않을 뿐만 아니라 자신보다 나은 자가 있으면 무엇이든 배우려고 애쓰기는커녕 시기하고 질투하는 조선인들의 '품성'이 가장 큰 걸림돌이었던 것이다. 개나 돼지같이 무식하고 소견머리 없는 이들이 주색잡기로 허송세월하는 현실에서 교육을 통한 인재의 양성은 참으로 지난한 일일 수밖에 없었을 터이다. 결국 '몰라요 씨'는 자식들을 개 돼지같이 '사육'하려는 부모들이 버티고 있는 한 교육의 힘을 빌어 '인민의 기상'을 북돋우려는 노력은 번번이 허사로 돌아갈 수밖에 없을 것이라고 진단하고 있는 셈이다. 그가 보기에 "동양의 조그마한 나라이로되 풍속이 무예를 숭상하는 고로 사람마다 기성(氣性)이 활발하며 남에게 지기를 부끄러워하며 명예를 가장 높이 여기어 옳은 일을 하면 위태하더라도 그 부모가 동심(同心)하여 권하는 고로 사람마다 다투어가며 이름 있는 일을 하려" 드는 일본인과 비교할 때 '조선 인민의 기상'은 허약하고 비루하기 짝이 없다. 그는 이런 상황에서 어떻게 제대로 된 교육이 이루어질 수 있겠느냐고 반문하고 싶었을 것이다.

그래도 교육의 힘을 빌지 않고서는 '문명개화'로 나아갈 길이 전혀 없다는 점에는 변함이 없다. 어렵지만 교육을 통해 인민의 기상과 습속을 바꾸는 것말고는 다른 방법이 없다는 것을 『독립신문』은 잘 알고 있었던 것이다. 즉 "야만은 그 사람의 천품이 본시 야만이 아니라 교육을 입지 못함으로 지식이 열리지 못하여 사람의 도리를 행치 아니 하는 자를 지목함인 고로, 오늘은 야만의 이름이 있더라도 내일에 가서 사람의 도리를 닦은즉 이도 또한 개화하는 지경 가운데 인민이 될"[38] 것이라고 믿고 있었다. 그러나 개화의 여부를 결정하는 데 가장 큰 힘을 발휘하는 것이 교육이라는 점, 다른 문명개화한 나라를 보더라도 무엇보다 내부의 인민을 교육하는 데 힘써야 한다는 것 등등을 아무리 강조해도 정부의 주무 대신들이 별 신경을 쓰지 않는다는 게 문제이다. 어찌 답답하지 않을 수 있겠는가. 1896년 9월 5일자 논설이다.

> 조선에 학교에 다니는 사람들이 전국 인구 수효와 비교하여 보면 오천 명에 하나가 학교에 가지를 못하니, 후생(後生)을 가르치지를 아니 하면 필경 조선은 잘 되어 보는 날이 없을 터이니 어찌 한심한 일이 아니리요. 문명 개화한 나라에서들은 전국 인구 수효 중에서 학교에 가는 사람들이 백명에 구십 오명 이상이 가고, 부모들이 자질(子姪) 사랑하는 근본이 그 아이들을 아무쪼록 학교에 보내어 아무쪼록 학문을 배워 자기들보다 지식이 높고 재주가 더하여 세계에 나가 벌어먹고 살 도리를 하여 주거늘, 조선 부모들은 자기의 자질들을 자기보다 나은 사람들이 되게 교육할 생각들을 아니 하고 가르치는 것이 다만 이왕 것만 가르쳐, 설령 그 아이들이 재품(才品)이 있더라도 자기의 아비나 할아비가 모르고 못 하던 학문과 사업을 할 수가 없을 터이니, 이렇고서야 어찌 나라가 진보가 되리요. 조선이 잘 되고 못되기는 조선 젊은 사람에게 매였는데 만일 이 젊은 사람들을 교육을 못 시켜 놓으면, 조선은 몇 십년 후라도 지금에서 조금이라도 나아질 여망이 없는지라.

---

38) 「논설」, 『독립신문』, 1898.8.13.

조선 사람들과 만나 말을 하여 보면 그 사람들 말이, 우리도 외국 모양으로 나라를 다스려 부국 강병이 되며 조야(朝野)에 학문과 재주 있는 사람들이 많이 있어 남의 나라에 대접을 받게 되고 싶다고 하여 그러하되, 사람들 말이 우리가 어떻게 하여야 이렇게 될 줄을 모르는 고로 못 한다고 하니, 이 사람의 말이 매우 옳고 이 사람을 책망할 수가 없는 것이 배우지 않은 것을 하기를 바라는 것은 무리한 일이라. **그러하나 이 사람들 책망할 것이 하나 있는 것은 이 사람들이 자기의 말대로 자기들이 못나서 못 한다니, 자기의 자질들이나 교육을 시켜 몇 해 후에 그 자질들이 정부에 서서 일을 하면 자기들보다 얼마큼 낫게 할지라. 그러하면 그 자질들이나 교육을 시켜 몇 해 후에나 조선이 잘 되게 주의하는 것이 이 부모의 직분이요 나라 인민의 마땅한 행실이라. 자기들이 모른다고 한탄을 하여 그러하되 후생이 낫게 될 도리를 아니 하니, 이것은 나라를 위하는 것도 아니요 집안을 사랑하는 것도 아니라.**(강조는 인용자)

오천 명 중 한 명밖에 학교를 가지 못하는 조선의 현실과 95퍼센트 이상이 학교에 다니는 문명개화국들의 현실 사이의 아득한 거리! 물론 95퍼센트라는 수치는 과장된 것임에 틀림없다. 이처럼 문명개화국의 사례를 들 때면 『독립신문』은 이해하기 힘들 정도로 과장하는 경우가 적지 않다. 그렇다 하더라도 현실과 이상 사이의 거리를 앞에 두고 개명 지식인들은 깊은 절망에 빠지진 않았을까? 특히 정부의 재정 부족은 그들의 의욕을 너무나 쉽게 꺾어버리곤 했다.

먼저 교육 예산이 턱없이 부족했다. 1899년 2월 1일자 논설 「금년 예산표」를 보면 탁지부의 재정이 압도적으로 많고, 군부와 내부의 예산이 그 다음이며, 황실비용이 학부 예산보다 네 배 이상이라는 점이 눈에 띈다.[39] 그리고 이 예산내역을 보면 1899년 당시 어떤 학교들이 있었는

39) 참고로 그 내용을 정리하면 다음과 같다. 총세입 6,473,222원, 총세출 6,471,132원, 세입여액 2,910원 // 세출경상부(歲出經常部) : 황실비 650,000원, 의정부 35,506원, 외부 166,743원, 내부 1,262,892원, 탁지부 2,037,907원, 군부 1,407,351원, 법부 38,925원, 학부 141,627원, 농상공부 259,004원, 중추원 25,628원, 호위대 50,986원, 양지아문 11,660원 // 세출임시부(歲出臨時部) : 외부 480원, 내부 36,200원, 농상공부 6,223원, 예비금 300,000원 // 예산 중 학문상 관계되는 긴요한 사항 : 중학교 7,400원, 여학교 3,750원, 의

지 그 윤곽을 그려볼 수도 있다. 학제가 아직 정비되지 않은 상황에서 각급 학교의 위상이 혼돈스러운 양상을 보이고 있다. 예컨대 소학교만 하더라도 각도 소학교와 각항구 소학교, 5군 소학교와 양부(한성부와 평양부)의 소학교, 공립 소학교와 관립 소학교 등으로 나뉘어 있어 교육 시스템의 확립이 시급한 과제였음을 알 수 있을 것이다. 그리고 6개 외국어 학교와 유학생에 대한 재정적 지원이 어떤 수준이었는지를 가늠할 수 있을 것이다.

어찌됐든 그 중요성에 비해 교육에 쓰이는 돈은 턱없이 모자랐다. 『독립신문』 1899년 5월 24일자 논설 「교육비청구」에서는 "학부에서 학교를 더 설립하고 서책을 더 간행할 마음이 없는 것은 아니나 탁지부에 재정이 부족한 고로 교육비를 지출할 수가 없다고 한다"고 전하면서 현실을 개탄하고 있다. 급기야 『독립신문』은 군부의 예산을 줄여서라도 학부의 예산을 증액하여 일본처럼 교육에 전력을 투구해야 한다고 말한다. 다음은 1899년 1월 14일자 논설 「교육 예산」이다. 여기에서도 일본은 하나의 모델이 된다.

> 일본 학부에서 금년에 할 일을 예산하였는데 그 요긴한 것은 (一) 동경학사회원(東京學士會院)을 제국학사원(帝國學士院)이라 하여 격치, 화학 등 학문상에 긴한 논설을 받아 가장 월등한 것을 상줄 일과 기이한 신발명하는 사람을 권장할 일과 외국 교육회로 더불어 왕복할 일과 서책 저술할 일을 힘쓰고, (二) 대학교와 기계학교에 교사로 쓸 양으로 외국에 보내는 관비 유학생은 본래 오십 명을 칠십오 명으로 늘리며, (三) 위원을 선정하여 일본 언어의 변개

학교 6,030원, 각도 소학교 4,680원, 사립학교 2,740원, 각항구 소학교 2,160원, 경성학당 360원, 정동학당 2,904원, 오군(五郡) 소학교 1,800원, 양부(兩府) 소학교 720원, 각공립소학교 15,660원, 사립소학교 2,740원, 한성사범학교 2,790원, 고등소학교 740원, 관립소학교 4,020원, 한성부 소학교 600원, 성균관 2,870원, 일어학교 1,179원, 영어학교 2,348원, 한어학교 1,179원, 법어학교 1,324원, 덕어학교 1,224원, 아어학교 1,224원, 외국어학교 교사 봉급 26,500원, 인천 부산 일어학교 2,400원, 일본 유학생 7,920원, 외국 유학생 13,420원, 의화군 전하 3,000원, 전 의관 이준용 씨 2,500원

한 것을 상고하여 규칙 있게 작정하고, (四) 각 학교를 확장하며, (五) 대판기계 학교에 해군 건축과(海軍建築課)를 설시하고, (六) 일본체육회(日本體育會)에 정부에서 오 년 한하고 매년 일만오천 원씩 보조하며, (七) 법국 경성 파리스에 위원을 보내어 내년 만국박람회에 보내는 일본 교육 물품을 감독하고, (八) 만국기후관상회(萬國氣候觀象會)에 위원을 파송할 일이라더라.

일본 같이 진보한 나라도 교육에 힘쓰기를 점점 더 하니 대한은 정부가 발분망식(發憤忘食)하고 할 일이 교육이라. 학부에서 금년에는 **(一) 부내 관원을 합력시켜 편집과 번역을 부지런히 하여 서책을 많이 염가로 경향 민간에 반포하고, (二) 경성과 오강(五江)에 소학교를 많이 배설하여 동몽을 하루바삐 개화 서책을 가르치고, (三) 오서(五署) 내에 여아소학교를 배설하여 계집아이들도 긴요한 문자를 가르치고, (四) 각 어학교의 소학교 학도들에게 군대 조련으로 체조를 가르쳐 무예를 숭상하는 풍속을 권장하고, (五) 각 학교에 토론회를 배설하여 학문 지식에 유익한 토론과 연설을 자습하게 하고, (六) 농공상학교를 배설하여 농사하는 법과 손재주와 장사하는 도리를 차차 가르치고, (七) 서적관(書籍舘)을 한곳에 설시 하여 대한 유명한 서책과 각국 서적을 모아 사람의 지식만 열 뿐 아니라 이후 박물관 기초를 만들고, (八) 각도 각군에 삼년 한하고 각색 신문을 관비로 전파하여 백성의 이목을 열게 하고, (九) 총명 자제(불구 문벌 사정하고)를 이삼십인 뽑아 서양 각국에 파송하여, 유용한 기업(技業)을 한 십년 하고 배우게 하였으면 국가에 대행(大幸)이겠도다.**

이 여러 사업하자면 돈이 듦이라. 어디서 자본을 지출하려 하나 들은즉 군부에서 참령 수효를 많이 늘린다 하니 이는 식구 구제하기에는 매우 좋으되, 민국에는 유해무익하니 그 예산을 학부로 부쳐서 이상 말한 사업에 쓰고, 부족한 것은 탁지로 지출하여 보충하였으면 좋을 줄 아노라.(강조는 인용자)

예나 지금이나 돈이 문제이다. 『독립신문』은 이처럼 조선의 활로를 교육에서 찾고, 일본을 모델로 하여 그 체적인 프로그램을 제시하기도 했다. 그러나 다시 문제는 돈이었다. 그래서 말한다. 군 장교를 늘일 돈이 있으면 교육에 투자하라고. 쉽게 말하자면 국방부 예산을 돌려 교육부 예산으로 쓰자는 얘기이다. '대한 인민'들의 무지몽매함과 '재정 부족'이 나라를 살릴 교육을 가로막는 이중의 난관이었던 셈이다. 희망을 이야기하기에는 너무나 암담한 조선의 현실이라 아니할 수 없다.

3. 기본적인 소양을 배양하라

거듭 말하거니와 『독립신문』이 보기에 부국강병과 문명개화의 원천이라 할 수 있는 교육만큼 시급하고 중차대한 것은 없었다. 조선을 나라답게 만들 수 있는 힘과 조선인들이 외국인들로부터 '천대'를 받지 않을 수 있는 기본적인 조건을 갖추기 위해 교육은 더 이상 미뤄서는 안 되는 일이었던 것이다. 그렇다면 누구에게 무엇을 배울 것인가. 그런데 1897년 9월 14일자 논설은 교육을 나무 심는 일에 비유하면서, 무엇을 배우는 것보다 인간의 '품성'을 바로 잡는 게 급선무라며 다음과 같이 말하고 있다.

> 우리가 권하는 것은 다른 것이 아니라 아무쪼록 어린 사람들을 가르쳐 세상에 쓸 사람이 되게 만드는 것이니, 사람이 나라에 쓰게 되려면 다른 학문보다 먼저 내 마음과 남을 속이지 아니하는 공부를 하여야 할지라. 조선 안에 옳고 그른 것을 아는 사람이 많이 있으나 옳은 것을 옳은 줄로 알면서도 그대로 행하지 못하는 것이 다른 것이 아니라 마음이 강하지 못하여 그러하는 것이니, 그러하면 배울 것이 첫째 옳고 그른 것을 알 것을 배워야 할 것이요, 둘째는 옳은 것을 행하고 그른 것은 아니 행할 힘을 얻어야 할지라. 이것은 어디서 나는고 하니 세계 학문을 배워 고금 각국 사기를 배워, 아이 때부터 마음에 박히기를, 그른 일하는 놈을 천히 여기며 남이 하기 어려운 일 하는 사람들을 사랑하고 앙망(仰望)하게 가르치면, 사람이 악한 걸 미워하고 착한 걸 사랑하는 마음이 마음에 박혀 설령 못된 일을 하고 싶은 마음이 나더라도 제 마음을 제가 천히 여기는 생각이 나 하고 싶은 못된 일을 하지 아니할 터이고, 평생에 높고 사랑

> 하던 옳은 일을 행할 터이라. (…중략…)
>
> 지금 일기가 다시 선선하여 각처에 학교가 열리고 젊은 사람들이 공부할 때가 돌아오는지라. **집안에 어린 사람들 있는 집들은 그 젊은 사람들을 위하여 다른 것을 할 것 없이 아무쪼록 학교에들 들여보내어 학문을 배우게 하되, 학문 중에 제일 긴한 것은 착한 걸 사랑하고 악한 걸 미워하며 기운이 있어 착한 일을 능히 행하고 악한 일을 능히 아니 하는 힘을 배우게 하는 것이 다른 학문보다 천 배가 더 중한지라.** 만일 사람이 학문은 있더라도 능히 선악을 가려 일을 할 힘이 없으면, 그 사람은 국중에 조금도 유조치 않고 오히려 해라. 근일에 보면 혹 사람들이 좋은 연설들을 듣고 그 연설이 옳은 줄까지 아는 사람들이 있으나 그대로 행하지 못하는 것은 근력이 없는 까닭이니, 국중에 십분지 구는 당초에 이·해·선·악을 가릴 줄도 모르는 인민들이요, 일분 쯤은 이·해·선·악을 가릴 줄 아나 그대로 행할 근력들은 없으니, 그 나라가 어찌 문명진보하리오. 그러기에 우리가 바라는 것은 전국 인민이 이 곡절을 알아 젊은 사람들을 학문과 근력을 길러주는 것이 나무 심는 계책보다 몇 배가 더 요긴할 것을 바라노라.(강조는 인용자)

한 사람이 국가를 위해서 뭔가 일을 할 수 있기 위해서는 다른 학문보다 '내 마음과 남을 속이지 않는 공부'가 무엇보다 중요하다는 말이다. 이 논설에 따르면 옳은 것과 그른 것을 분별하고 정의를 따를 수 있어야 제대로 된 공부를 할 수 있다. 즉, 악한 것을 미워하고 선한 것을 사랑할 줄 아는 마음, 옳은 일을 행하고 그렇지 않은 일을 하지 않는 정신, 부끄러움을 부끄러움으로 아는 품성이 모든 학문과 공부의 토대가 된다. 여기에서 다른 학문을 행할 수 있는 의지력=근력이 생길 것이라고 주장한다.

그런데 이와 같은 '교육론'의 이면에는 조선인의 90퍼센트는 이해(利害)와 선악(善惡)을 가릴 줄 모른다는, 이를테면 '조선 인민'을 싸잡아 무시하는 듯한 고압적인 자세가 버티고 있다. 이는 계몽주의자들이 일반적으로 취하는 태도이긴 하지만, 기독교와 강한 친연성을 지니고 있던 『독립신문』의 논조가 '선교'의 목소리와 크게 다를 게 없어 보인다는 점이 많은 사람들을 불편하게 할 수도 있을 것이다. 민족의 자주성을 강조하는 '민족교육론'과 동떨어져 있다는 점에서 특히 그러하다. 『대한매일신보』에서 볼 수 있듯 근대계몽기의 민족의 우수성에 대한 강조는 지나치나 싶을 정도로 '과격한' 면이 적지 않다. 그런데 『독립신문』의 경우는 민족구성원에 대한 시각이 너무나 부정적이라는 점에서 '민족지'들과 선명한 대조를 보인다.[40] 이에 대해서는 많은 논란이 있을 수 있지만 여기에서는 『독립신문』이 조선인들의 '품성 교육'에 일차적인 중요성을 부여하고 있다는 점을 지적해 두는 선에서 멈추기로 한다.

이처럼 『독립신문』은 선악과 의리를 분별할 수 있도록 인민을 교육하고, 이를 디딤돌로 하여 충국애국과 문명부강으로 나아갈 수 있을 것이라는 주장을 지속적으로 펼친다. 그런데 그때마다 새로운 학문의 습득을 가로막는 기존의 교육 방식, 즉 중국 중심의 교육에 신랄한 비판을 가한다. 『독립신문』의 청나라=중국에 대한 '독설'에 가까운 비난과 함께 기존의 한문=중국 중심의 교육에 대해서도 비판의 고삐를 늦추지 않았다. 그 일면을 해삼위 즉 블라디보스톡에 살던 '유지각한' 유진률 씨가 쓴 논설에서 볼 수 있다.

> 한문에 깊이 병이 들었다 함은 한문을 못 쓸 글이라 하는 것이 아니라, 자고로 한문을 공부한 사람이 무슨 이치를 숭상하여 세계에 뛰어난 일 한 것이 하나도 없고, 한문 속에서 지금 하는 일이 죽도록 공부하여도 시전, 서전, 논어, 맹자 권이나 읽고 시부나 지으면 유식하다 하나, 그 하는 일을 상고하여 보면 세로 문(文) 속에서 정치 학문과 부국 술법은 하나도 없고 헛되이 청춘적 세월을 보내어 옛적 사기나 기록 할 따름이니, 사기를 공부하는 것이 왕사(往事)를 알면 지금 형편을 옛적에 비하여 보고 미래사를 조금 아는 지혜가 나는 고로, 다만 내 나라 사기만 공부 할 것이 아니라 각국 사기를 공부하여 어느 시대에 어느 나라에서 무슨 일이 어떻게 결말이 난 것을 보아 그 좋은

---

40) 정선태, 「『독립신문』의 조선 · 조선인론」, 『근대의 어둠을 응시하는 고양이의 시선』(소명출판, 2005) 참조.

일은 가히 취하여 본받을 것이오, 그른 일은 아무쪼록 국중에 다시 생기지 아니하게 하는 것이 사기를 공부하는 효험이어늘, 한문에 물든 선비들은 서양 글을 야만의 글이라 하여 읽지도 아니 하고 썩은 나라 글만 읽어 옛적에 하던 일만 하니 무슨 지식이 나리오. 비하건대 우물에 있는 고기가 대해(大海) 있는 줄을 모름이라.[41]

우물 안에 사는 물고기가 드넓은 바다가 있는 줄 꿈에도 모르는 것처럼, 아직도 한문에 깊은 병이 들어 청춘 시절을 헛되이 보내고, 서양 글은 야만의 글이라 하여 배척하는 조선인들. '썩은 나라' 글만 읽어 옛것만 추수하는 사람들이 판을 치고 있는 현실에서 조선이 저 도도한 시대의 물결을 어떻게 헤치고 나갈 수 있을 것인가라는 반문을 제기하고 있는 셈이다. 더 이상 이러한 사태를 용납하다가는 서양 열강의 '먹잇감'이 된 중국의 전철을 밟을 수밖에 없을 것이라는 위기감이 『독립신문』을 계몽적 지식인들을 짓누르고 있었던 것이며, 이에 대한 반발에서 한문뿐만 아니라 중국의 모든 것을 '매도'하는 상황이 벌어지고 말았던 것이다. 그리하여 이제 새로운 교육을 담당할 '교사'는 외국인 즉 서양인이나 일본인일 수밖에 없다고 말한다. 여기에도 문제가 없진 않았다.

무론 내외 국민하고 조선 사정을 조금이라도 알아 밝은 생각이 있는 이들은 조선이 불가불 구습을 버리고 문명진보한 교육을 받아 국중에 법률과 기강이 서고 외국과 동등하게 행세를 해야 조선 국민이 세계에 대접받을 것은 다 알려니와, 교육하는 데는 조선 사람만 가지고는 교육이 될 수 없는 것이 조선에 선생 노릇할 사람이 없는지라. 그런 고로 불가불 외국 교사를 연빙(延聘)하여 조선 교육을 확정케 할 밖에 수가 없으나 외국 사람을 연빙하더라도 그 사람들을 도와 아무쪼록 그 사람 하는 사업이 되도록 힘껏 도와주며, 본래는 외국 학문이더라도 한번 배워 그 일을 알거든 외국 것으로 생각지들 말고 조선 것으로 생각하며 조선 것을 만들어야 할 터인데, 조선서는 외국 교사를 연빙하여 무슨

41) 「논설」, 『독립신문』, 1898.9.19.

일을 시킨다 하더라도 그 사람을 도와주지는 아니하고, 아무쪼록 그 사람을 속이며 은근히 그 일에 해롭도록 일을 하니 외국 사람들이 암만 정성껏 일을 하고 싶으나 일을 할 수도 없고, 또 옳게 일 하는 사람은 조선 인민이 고맙게 생각하기는커녕 도리어 미워하고 원수 같이 여기니 어떤 외국 사람이 남의 나라를 그렇게 사랑하여 남에게 미움 받고 험담 들어가며 기어이 조선에 유조토록 누가 일을 하리요.[42](강조는 인용자)

'조선에는 선생 노릇할 사람이 없다'는 게 『독립신문』의 진단이었다. 외국인을 초빙하여 가르침을 청하는 것말고 선택의 여지는 많지 않았을 것이다. 그런데 고명한 외국 선생을 초빙하여 배우는 마당에 또 그 고질적인 '조선인 기질'이 발동한다. 새로운 학문을 열심히 배우기는 고사하고 선생을 속이고 선생의 일을 방해하는 데만 급급하다는 것이다. 참 딱한 일이 아닐 수 없다. 모든 것을 바쳐 성심성의껏 공부해도 모자랄 판에 속임수와 협잡이라니, 새로운 것의 학습을 강조해마지 않았던 『독립신문』으로서는 정말이지 답답하고도 착잡한 심경을 떨쳐버리기 어려웠을 터이다. 그래서 옳고 그름을 분별하고 선과 악을 판별할 줄 하는 '기본적인 소양'을 그토록 중요시했던 것인지도 모른다.

4. 교육, '국민 만들기' 프로젝트

요즘의 아이들은 만 일곱 살만 되면 모두가 '합법적인 감옥'인 초등학교에 '갇힌다'. 학교를 '감옥'이라 부르면 이의를 제기하는 사람들이 적지 않겠지만, 조금만 생각을 달리하면 학교야말로 전국의 아이들을

42) 「논설」, 『독립신문』, 1897.9.21.

같은 시간 같은 장소에 '집합'시켜 똑같은 내용을 가르친다는 점에서 강제적이며, 강제적인 까닭에 감옥이라 불러도 큰 잘못은 아닐 것이다. 물론 의무교육제도는 균질적인 국민을 생산하기 위한 기획에서 나온 근대의 산물이다. 그렇다면 소학교(초등학교) 교육이 국민의 의무로 부과되기 전, 아이들의 생활은 어떠했을까.

> 근일에 대한 정부에서도 교육을 조금 힘써서 서울과 혹 시골 관찰부에도 학교라고 설시한 데가 더러 있으나 그것 가지고는 어림도 없는지라. 여자로 말하면 90년 전 영국과 같이 십분에 일이 글을 아는 자가 되기는 고사하고, 언문도 똑똑히 아는 자가 천분에 일도 못 될 것이요, 남자로 말하면 글 아는 자가 90년 전 영국과 같이 삼분에 일은 고사하고 백분에 일이 못 되는지라. 90년 전 영국과나 같을지라도 오늘부터 지성으로 교육을 힘써야 [할 것이며], 지금 영국만 하려면 앞으로 90년을 더 나가야 될 터인데 그때만큼도 몇 십분이 더 못하니 어찌 답답[하]지 아니하뇨. 지금 서울 안에 있는 아이들로 말할지라도 공연히 벌이도 아니하고 몰려다니면서 따니(돈치기의 한 가지. 두 명 이상이 쇠돈을 바람벽에 힘껏 쳐서 멀리 튕겨나가게 하고, 그 거리의 차례대로 돈 떨어진 자리에 서서, 그 돈으로 다음 자리에 떨어진 돈을 차례대로 맞혀서 따먹는다—인용자)와 돈이나 치고 어디 구경이나 있다 하면 극심스레 쫓아다니다가 장성토록 아무것도 배운 것이 없이 한 무용지동물(無用之動物)이 되어 버리니, 이는 이 아이들이 잘못한 것이 아니요, 그 부형과 인민을 교육하는 정부의 허물이라. 물은 골을 터주는 데로 흐르고 아이는 인도하는 데로 가나니, 아이들을 공연히 이렇게 내놓아 제 마음대로 돌아다니며 작란하게 하지 말고 그 부형된 이와 교육을 맡은 관인들은 십분 주의하여 다 잘 인도하기를 바라노라.[43)]

'문명대국' 영국과 비교하면 조선의 교육 현실은 초라하기 그지없다. 문명국을 따라잡아야 한다는 초조감, 영국을 따라잡으려면 90년 동안 심혈을 기울여도 될까말까하다는 불안감이 계몽지식인들을 휩싸고 있

43) 「논설—교육 없는 아이」, 『독립신문』, 1899.3.11.

었다. 그런데 조선의 아이들을 어떠한가. 생산적인 일이라곤 아무것도 하지 않고 떼거리로 몰려다니면서 '돈따먹기'나 하고 구경거리나 찾아다니며, 다 자라도록 배운 것이 없어 '아무짝에도 쓸모없는 동물'이 되어버린다. 이 논설은 '국가의 미래'인 아이들을 짐승이나 다름없는 상황에 방치하는 것은 부모들과 정부의 잘못이라고 질타한다.

요즘 어린이들과 청소년들은 아침 여덟시만 넘으면 일제히 학교로 간다. 우리 역시 그 과정을 거쳤기 때문에 그게 자연스럽다고 생각하기 쉽다. 하지만 근대적 교육 제도가 정비되기 전 보통 아이들은 '제 마음대로 돌아다니며 작란'하거나 부모들의 일을 거드는 게 전부였다. 물론 양반 자제들은 개별적인 지도를 받기도 했으며, 몇몇 뜻 있는 부모들은 아이들을 서당에 보내 천자문과 명심보감을 배우도록 배려하기도 했을 것이다. 그러나 전면적으로, 국가의 기획에 따라 또래 아이들을 동시에 한 곳에 '감금'하기 시작한 것은 넉넉잡아도 100년이 되지 않다. 한국의 경우 식민지 시대에 들어서야 아동교육이 본궤도에 올랐다는 것만 언급해 두기로 하겠다.

한편, 1890년대에 들어서면서 조선에는 육영공원을 비롯하여 다양한 성격의 근대적 학교가 설립되었지만, 규모나 질적인 면에서는 아직 걸음마 상태를 벗어나지 못하고 있었다. 뿐만 아니라 국가적 차원의 교육 시스템도 정비되지 못한 상황에서 교육의 중요성을 강조하는 계몽적 지식인들의 목소리는 간곡한 하소연으로, 때로는 우회적인 '협박'으로 흐르곤 했다. 20세기로 접어들기 직전인 1899년 4월 3일자 『독립신문』에는 「교육론」이라는 제목의 논설이 실린다. 이 글을 쓴 '어느 유지각한 친구'는 "나라를 늙지 않게 만드는 방략은 후생을 교육하는 데서 더 긴요함이 없"다고 말하면서, 개명한 백성이라면 국가적 차원에서 체계적 교육시스템을 마련하지 못한 현실을 한탄만 하지 말고 자발적으로 나서서 자식들을 교육하는 것이 도리라고 설득한다. '유지각한 친구'의 말을 계속 들어보기로 한다.

그러나 교육하는 방법은 순서를 바꿈이 불가하니, 대개 쉬운 것으로부터 어려운 데로 옮기며 간략한 것으로부터 번거로운 데로 나가는 것은 통행하는 규칙이라. 그런 까닭에 보통과 전문의 학교가 있으니, 보통은 소학교와 중학교와 대학교 등이니 사람이 나서 아는 바 이치와 행하는 바 일을 각종 학문 중에서 대강 그 요령만 따서 배우는 것이요, 전문은 보통 학문을 다 배운 후에 그 학업을 결과하는 학교라. 남녀를 물론하고 연한을 정하여 몇 해가 되면 소학교로부터 중학교에 올라가며 중학교로부터 대학교와 대학교로부터 전문학에 들어가서 졸업한즉, 그때는 확실히 평생을 그저 허송세월할 이치가 있으리요. 필경 무슨 사업이든지 할지니, 나라에 유조함과 자기 집안에 영광됨이 이에서 어찌 더 크리요.

현금 대한 정부에서 아무쪼록 인민을 개명시키기를 위가 넉넉지 못하여 학교를 널리 베풀지 못하며, 대한이 본래 천하 각국과 오래 교통치 못하여 한갓 혼자만 살던 나라라. 이러므로 자연 문견이 넓지 못하여 능히 다 못하던 나라인 고로, 다만 이전 학문만 알고 태서와 개명한 학문에 능통한 사람이 적으매, 비록 학교를 세우더라도 능히 교육을 담부(擔負)할 교사가 흔치 않으며 또한 가르칠 책도 구비치 못한즉, 형편이 이같이 되었다고 교육을 아니할 수는 없는지라.

근일에 학부에서 전에 없던 의학교와 여학교를 설시하려 하며 또 천문과 측량학교를 베풀고자 하여 교사를 구하니, 이는 교육상에 대단 유의함이니 스스로 치하함을 마지않거니와 정부에서 이같이 힘쓰는 것도 다 백성을 위함이요, **국고에 돈이 없는 것도 다 대한 인민이 부지런히 못하고 다만 정부에서 자기들을 살려 주기만 기다리고 아무 일도 아니 하는 까닭이라. 정부에서도 힘을 다 하려니와 백성도 직분을 지켜야 될 터인데, 백성은 백구(白鷗)를 노래하고 가만히 들어누웠은즉 정부 혼자 어떻게 하리요. 대한에 시급한 일은 교육이요 교육에 시급한 일은 교사 얻는 데 있는즉, 정부에서는 국재(國財)가 족[하]지 못하여 외국에 널리 학도를 보내지 못하니 인민이라도 가히 자제를 교육할 만하거든 돈을 아끼지 말고 외국에 보내어 각종 학술을 배워 졸업한 후에 대한에 나와 자기 나라 동포들을 교육하였으면 이같은 큰 사업은 사람이 가히 할 만한 줄로 아노라.**(강조는 인용자)

우리의 '유지각한 친구'는 인민을 계몽하여 장차 나라를 지탱할 동량으로 키우는 일이 급선무임에도 불구하고 국가의 재정이 부족하여 학교를 세우지 못할 뿐만 아니라, 학교를 세우더라도 교육을 담당할 교사와 책자들이 턱없이 부족한 현실을 탄식한다. 그러나 그렇다고 팔짱만 끼고 있을 수만은 없지 않겠는가. 국고에 돈이 없는 것도 다 인민이 게으르고 자신의 직분을 다하지 못한 결과라고 비판하면서, 문명개화에 눈뜬 사람들에게 하소연한다. 정부만 쳐다보지 말고 자제를 교육할 만하거든 유학을 보내서 대한 인민의 앞날을 책임질 교사로 키워내라고. 그것이야말로 집안의 자랑일 뿐만 아니라 대한의 앞날을 밝게 할 '큰 사업'이라고. 이 큰 사업의 출발은 무엇보다 아이들을 어릴 때부터 체계적으로 가르치는 것이어야 한다.

> 옛말에 하였으되 충신을 효자의 문에 구하라 함과 같이 어느 나라든지 개화는 그 학교에 가서 구할지라. 학교의 성쇠를 보면 나라의 강약을 점치지 않고도 알 것이니, 개화 각국에 가서 보면 첫째 부러운 것이 그 찬란한 궁궐도 아니요, 그 화려한 누대(樓臺)도 아니요, 그 굉장한 시정도 아니요, 그 부강한 해륙군도 아니요, 그 성대한 교육이라. 도처에 소학교 없는 데가 없어서 동몽(童蒙)들을 교훈하여 다만 글자만 가르칠 뿐 아니라 산술과 그 나라 사기와 정형을 다 알게 하며 또 신의(信義) 이 자를 주장으로 가르쳐서 사농공상 간에 다 그 직업을 총명히 하게 하여 이 아이들이 성인[이] 되면 배웠던 바를 잊어버리지 않고 각기 그 직분을 다하는 고로 사가(私家)와 국가가 대대로 흥왕하나니, 우리나라도 이 잔약한 형세를 면하고 진보를 하려면 궁궐을 화려하게 하는 데도 있지 않고 해륙군이 많은 데도 있지 않고, 제일 소학교를 많이 배설하는 데 있나니, 아직 고등학교나 대학교에는 돈 한 푼이라도 쓰지 말고 우선 소학교를 많이 배설하여 동몽들을 교육하기를 바라며, 황성 내에 지금 관립소학교가 아홉 처소에 학도 수효는 도합 팔백 삼십 팔인이요, 일년 경비는 도합 일만 사천 사백여원이니 이것이 없는 것보다는 조금 나으나 아직도 심히 부족하니, 우리 생각에는 학부에서 하는 일은 한 국장과 몇 주사면 넉넉할 듯하며, 만일 불가불 학부를 둘 터이면 아무쪼록 그 경비를 적게 하여 남는 돈은 이왕 있는 소학교를 더 흥왕케 하며 없는 소학교를 더 세웠으면 국민들에게 대리(大利)

가 되겠도다.(강조는 인용자)

이 논설의 필자는 화려한 궁궐이나 찬란한 누각보다, 그 굉장한 시정의 풍경이나 부강한 군대보다 아동교육이 우선되어야 한다고 말한다. 고등학교나 대학교를 차치하고라도 '소학교'만이라도 세워서 동몽=아동들을 가르쳐야 한다고 덧붙이다. 1898년 8월 13일자 논설에서 '유지각한 친구'가 말하고 있듯이 "야만은 그 사람의 천품이 본시 야만이 아니라 교육을 입지 못함으로 지식이 열리지 못하여 사람의 도리를 행치 아니하는 자"를 지목한 것이라고 한다면, 아이들을 방치하는 것을 '야만'을 조장하는 일과 그렇게 다르지 않다. 그런데 1898년 현재 서울의 관립소학교 수는 아홉, 학생 수는 838명……. 당시 서울 인구가 어림잡아 18만에서 20만 정도였다고 한다면 대단히 미미한 숫자임에 틀림없다. 나머지는 거리를 떠도는 '야만인들'임에 틀림없을 터, 그래서 학부의 경비를 줄여서라도 소학교를 세우라고 주장한다.

『독립신문』은 아동교육의 중요성과 더불어 실업교육과 외국어교육에 많은 관심을 기울인다. 특히 외국어교육의 중요성에 대한 관심은 다른 언론매체보다 훨씬 높다. 1900년 이전 서울에는 이미 영어학교, 일어학교, 한어(중국어)학교, 덕어(독일어)학교, 법어(프랑스어)학교, 아어(러시아어)학교 등 여섯 개의 외국어학교가 있었다. 그런데 문제가 생기고 만다.

황성에 외국 어학교가 다섯 곳이오, 덕어 학교가 설시 되면 여섯 곳이라. 그 학교들을 한 곳에 모았으면 첫째는 나라 경비도 얼마가 덜 들고 둘째는 각 학교 학도들이 공부를 겸하여 하며 셋째는 학도들이 많이 교제하여 지식도 더 늘겠고 넷째는 규율과 의복이 의정하여 착란치 아니할 것이요, 다섯째는 다 동문수학하는 마음으로 형제 같은 정이 나서 서로 붕당이 없을지라. 지금은 그렇지 못하여 혹 학교가 광대한 데도 있고 협착한 곳도 있으며 규모가 엄한 데도 있고 너그러운 데도 있으며, 복색이 학교마다 다르고 각기 당파가 나누어 서로 보기를 타국 사람들같이 보니, 우리나라에 본래 당파가 분운(紛紜)하고 사혐(私

嫌)을 인하여 대의를 잊어버리는 악습이 있거늘, 이런 악습을 파하려면 문명한 각국 학문 배운 사람들이 선진이 될 것이어늘, 그 사람들이 도리어 각국 붕당이 되니 이는 국가를 위하여 대단히 애석한 일이라.

그런고로 우리가 바라기는 속히 큰 학교를 설시하여 여러 어학교를 일통하면 여러 가지에 다 유익하고 한 가지도 해는 없을 터이라. 혹 가라대 당금 전정(錢政)이 군색하여 큰 학교를 배설할 수 없다 하나 우리는 그렇지 않다 하노니, 들은즉 육군 대사들이 쉽게 떠난다 하니 우리나라에서 구주 각국에 대사 보낼 일도 아직 없고 가더라도 조금도 국가에 영광을 돋우거나 부강지술을 더할 일은 없을 듯하되, 그 소비는 필경 여러 만원일 터이니 이 돈을 쓸데없는 데 버리지 말고 본국에 학교를 확장하는 데 썼으면 다만 국가에 영광만 될 뿐외라, 장래 국가를 흥왕하는 자본이 되어 인재를 교육하는 리가 돈으로 헤아리지 못할 터이오, 또 한 가지는 우리나라에 군사는 삼사천 명 병정이면 황실 호위와 인민 보호에 족족 유여할지니 다시 몇 대대를 늘인다 하니, 여기 쓰는 돈을 학교 확장하기에 쓸 지경이면 큰 학교를 짓고서도 돈이 남을지라.[44](강조는 인용자)

『독립신문』의 외국어교육의 필요성에 대한 강조는 완강하다 싶을 정도로 단호하다. 유럽에 육군 대사를 외교사절로 보내느니 거기에 드는 돈을 아껴 외국어를 가르칠 수 있는 학교를 지으라고 말한다. 그리고 군사를 양성하는 데 쓰이는 돈도 아깝다면서 군대를 늘리는 데 드는 비용을 학교를 신축하는 데 사용하라고 촉구한다.

근대계몽기의 외국어 교육은 영어·불어·독일어·러시아어·일본어 등 소위 문명국의 언어에 집중되어 있었다. 문명국의 언어를 배우는 것이 문명을 습득하는 지름길이라고 인식했기 때문일 것이다. 그런데 문제는 각각의 외국어 학교에 다니는 학생들이 '붕당'을 이루는, 이른바 '조선인의 고질적인 폐단'이 얼굴을 내밀기 시작했다는 점이다. 다시 말해 러시아어를 배우는 '학도'들은 친러파가 되고, 일본어를 배우는 '학도'들은 친일파가 되는 식으로 '패거리'를 짓기 시작했던 듯한데, 이

44) 「논설-각국 어학교」, 『독립신문』, 1898.7.8.

를 두고 『독립신문』은 '대의를 망각하고 사혐(私嫌)에 이끌리는' 파당 행위라며 비판하고 나섰던 것이다. 그리하여 '종합외국어학교'를 만들어야 한다고 제안하고 있다. 그러나 '종합외국어학교'를 만들자는 『독립신문』의 구상은 실현되지 못하였으며, 1900년대에 들어서, 특히 러일전쟁을 거치면서 일본의 영향력이 거세지자 외국어 교육의 균형추는 일본어 쪽으로 급격하게 기울고 만다. 제국주의 일본의 세력 확대와 함께 일본어 열풍이 조선을 강타하기에 이르렀던 것이다.

5. '학도', 문명개화의 초석

문명개화와 부국강병을 성취하기 위해서는 모든 것을 뒤로하고 '무지몽매한 인민'들을 교육하는 데 온 힘을 쏟아야 한다고 일관되게 주장했던 『독립신문』의 입장에서 보았을 때 새로운 교육으로 무장한 '학도'들이야말로 문명개화의 동량이자 초석이었다. 조선의 미래를 오로지 학도들에게 달려 있다는 주장, 학도들을 양성하지 않고서는 조선의 미래를 보장할 수 없으리라는 신념이 그만큼 확고했던 것이다. 그리하여 『독립신문』 1899년 6월 28일자 논설 「학도는 개명의 기초」는 다음과 같이 단언한다.

> 집을 튼튼히 지으려면 불가불 조강(燥强)한 땅에 터를 닦을 적에 흙을 단단히 다지고 주추를 견고케 세워야 그 집이 오래 되도록 무너지지 않는 법이지, 만약 그렇지 못하여 비습한 땅에 터도 변변히 다지지 않고 주추도 되는 대로 아무렇게 세우면 몇 해를 지나지 아니하여 장마가 지고 큰 바람이 불면 그 집이 요동하여 필경은 무너지나니, 집의 견고하기는 전혀 터와 주추에 있는 것과

같이 나라의 개명되는 것은 학도를 교육하는 데 있도다.

세계상에 제일 개명된 나라를 의론할 양이면 첫째는 영·미국을 의론할 터인데, 영·미국 사람들은 지금도 인재 교육하기를 제일 힘쓰나니, 고로 그 두 나라에는 전국에 학교가 없는 곳이 없어서 몇 천만 곳이 되는지 모르는데, 사람마다 만약 자식을 학교에 보내어 가르치치 아니하면 문밖에 출입을 못 할 줄로 알고, 정부 관인이나 여항 백성이나 항상 걱정하는 말이 아직도 학도를 교육하는 것이 진선 진미치 못하다 하여 한탄하기를 그치지 아니하니, 영·미국 사람의 개명에 진보코자 함이여. 그런고로 오주 세계에 제일 문명한 나라도 영·미국이요, 제일 부강한 나라도 영·미국이라. 이것은 우리가 홀로 영·미국을 칭찬하는 것이 아니라 대한 군자들도 다 듣고 보고 아는 바이어니와, 어느 나라이든지 타국에 수치 맞는 것을 달게 여기고 남에게 속방 되는 것을 부끄러워하지 아닐 터이면 더 말할 것이 없으되, 만약 그렇지 않고 세계에 문명한 나라들과 동등국이 되어서 동서양에 한번 큰소리 할 생각이 있을 것 같으면 **전국 학도를 힘써 교육하지 않고는 다른 계책은 도무지 없도다.**(강조는 인용자)

견고한 집을 짓기 위해서는 단단하게 터를 다지고 튼튼한 주춧돌을 놓아야 하듯이 '국가'라는 큰 집을 세우는 데 있어서도 사정은 다르지 않다. 나라 안에 주전소(鑄錢所)를 만들어 돈을 발행하고 군사를 뽑아 기르는 것보다 몇 배 중요한 것이 교육이라는 얘기이다. 왜냐하면 "학교를 널리 설립하여 인재 교육하기를 힘쓰지 아니하면 사람마다 무식하고 우매하여 충국애국이 무엇인지 모르고, 다만 창자에 가득한 것이 서로 속이고 서로 해롭게 할 탐욕뿐"일 것이기 때문이며, 아무리 돈이 넘쳐나더라도 "재정이 풍비(豐備)할 수도 없거니와 설혹 풍비할지라도 사치하고 참람(僭濫)된 생각만 생겨 그 재물이 도리어 화근이 될 것"이기 때문이며, 군대가 아무 강하다 하더라도 "사사로운 싸움에는 날래고 나라 싸움에는 겁을 낼 터"이기 때문이다. 충군애국의 정신을 함양하는 것이 교육의 첫째 목표이며, 이를 토대로 하여 문명개화의 길로 나아가야만 한다는 주장이다. 요컨대 『독립신문』은 이 논설에서 나라의 흥망

성쇠가 모두 인재를 교육하는 데 달려 있으며, 따라서 문명개화의 기초는 '학도'라는 확신을 재확인하고 있는 것이다.

그런데 국내의 교육 조건이 워낙 열악한 상황에서 배우고자 하는 욕구를 충족시킬 수 없었던 선구적인 학도들도 적지만 꽤 있었다. 이들은 동경 유학의 길을 택한다. 이들 동경유학생들이 모여 발간한 잡지가 있었는데 바로 『친목회회보』이다. 이 잡지를 받아본 『독립신문』은 1896년 10월 8일자 논설에서 다음과 같이 '유학생에게 거는 꿈'을 피력한다.

> 일본 유학하는 조선 학도들이 친목회를 모아 거기 유학하는 학도 중에서 일년에 한 번씩 연보를 출판하여 여러 권을 친구들에게 보내었는데, 우리 신문사에 제 일, 제 이호가 왔는지라. 이 책을 근일에 우리가 자세히 읽어본즉, 그 속에 매우 지각 있는 말도 많이 있고, 말을 읽어보면 조선 학도들도 분한 마음이 나서 조선을 문명 진보하게 하려는 마음도 있는 것 같고, 자기 임금을 사랑하고 도탄에 든 동포 형제를 구원해 줄 생각도 있는 것 같은지라. **우리가 바라건대 일본 유학하는 조선 학도들은 말로만 이렇게 말고 실상 마음을 고쳐 임금과 백성 사랑하는 마음이 뼈에 박혀 공부를 일시를 공히 허비하지 말고 잘 하여, 무슨 학문이든지 시작한 것을 중간에서 폐하지를 말고 끝끝내 기어이 성취하여, 이 담에 본국에 돌아오면 다만 자기 몸들만 잘될 생각을 말고 조선 인민의 본보기가 되여, 이 무식하고 불쌍한 인민들을 건지고 그 인민의 선생이 모두 될 주의를 가지고 학문을 성취하면 우리가 그 사람들을 참 사랑할 터이요, 그 사람들도 우리를 친구로 생각하기를 바라노라.** (…중략…) 오늘 우리가 말하는 주의는 **조선 학도들을 별로히 위하여 말하는 것이니, 본국이나 외국에 있는 조선 학도들은 이왕 조선에 찌든 학문은 다 내어버리고 마음을 정직하고 굳세게 먹어 태서 각국 사람들과 같이 되기를 힘쓰되, 다만 외양만 같을 뿐이 아니라 학문과 지식과 행신하는 법이 그 사람네들과 같이 되면, 조선은 자연히 아세아 속 영길리나 불란서나 독일이 될 터이니, 옳게 되기를 좋아하는 사람들이여 어찌 우리 말을 듣지 않으리오.** 우리가 조선이 잘 되고 안 되기는 조선 학도들 손에 달린 줄로 믿고 있으니, 원컨대 학도들은 자기들의 소중한 직무를 생각하여 주야로 안팎이 새 사람이 되게 공부하기를 바라노라.(강조는 인용자)

"불쌍한 인민을 건지고 그 인민의 선생이 모두 될 주의를 가지고 학문을 성취"해야 한다는 『독립신문』의 바람은 간절하다. 조선이 아시아 속의 영국이나 프랑스 또는 독일과 같은 나라가 될 수 있도록 유학생들은 겉모양뿐만 아니라 학문과 지식 그리고 행동 방식까지 서양 사람들과 같아지도록 노력해야 한다고 강조한다. 그러나 유학생을 선정하여 파견하고 이들이 유학생활을 하는 과정에서도 적잖은 잡음이 있었던 모양이다. 1899년 1월 20일자 논설 「외국유학생도」를 보면 저간의 사정을 미루어 짐작할 수 있다.

> 무식한 정부가 무식한 백성을 데리고 국가를 편안케 하려 함은 눈먼 사람이 눈먼 동무를 끌고 험한 길을 가는 것 같으니, 대한이 황실과 제국을 만세에 보존하려면 이전 그른 법을 버리고 태서의 좋은 규모와 학문을 배워야 할지라. 불가불 고문관(고문관도 여러 층이지마는)도 두려니와 타국 사람만 믿고 있으면 본국 인재를 쓸 데 없으니 태서 학문 가르치는 학교를 많이 배설하여 국중의 영재를 거두어 기르는 일이 시급함을 누가 모르리오.
>
> 그러하나 본국에서만 태서 학문을 가르치려면 일이 지원(至遠)하고 배움이 아직 통투(通透)치 못한 고로 일본서도 연년이 오륙십 명씩 각국에 파송하여 관비로 교육하니 대한서도 속히 이 법을 본받아 서양 각국으로 총명한 소년들을 택선(擇善)하여 보냄이 상책인 것은 이왕에도 우리 신문에 여러 번 기재하였더니 근일 풍문에 정부에서 과연 그리 하려 한다 하니 반갑기로 생도를 택송(擇送)하는 일에 대하여 우견을 대강만 말하노라.
>
> (一) 사오 년 전에 일본으로 유학생을 뽑아 보낼 때에 소년들의 총명 여부는 보지 않고 상을 보아 그때 집무한 사람의 눈에 맞으면 보내었다 하니, 이 말이 확실한지는 모르나 이번에는 풍설이라도 이러한 몰지각한 일은 없기를 바라고, 문벌과 세지유무(勢之有無)는 불구하고 가장 총예(聰叡)한 소년들만 선택하여 타국에 가서 본국 수치도 되지 않게 하려니와 학업하여 환국한 후에 가히 유용한 인물이 되게 하기를 믿노라.
>
> (二) 타국에 가는 생도가 다만 그 나라 말마디나 배우고 오는 것은 공사에 무익하며 또 본국에 시급히 쓸 재주를 공부 아니 하면 오활하니, 소위 정치학

이니 만국공법이니 하는 학문은 이름은 좋으나 대한에 시급히 쓸 데 없으니 돈 허비시킬 것 없고, 우선 경무·사범(師範)·육군 교련과 군제(軍制)·의술(醫術)·법률·우체·측량(測量)·광산·농공 등 민국에 가장 급한 일만 먼저 힘써 배우는 일이 적당하겠도다.

(三) 서양 각국에 가면 그 언어 문자 배우기에 오륙 년은 들고 또 무슨 전문학을 졸업하려면 소불하(少不下) 오륙 년이라. 적어도 십 년씩은 유학을 시켜야 가망이 있을 터이니 그렇지 않고 다만 개화의 피부(皮膚)만 보고 오면 눈만 높고 손은 잦아서 서투른 의원이 사람 상함 같이 서투른 문견으로 나랏일을 해롭게 할 폐단이 있으리니 생도를 보내거든 그 졸업할 기한을 넉넉히 하여 보낼 것을 바라노라.

이 논설에서도 말하고 있듯이 『독립신문』은 여러 차례에 걸쳐 유학생 파견의 필요성을 밝힌 바 있다. "무식한 정부가 무식한 백성을 데리고 국가를 편안케 하려 함은 눈먼 사람이 눈먼 동무를 끌고 험한 길을 가는 것"과 다를 바가 없을 것이며, 그런 '무식하고 미련한 사람들'이 판치는 조선에서 가르치는 것만으로는 도저히 가망이 없다고 생각했기 때문이다. 여러 차례 강조했듯이 황실을 보존하고 국가를 보존하는 방법은 단 하나밖에 없다. 태서의 학문과 제도를 배우는 것이 그것이다.

그런데 그 유학생을 선정하는 과정에서 비리가 끊이지 않았다. 권세를 믿고 자신의 아이를 선발하거나 겉모습만 보고 유학생을 뽑는 사례가 그 대표적인 예이다. 이러한 비합리적인 선발방식을 비판하면서 이 논설은 실용적인 학문에 치중할 것과 지속적인 학습을 강조하고 있다. 즉 정치학이나 만국공법 따위는 중요한 것이긴 하나 현재 조선에서는 필요가 없고, 당장 급한 것은 경무·의술·법률·우체 등 실용적인 학문이라는 말이다. 또 잠깐 외국(특히 일본)을 다녀와서 말 몇 마디 배운 것을 밑천으로 문명인 흉내나 내고 다니는 유학생이라면 아예 보내지 않은 것만 못하니 지속적인 지원을 해야 한다고 말한다.

그렇다면 교육에 걸었던 『독립신문』의 꿈은 어찌 되었을까? '학도는 문명개화의 초석'이라는 슬로건을 내세우고 '교육입국'을 외쳤던 계몽적 지식인들의 꿈 말이다. 꿈의 실현을 말하기에는 조선의 현실이 너무 열악했고, 국제정세가 너무 엄혹했다는 것으로 위로를 삼아야 할까? 그리고 과연 서양의 근대적 교육이 조선의 '깊은 병'을 치유할 만병통치약이 될 수 있었을까? 이러한 물음 또는 의혹이 유효하다면, 우리는 근대계몽기 교육이란 무엇이었는지, 그 진상은 어떠했는지, 그것이 수포로 돌아간 이유는 무엇인지 등등을 다시금 물어야 할 것이다.

모방과 배제, 그 이율배반의 정치심리학

근대계몽기 '일본(인)'이라는 타자의 표상

1. 문제설정

개인이나 시대를 막론하고 정체성을 형성하는 과정에서 타자의 발견은 필수적이다. 절대자가 아닌 이상 타자를 전제로 하지 않는 주체의 구성은 불가능에 가까우며, 그런 까닭에 타자와의 관련성을 고려하여 정체성에 접근할 때 우리는 그 형식이나 의미 내용을 입체적으로 파악할 수 있다. 따라서 정체성이 타자의 시선/타자를 향한 시선에 의해 구성된다는 진술을 받아들인다면, 주체의 형성은 타자의 발견과 긴밀한 관계에 놓여 있다는 것을 아울러 수용할 수 있어야 한다. 주체를 구성하는 과정에 동원되는(또는 개입하는) 타자는 크게 보아 모방해야 할 긍정적 타자상과 배제해야 할 부정적 타자상으로 대별되는데, 근대계몽기를 전후한 시기 일본이라는 타자를 둘러싼 논란만큼 한국의 지식인들을 혼란스럽게 한 것도 드물다.

근대계몽기 이전, 화이론적 세계관으로 무장하고 있던 조선 지식인들이 일본(인)을 바라보는 시각은 대체로 부정적이었다. 그러나 '언제' '누가' '무엇을' '어떻게' 바라보는가에 따라 현저하게 달라진다. 예컨대 임진왜란 이전과 이후의 차이, 보수적인 지식인과 진보적인 지식인 사이의 차이, 자연이나 풍속을 바라볼 때와 문물이나 제도를 바라볼 때의 차이 등등을 고려해야 일본(인)관의 전모를 파악할 수 있다. 즉, 일본이라는 대상을 어떤 입장이나 태도로, 어떻게 바라보았는가라는 시점을 확보할 필요가 있다.

1876년 개항 이후 외부의 충격(또는 강압)에 의해 촉발된 근대계몽기 담론장의 구도는 흔들리는 정체성을 어떻게 재구축할 것인가라는 문제를 중심으로 짜인다. 이 시기에도 '언제' '누가' '무엇을' '어떻게' 보았는가에 따라 일본(인)관은 많은 차이를 보인다. 을사조약(1905)을 전후한 시기의 차이, 척화파와 개화파 사이의 차이, 역사나 문화를 볼 때와 근대적인 제도를 볼 때의 차이, 그리고 텍스트의 성격(기행문, 신문이나 잡지, 신소설을 비롯한 '간접화' 텍스트 등)에 따른 차이 등이 일본(인)상을 구성하는 데 일정 정도 영향을 미친다.

'발화자의 위치와 텍스트의 성격에 따라 적잖은 차이를 보인다'는 내용의 유보조항이 필요하겠지만, 한 가지 분명한 것은 근대계몽기에 이르러 '일본'이라는 타자를 (재)발견하려는 움직임이 본격화한다는 점이다. 페리내항(1853) 이후 청일전쟁(1894~1895)과 러일전쟁(1904~1905)을 거치면서 일약 근대화=서구화의 모범생으로 떠오른 '일본'을 바라보는 시선이 격렬하게 흔들리며, 화이론적 시선에서 문명론적 시선에 이르는 일본(인)관의 스펙트럼이 공존하면서 충돌한다. 이런 점에서 근대계몽기는 근대적 또는 현대적 일본(인) 표상이 형성된 시기라 할 수 있다. 모방해야 할 선망의 대상이자 배제해야 할 증오의 대상, 그 사이에서 조선의 지식인들은 논리적 이율배반에 노출되며, 이는 지금-여기에서도 일본(인)을 향한 양가감정의 병존으로 이어지고 있다. 이를 '이율배반의 정치심리학'이라 부를 수 있을 것이다.

이러한 문제의식을 바탕으로 이 글에서는 근대계몽기에 생산된 문학(적) 텍스트들이 그려내는 일본(인)의 표상을 이해하기 위한 전제로서 1876년부터 1910년에 이르기까지 일본(인)론의 변화와 굴절 과정을 개괄적으로 살펴보기로 한다.

2. '새로운 오랑캐' 또는 소중화사상이 빚은 일본상

먼저 화서(華西) 이항로(李恒老, 1792~1868), 중암(重庵) 김평묵(金平默, 1819~1888), 면암(勉庵) 최익현(崔益鉉, 1833 ~1906) 등으로 대표되는 '위정척사(衛正斥邪)' 계열의 사상가들은 일본(인)을 어떻게 보고 있었을까. 그들의 대(對)일본 시각을 가장 선명하게 보여주는 사람이 바로 면암 최익현이다. 그는 일본이 '이양선(異樣船)'을 몰고 와 시위를 전개하던 무렵, 「도끼를 가지고 궁궐에 엎드려 화의(和議)를 배척하는 소」(1876.1.22)를 고종에게 올린다. 이 상소문에서 면암은 다음과 같이 말한다.

> 정자(程子)와 주자(朱子)는 아성(亞聖)입니다. 그들의 말은 믿을 수 있으니, 의당 오늘날 군자들의 소견보다도 나을 것입니다. 정자는 강화(講和)를 중화(中華)를 어지럽히는 길이라 하였고, 주자는 '강화하는 계책이 결행되면 삼강이 무너지고 만사가 망치게 될 것이니 이는 큰 환란의 근본'이라고 하였습니다. 정자와 주자의 교훈으로써 오늘날 일을 헤아려 본다면 적과 강화함은 반드시 난리와 멸망을 부르는 까닭이 되니 만에 하나도 다행할 것이 없습니다.[45]

---

45) 최익현, 「도끼를 가지고 궁궐에 엎드려 화의(和議)를 배척하는 소」, 『국역 면암집』 I, 민족문화추진위원회, 1978, 124~135면.

'중화(中華)'와 '이적(夷狄)'의 선명한 이분법이 강화 반대 논리를 지탱하고 있다. 면암은 이 상소문에서 화이론적 세계관에 근거하여 일본을 이적시하고, 일본과의 강화는 '반드시 난리와 멸망을 부를 것'이라고 단언한다. 그는 그 이유를 다섯 가지로 나누어 설명한다. 즉 ①우리의 물건은 한계가 있지만 저들의 요구는 끝이 없을 텐데, 한 번이라도 부응하지 못하면 사나운 노기(怒氣)가 뒤따라 침략, 유린하여 앞에 세웠던 공로를 모두 버리게 될 것이다. ②우리의 물화는 대부분 백성들의 생명이 달린 것으로 땅에서 생산되니, 한계가 있다. 이를 저들의 한없이 사치스럽고 기괴한 노리개와 바꾸는 것은 마음을 좀먹고 풍속을 해치는 일이며, 수년 후에는 동토(東土) 수천 리에 황량한 땅과 쓰러진 집들이 있게 될 것이니, 결국 나라도 반드시 뒤따라 멸망할 것이다. ③저들이 비록 왜인(倭人)의 이름을 칭탁하였으나 실은 양적(洋賊)이다. 강화가 이루어지면 사학(邪學)의 서책과 천주(天主)의 초상이 교역하는 과정에서 뒤섞여 들어와 급기야 인륜은 땅에 떨어지고 인류는 금수(禽獸)로 전락할 것이다. ④저들은 사람의 얼굴을 하고 있는 짐승으로 조금만 뜻에 맞지 않으면 사람을 죽이거나 잡아 넘기는 데 기탄이 없다. 강화가 이루어지는 날이면 사람의 도리가 깨끗하게 없어져 백성들이 하루도 살아가지 못할 것이다. ⑤저들은 재화와 여색만 알고 조금도 사람의 도리가 없으니, 진실로 금수일 뿐이다. 사람과 금수가 강화를 맺는다면 근심과 염려가 끊임없을 것이다.

"인륜이 위에서 밝아지고 소민(小民)들이 아래에서 화목하게 되니, 자식은 어버이를 저버리지 않고 신하는 인군을 뒤로 여기지 않아서 예의염치가 견고하게 유지"되어온 '지속의 제국'의 적자임을 자임하는 면암의 눈에 일본인은 서양 오랑캐와 다름이 없으며, 인륜을 모르는 금수와 한 가지다. 서양식 옷을 입고 서양식 대포를 사용하며 서양식 배를 탄 '왜'는 서양과 한 몸이다. 면암은 단언한다. "설령 저들이 참으로 왜인이고 서양 사람이 아니라고 해도, 분명히 양적(洋賊)의 앞잡이요 지난날의 왜인은 아니다"라고. "왜와 더불어 옛 우호를 맺는 날은 바로 서양과 강화를 체결하는 날이 될 것"이라고.

면암 최익현의 이러한 일본관은 중화사상에 침윤되어 있던 많은 조선시대의 사상가들의 그것과 별반 차이가 없다. 일본을 '앞잡이'로 하여 제국주의의 물결이 쇄국 조선의 해안을 강타해오는 시점에서 그의 일본(인)관은 첨예한 위기의식으로 가득 차 있다. 그러한 위기의식이 일본=서양이라는 등식을 더욱 견고하게 했을 터이다. 그러나 면암의 이러한 인식이 근대적인 의미에서의 '민족주의적인 것'이라는 판단에는 쉽게 동의할 수가 없다. '소중화사상'과 '민족주의'의 길항관계를 면밀하게 검토해야 그 진의를 파악할 수 있을 터이지만, 분명한 것은 향후 '부정적 타자로서의 일본'이라는 이미지가 확대재생산되면서 지금까지 이어지고 있다는 점이다. 일본의 제국주의적 침략 행위가 이러한 이미지의 형성에 결정적인 계기를 제공했다는 것은 두 말할 필요도 없다.

3. 메이지 일본의 근대적 풍경과 흔들리는 시선

그러나 박대양의 『동사만록』(1884.10.17~1885.2.20)에 이르면 화이론적 세계관=소중화사상이 균열의 조짐을 보인다.[46] 『동사만록』은 김옥균

46) '균열의 조짐'이라 했지만 일본을 비교적 '객관적'으로 바라본 기행문은 『동사만록』 이전에도 여러 편 있었다. 예컨대 원중거(元重擧)의 『승사록(乘槎錄)』과 『화국지(和國志)』는 18세기 조선 지식인의 일본관이 배타적인 소중화사상에 의해서만 형성된 것은 아니라는 것을 보여주며, 1876년 병자수호조약 체결 후 수신사 자격으로 일본을 여행했던 김기수의 『일동기유(日東記遊)』나 1884년 임오군란 후 특명전권대신 자격으로 일본을 방문했던 박영효의 『사화기략(使和記略)』 등도 메이지유신 이후 일본의 '풍경'을 객관적인 시각으로 그리고 있다는 점에서 이미 '균열의 조짐'을 내장하고 있었다. 상세한 내용은 김윤식, 「한국인의 일본관－『일동기유』를 중심으로」, 『일본학보』 제2

(金玉均)・박영효(朴泳孝)・홍영식(洪英植)・서광범(徐光範)・서재필(徐載弼) 등 일본을 정치적 배경으로 삼아 갑신정변을 주도한 세력에 대한 증오로 가득했던 박대양의 일본기행문인데,[47] 일본으로 망명한 김옥균을 체포하기 위해 전권대신의 종사관 자격으로 수행한 그는 이 기행문에서 메이지 일본의 근대적 '풍경'과 춘추대의(春秋大義)에 입각한 '신념' 사이의 균열을 보인다.

"생사화복을 일체 하늘에 맡기고 오직 의(義)만을 의지하여 죽음으로 돌아가는" 마음가짐으로 일본으로 건너간 그의 눈을 사로잡은 것은 메이지 일본의 현란한 근대적 풍경이었다. 장대하기 이를 데 없는 항구, 기차, 조폐국(造幣局), 기기창(機器廠), 박물관, 동물원, 전신국, 가스국, 화륜선 제조 공장, 인쇄국, 사범학교, 도서관, 육군사관학교와 포병공창, 대학교, 로쿠메이칸이라는 사교클럽, 등대국 등 현란한 근대적 풍경 앞에서 박대양은 '현기증'을 토로한다. 동시에 차분한 시선으로 근대 일본의 풍경을 묘사한다. 몇몇 예를 들면 다음과 같다.

> ① 열 시 정각에 기차에 올랐다. 기차의 구조는 화통(火筒)이 앞에 있고, 차실(車室)은 중간에 있으며, 화물을 싣는 것은 뒤에 있다. 큰 차는 객차가 십수 량이나 되고 화물차가 10여 량이나 된다. 서로 당기게 되었는데 그 기관(機關)을 조종하면 증기가 올라오고 연기가 일어난다. 앞의 것이 달리면 뒤의 것은 따라간다. 완행할 수도 있고 급행할 수도 있는데, 그것은 기관의 작용에 달렸다. 그러므로 또한 완행차니 급행차니 한다. 철도로 오오사카에 다다르니, 백리의 먼 길을 한 시간에 올 수 있었다. 지나오는 사이의 산천 풍물은 다 얼른얼른 지나쳤으나, 이곳에 이르러 비로소 들판이 넓게 열리고 전지가 평평하게 벌여있는 것을 보았다.[48]

권(1974); 박재금, 「원중거의 『和國志』에 나타난 일본인식」, 『한국고전연구』 제12집(2005) 등 참조.

47) 박대양의 전기적 행적과 『동사만록』의 성격에 관한 기존 연구로는 황호덕, 「로쿠메이칸(鹿鳴館)의 유학자－박대양의 『동사만록』과 메이지 일본의 표상 내셔날리즘」, 『상허학보』 제11집(2003.8)이 대표적이다.

②전신을 맡은 사람이 눈으로는 글자를 보며 손으로는 기계를 만지니, 기계가 손을 따라 높아졌다 낮아졌다 하면서 마디마디 소리가 난다. 아마 손의 자세가 낮아지고 높아지곤 하는 사이에 저절로 기관(機關)이 있어서, 글자와 언어가 만 리 밖에 능히 서로 통지하게 되는 것일 것이다. 얼마 안 되어서 또 부산의 날씨를 물었는데, 그때가 오전 11시였다. 이곳은 날씨가 청명한데 부산은 바야흐로 흐리고 바람 불며 비가 올 것 같다고 하였다. 여기서 부산까지의 거리는 6천여 리나 된다. 만 리 사이에 흐리고 맑음이 비록 서로 같을 수는 없으나, 한 시간을 지나지 않는 사이에 소식을 서로 통하니 어리둥절하여 마치 요술쟁이의 거짓말 같다. 그러나 종전의 경험으로 보면 한 점의 착오도 없었다. 서양 기법이 사람을 현혹하게 만듦이 대개 이와 같은 것이다.(1885.1.14)

③요코하마에 등대국(燈臺局)이 있는데, 국장이 흠차 일행에게 등대를 관람하라고 초청하였다. 상오 9시에 요코하마에 가서 유람하였다. 유리로 등실(燈室)을 만들었는데, 크기가 커다란 종(鍾)만하여, 그 안에 10여 인을 수용할 만하고, 높이는 두어 길이나 되는데, 층층으로 물고기의 비늘처럼 서로 이어져 있었다. 석유로 그 가운데에 불을 밝히는데, 등이 돌면 불꽃이 산과 같고, 모서리가 회전하면 불빛의 모양이 달라진다. 대개 등에 층이 져 있기 때문에 불의 기세가 더욱 길고, 모서리가 있기 때문에 불빛이 각기 다른 것이다. 등은 3층의 대(臺) 위에 있는데, 대는 우리나라 십자각(十字閣)의 제도와 같으나 조금 더 크다. 곧게 해상(海上)에 임(臨)하여 있어서, 밤에 등불을 켜면 수백 리 밖 기선의 왕래에 풍랑(風浪)과 암초(巖礁)를 비춰줄 수 있다고 한다. 또 각색 깃발의 신호가 있어서 백리 밖에서 서로 문답한다. 만약 모건(某件)의 일을 물으려면, 무슨 빛의 기(旗)를 들며, 대답하는 것도 그와 같이 하여 차례대로 기를 들어서, 그대로 일장(一場)의 담화를 이룬다는 것이다.(1885.2.3)

각각 기차와 전신과 등대를 묘사하고 있는 위의 예문에서 볼 수 있듯이, 박대양은 갖가지 근대적 풍경 또는 표상들을 객관적인 자세로 그려낸다. 메이지유신(1868)을 단행한 지 약 15년이 지난 시점, 일본이라는

48) 박대양, 『동사만록』, 『국역 해행총재』, 민족문화추진위원회, 1989(중판). 1884.12.29. 이하 『동사만록』의 인용은 날짜만을 적는다.

공간을 채우고 있는 근대적 문물들은 그를 매료시키기에 충분했을 터이다. 시시각각 새로운 풍경을 펼쳐 보이는 기차, 기존의 감각으로는 포착하기 어려운 속도로 시공간을 가로지르는 전신, 수백 리 밖의 배들과 끊임없이 대화를 나누는 등대 등은 가공할 '근대적 속도' 그 자체였을 것이다.

그러나 박대양은 일본의 근대적 문물에 대한 객관적 묘사와 함께 '자기중심적' 비판도 빠뜨리지 않는다. 몇 가지 예를 보이면 다음과 같다.

④ 내가 추당장(秋堂丈)에게 이렇게 말하였다. "이곳은 하늘이 만든 험고한 땅이라고 하겠습니다. 만약 화륜선이 아니라면 반드시 외우(外憂)는 없겠습니다. 이것이 한 성이 임금으로 오래 전해올 수 있는 까닭이겠습니다. 다만 그 경개의 아름다움과 물색의 번화는 다 인력으로 만들어 놓은 기교에 인한 것이어서 도무지 자연스러운 기상이 없습니다. 사람의 이목을 현혹하게 하기에는 알맞으나, 실로 구경할 만한 운치는 없습니다. 전일에 우리나라의 연소한 무리가 운절(韻折)을 알지 못하고 한번 유람을 하고 나서는 심신이 뒤흔들리어, '그 기교를 배울 만하고, 그 번화함을 부러워하여 익힐 만하며, 그 법제(法制)를 모방하여 취할 만하고, 야유(冶遊, 주색에 빠져 방탕하게 노는 것)를 즐겨할 만하며, 호방(豪放)을 사랑할 만하다'고 생각하였습니다. 나라가 부강하게 되는 일에 이르러서도, 당장에 이룰 수 있다고 생각하여, 욕심이 동하고 본성을 잃어 공재(公財)를 낭비하고 끝내는 난(亂)을 선창(先倡)하여 개인과 국가에 화란이 미치게 하였으니, 이것은 다 평소에 마음 속에 실학(實學)이 없었던 탓입니다. 이것을 가지고 본다면 세상에서 '경서를 토대로 한 정치 사상이 국가에 무익하다'고 말하는 자는 실로 난적의 선봉입니다."(1885.1.12)

⑤ 이 나라에서도 일찍이 공맹(孔孟)의 학문을 존숭(尊崇)하여, 상을 봉안하여 존경하고 경전을 강습하였는데, 개화 이후로 경사(經史)는 다 폐지하여 곁채의 협실(夾室)에 치워 버리고, 정당(正堂) 좌우의 서가(書架)에 가득한 책들은 다 서양의 서적뿐이다. 나는 정사를 따라 첨배례(瞻拜禮)를 행한 뒤에, 이리저리 거닐며 우러러 바라보고 깨닫지 못하는 사이에 민망하여 탄식하였다. "부자의 도는 그 크기가 가이없건만, 그러나 부자의 명수(命數)는 궁함이 더

욱 오래다. 이미 당시에 용납되지 못하고 수삼천 년 뒤에 또 이 곤액(困阨)을 겪으니, '양구지회(陽九之會, 불운한 시기)'가 어째서 그렇게 많은가. 비록 그러하나, 노국(魯國)에는 춘추대의(春秋大義)가 있었으니, 공자가 그 도를 펴기 위하여 뗏목을 타고 바다에 떠서, 가려고 한 곳이 우리의 기자조선(箕子朝鮮)이 아니고 어디였겠는가?"(1885.1.19)

⑥ 또 한 곳에 이르니, 금방 죽은 사람을 칼로 껍질을 제거하고, 살을 베어내고, 사지를 분해하고 있었다. 귀로도 차마 들을 수도 없는 일인데 눈으로 어찌 차마 볼 수 있겠는가? 일행 중의 상하가 다 머리를 돌리고 코를 가리운 채, 곧 다른 곳으로 향하였다. 대개 서양의 풍속은 사람에게 난치의 병이 있어서 사경(死境)에 임하게 되면, 장차 죽을 사람이 그 아들에게 시체를 의원에 기탁(寄托)하여 껍질을 벗기고 뼈를 쪼개어 그 병이 생긴 곳을 찾아서 뒷사람들에게 혜택을 끼치게 할 것을 부탁한다. 남의 아들 된 자가 만약 차마 그 어버이를 두 번 죽음하게 할 수 없어서 그의 뜻을 준수하지 않으면, 그를 불효로 보아 배척하고 상대를 해 주지 않는다고 한다. 오늘날 사람들이 그 법을 몹시 사모하여 죽은 뼈도 매도(賣渡)하는 데 이르렀으니, 더할 수 없이 어질지 않다고 하겠다. 어찌 인륜을 들어 꾸짖을 수 있겠는가?(1885.1.21)

①~③과 ④~⑥의 서술 방식이나 태도를 비교해보면 알 수 있듯이 메이지 일본이 이룩한 근대적 풍경을 바라보는 박대양의 시선은 이중적이다. ①~③에서는 근대 일본의 풍경을 객관적인 태도로 묘사하고 있으나 ④~⑥에서는 이에 대한 비판적인 시선을 감추지 않는다. 이른바 '개화파'를 겨냥한 듯한 진술, 즉 '연소한 무리'가 일본을 한 번 유람하고 나서는 "그 기교를 배울 만하고, 그 변화함을 부러워하여 익힐 만하며, 그 법제를 모방하여 취할 만하고, 야유를 즐겨할 만하며, 호방을 사랑할 만하다"고 했는데 이야말로 조급한 나머지 "욕심이 동하고 본성을 잃어 공재(公財)를 낭비하고 끝내는 난(亂)을 선창하여 개인과 국가에 화란이 미치게 한" 것이라는 말에서 그의 복잡다단한 심경의 일단을 읽을 수 있다.

그런데 서양을 모방하여 근대의 길로 치닫고 있는 일본을 비판하는 근거가 '경서를 토대로 한 정치사상', '공자의 도', '춘추대의', '인륜' 등 일종의 신념이라는 점에 주목할 필요가 있다. 신념이 현실을 바꿀 수 없는 것은 아니겠으나, 대개의 경우 신념은 변화와 불화한다. 신념과 현실적 변화 사이의 찢김 또는 균열의 의미를 묻는 것은 사상사적 과제에 속하는 일이겠지만, 메이지 일본이 구축한 현란한 근대적 풍경 앞에서 '춘추대의'와 '인륜'이라는 카드를 꺼낼 수밖에 없는 박대양의 심경이야말로 '외물(外物)'의 충격에 곤혹스러워하는 지식인들의 내면을 대변하는 것이라 할 수 있다.

이처럼 일본(인)을 바라보는 최익현과 박대양의 시선은 같으면서도 다르다. 8년이라는 시차와 그 동안의 정치적 격변을 감안해야겠지만, 최익현이 완강한 화이론적 이분법에 근거하여 일본(인)을 '서양 오랑캐와 동일한 짐승'으로 폄하하고 그들의 폭력적인 무도(無道)를 경계한 반면, 1884~5년 시점에서 메이지 일본의 급격한 근대화=서양화를 직접 목도한 박대양은 현실과 신념 사이에서 갈등하며 그의 시선 역시 균열의 조짐을 보이고 있는 것이다. 문명의 이기(利器)를 향한 경이 또는 현기증과 '존천리거인욕(存天理去人慾)'을 내면화한 성리학적 신념 사이의 낙차를 어떻게 감당할 것인가라는 문제가 근대계몽기 지식인이 직면해야 하는 초미의 과제로 떠오른다.

4. 문명론적 시선이 포착한 일본(인)의 표상

갑오농민전쟁을 계기로 촉발된 청일전쟁은 지식인들의 세계상(世界像)에 지각변동을 몰고 온 '사건'이었다. 청일전쟁에서 승리하면서 일본은 구제국(舊帝國) 중국을 누르고 아시아 문명을 선도할 새로운 제국으로 떠올랐다. 이러한 국제적 환경의 변화 속에서 등장한 것이 이 시기를 대표하는 근대적 매체인 『독립신문』이었다. '충군애국'과 '부국강병'을 슬로건으로 하여 조선의 근대화 방법을 모색했던 근대계몽기 공론장에서 『독립신문』은 파괴력을 갖춘 문명론의 진원지였다. 사회진화론에 입각한 경쟁논리로 무장한 『독립신문』의 필진들에게 근대화=서구화만이 조선의 독립과 생존을 보장하는 길이었고, 그 길을 앞서 간 일본은 조선이 모방해야 할 선망의 대상이었다. 『독립신문』의 주요 논조가 근대계몽기 문학에서 중요한 부분을 차지하는 신소설에서 반복·변주된다는 점을 고려할 때, 『독립신문』의 일본(인)관은 충분히 주목할 만하다.

『독립신문』은 문명을 "지구상의 항신풍(恒信風)과 해양의 조류(潮流)와 같은 것", "천하를 온통 삼키려 하는 영웅이나 세계의 반을 보존하려는 강국이라도에 자못 막지 못"할 세계의 대세로 파악한다.[49] 문명화=서구화=근대화를 통한 부국강병의 달성만이 살 길이라는 주장이다. 『독립신문』은 조선이 문명의 길로 나아가는 데 좌표 내지 이정표 역할을 할 대상으로서 일본을 주목한다. 유럽과 미국의 문명을 힘써 배워 국가와 백성이 부강해지고 그 위엄이 동서양에 미치고 있는 일본은 "남을 압제하다가 도리어 압제를 받게 된" 청국과 선명한 대조를 이루면서 '조선문명화의 모델'로 떠오른다. 일본이 일찌감치 서양을 본보기로 하여 몇 천 년 내려오던 완고한 습속을 버리고 제도를 일신하여 오늘날 동양의 제일가는 국가가 된 것처럼, 조선 역시 일본을 본보기로 하여 일본이 나아간 길로 가야 할 것이라는 주장이 곳곳에서 분출한다. 『독립신문』이 보기에 일본은 "대한이 개명하지 못하여 청국의 속국이 되면 필경 다른 강한 나라에게 삼킴을 당하여 동양 형세가 위태할 듯한 고로 갑오년에 청국을 치고 대한을 독립시켰으며 오늘날까지 정신을 가다듬

---

49) 「논설」, 『독립신문』, 1898.11.11. 이하 『독립신문』의 인용은 날짜만을 표기한다.

어 서양 각국을 방어하며 동양을 보전하려는"(1899.2.27) 큰 도략을 갖고 있는 나라다.

이런 일본은 군사·행정·법률·경찰·조세·교육·위생 등 모든 측면에서 조선이 배워야 할 '새로운 스승'이다.[50] 그 '새로운 스승'의 모습을 보면 다음과 같다.

> ① 조선 인민을 자세히 공부하여 보면 조선 인민이 일본 인민보다 조금도 못하지 않은 인종이라. 일본에서도 삼십 년 전에는 조선과 같이 세(勢) 있는 사람이 무세(無勢)한 사람을 압제하고, 문명개화라 하면 다 싫어하고, 외국 풍속이라 하면 다 꺼리고, 외국 학문이라 하면 천하게 여겨 나라가 외국에 잡혀 지내고 외국이 일본을 야만으로 대접하더니, 삼십 년 안에 국중에 학교를 세워 인민을 교육하여 학문들을 배우게 하고 법률을 공평하게 시행하여 사람이 학문도 배우고, 물건 제조하는 법도 배우며 사람의 재산이 많아지든지 사람이 바른 말을 하여도 법률에만 범하지 않으면 그 사람을 일본 황제라도 감히 건드리지 못하는 그런 권리를 정하여 시행하니, 오늘날 일본이 동양에서 제일 부강한 나라가 되었는지라.
>
> —「논설」, 1896.12.3

> ② 일본 사람은 서양 개화를 모본(模本)하기 전에도 우리보다 백배나 문명한 사람들이요, 서양 정치와 풍속을 배우고 시작한 후에 주야로 힘써서 삼십 년 동안에 세계가 놀라게 진보하였으되 ……
>
> —「논설」, 1898.7.27

> ③ 우리가 무엇이든지 남의 나라의 좋은 것은 배우지 못하고 그른 것만 배우는 악습으로 지금은 아편연 같이 독한 물건을 경향간에 먹는 사람이 많다 하니, 청국에 폐단되는 것을 보면서도 이 버릇을 배우는 것은 우리가 항상 남의 속국 노릇하던 비루한 기상으로 청국 사람이 하는 일은 좋은 줄만 알고 배우는 모양이니 가련한 인생들이로다. 연전에 상해에서 본즉 일본 사람이 수천

---

50) 메이지 일본의 개화를 바라보는 『독립신문』의 시선은 1898년 12월 6일자 「일본 개화의 기초」라는 논설에서 분명하게 찾아볼 수 있다.

명이로되 아편연 먹는 사람은 하나도 못 보겠고, 대한 사람들은 상해에만 들어오면 아편연을 먹어서 돈을 없애고 빌어먹고 다니는 사람이 십중팔구라. 이 한 가지 일만 보아도 일본 사람의 총명하고 자기와 자기 나라의 명예를 아끼는 것과 대한 사람의 무식하고 어리석어 일신 명예도 모르고 선악도 분간하지 못하고 국체(國體)도 돌아보지 않는 것을 가히 알지라.

—「아편연폐단」, 1898.7.30

④ 일본은 동양의 조그만 나라로되 풍속이 무예를 숭상하는 고로 사람마다 기성(氣性)이 활발하며 남에게 지기를 부끄러워하며 명예를 가장 높이 여겨, 옳은 일을 하면 위태하더라도 그 부모가 동심하여 권하는 고로 사람마다 다투어가며 이름 있는 일을 하려 하는지라 능히 큰 사업들을 이루었으니……대한은 인기(人氣)가 잔약(孱弱)하여 무예를 천히 여기며 입으로는 문학을 숭상하나 실상은 학문도 남에게 자랑할 것이 없으며, 어렸을 때부터 집안에서 배우고 글방에서 보고 세상에서 행하는 일이 모두 일신(一身)이나 이롭게 할 뿐이요, 사회 공익은 생각하지도 않으며, 재주로 남보다 나아지려고는 못하되 나보다 나은 자를 시기하여 해롭게만 하며…….

—「논설」, 1899.1.9

⑤ 일본은 어찌하여 동양의 일등국이 되고 청국은 어찌하여 세계에서 잔약한 된 이유를 물으면 일본은 자기의 단처(短處)를 부끄러워하여 고치고 청국은 교만하여 자기의 허물을 고치지 못함이라. 수치를 모르는 사람의 나라에야 무슨 가망이 있으리오.

—「논설」,1899.1.28

이처럼 일본은 모든 면에서 하나의 모범으로 자리매김된다. 일본인은 서양을 배우기 전부터 이미 우리보다 백배나 문명한 사람들이었으며, 그들의 명예심과 윤리의식은 '대한 사람'들이 생각하는 것보다 훨씬 높다. 이제 일본인은 '무예를 숭상하는 활달한 기질의 소유자', '자기 허물 고치기를 부끄러워하지 않는 겸손한 자', '남을 배려할 줄 알고 국가를 위할 줄 아는 덕성을 갖춘 자' 등의 이미지로 바뀐다. 이는 최익현이 일본인을 서양 오랑캐의 등에 업힌 금수와 같은 존재로 본 것이나, 박대양이 춘추대의와 군자의 도를 모르는 딱한 자로 보았던 것과는 그야말로 천양지차다.

당당한 모습으로 급부상한 일본(인)의 이미지는 청국(인)이나 조선(인)의 모습과 선명한 대조를 이룬다. 『독립신문』이 그리는 비루하고 완고하며 시기심으로 똘똘 뭉쳐 있을 뿐만 아니라, 게으르기 짝이 없고 불결한 모습의 조선(인)상은 일본(인)을 배경으로 했을 때 뚜렷하게 그 모습을 드러낸다. 그리고 그것을 지탱하는 기술 방법이 '대조의 수사학'이다. 이렇듯 문명론에 포획된 『독립신문』의 시선은 일본과 일본인을 그 이전과는 확연히 다른, 모방하지 않으면 안 될 긍정적 타자로서 재발견한다. 『독립신문』을 중심으로 하여 재발견된 일본(인)상은 문학 텍스트의 영역, 특히 신소설에서 지속적으로 반복된다. 우리는 그 단적인 예를 이인직의 『혈의루』와 『은세계』에서 찾을 수 있다.51)

5. 적대감과 우월감의 이중변주

그러나 1905년 러일전쟁에서 승리한 후 그 제국주의적 야망을 본격적으로 드러내기 시작하면서부터 일본(인)관은 다시 한번 급선회한다. 『독립신문』 필진과 신소설 작가들이 그린 '구원자' 이자 '새로운 스승'으로서의 일본(인)상은, 아무렇지도 않게 신의를 저버리고, 겉과 속이 다르며, 약자를 힘으로 억누르는 폭력적인 모습으로 바뀐다. 이제 일본과

51) 이와 관련한 상세한 논의는 정선태, 「신소설에 비친 타자상과 자아상」, 『심연을 탐사하는 고래의 눈』(소명출판, 2003); 정선태, 「『독립신문』의 조선 · 조선인론」, 『근대의 어둠을 응시하는 고양이의 시선』(소명출판, 2006) 참조.

일본인은 원망과 증오의 대상으로서, 응징하고 처단해야 할 적으로서 표상된다. 이러한 일본(인) 표상은 1905년 '을사조약'과 1907년 '정미7조약'을 계기로 하여 전면에 부상하며, 이를 가장 잘 보여주는 것이 『대한매일신보』에 실린 '시사평론'과 '논설' 등이다. 그리고 근대계몽기에 생산된 독특한 문학 텍스트인 단형서사체와 역사전기소설은 그 일본(인)상을 반복/변주한다.[52]

그렇다면 근대계몽기의 대표적인 신문 중 하나인 『대한매일신보』가 그리고 있는 일본(인)상은 어떠한가.

> ① 아무리 일본인을 위하는 사람이라도 차권이 한국에 유익하다고는 조금도 말할 수 없으며, 이 나라의 세입(歲入)을 감독하려고 하는 계책(計策)이니, 지금 일본인이 제 이익을 위하여 한국을 이용하기를 시작하는 것이 분명하되, 아무 한인이라도 그 계책을 반대하는 자는 단단히 해보라 할지라. 한인들은 일본인이 일한 의정서(議定書)를 일본이 이용하는 것을 놀릴 듯 하고, 우리도 장래에 불쾌한 일이 있을 줄로 믿으며 시정개선(施政改善)한다고 하는 것은 한인들을 현란(眩亂 : 정신이 어수선 함)하고 미워하는 마음을 더 나게 하는 것이라 일본인이 노국과 한국에 정계(政界)의 부패함을 말하기가 좀 뻔뻔하리라 하노라.[53]

> ② 우리 생각에는 일본과 같이 비상하게 속히 높은 지위에 이르는 나라는

52) 여기에서 분명히 해두어야 할 것은 근대계몽기 일본(인)관의 변화가 선형적으로 전개되지 않는다는 점이다. 일본을 긍정적 타자로 표상할 경우에도 일본을 경멸하거나 적대시하는 논의가 여전히 존재했으며, 역으로 부정적 타자로 표상할 경우에도 문명론의 관점에서 일본을 선망하고 모델로 간주하는 논의가 건재했다는 것은 이인직, 이해조, 최찬식 등의 신소설이나 『대한자강회보』를 비롯한 학술잡지, 그리고 『만세보』 『대한민보』 등의 신문들을 보면 어렵지 않게 알 수 있다. 또 『대한매일신보』에서도, 「한국 사람과 일본 사람의 문답」(1907.7.11)을 보면 알 수 있듯이, "일본과 한국에 관계로써 말할지라도 당초에 우리 일본이 어찌 한국의 강토(疆土)를 빼앗으며, 인민을 학대할 악한 마음을 두었으리오. 그 실상은 한국 사람이 다 자취(自取)한 것이라"는 논리가 의연히 그 힘을 잃지 않고 있다.

53) 「논설」, 『대한매일신보』, 1905.3.3. 이하 『대한매일신보』의 인용은 날짜만을 표기한다.

반드시 교만(驕慢)한 마음이 있어, 자기의 나라가 다른 강국과 동등이 되고 또 어떠한 나라보다 더 나은 줄로 스스로 헤아릴 것은 자연한 이세(理勢)이어니와 이제 일본의 자긍(自矜)하는 마음은 지혜롭지 못한 영일동맹(英日同盟)과 일로전쟁(日露戰爭)에 이긴 효험으로 교양(驕揚)하게 됨이 의심이 없는지라.(1908.1.22)

③ 일본 동요가 있으니 가로되 일본이라 하는 것은 외면만 보아서는 알 수 없다 하였으니 일본이 기계 등속은 발달하였다 하려니와 일본 사람의 심장을 살필진대 전후에 없는 야만 인종을 면하지 못하였도다.

—「논설」, 1907.7.24

④ 우리 동포들도 오늘부터 머리를 깎으며 의복을 고치고 구미 풍조를 좇아 제도를 개량하고 미술을 발달하며 군사를 조련하면 불과 기년에 저 일본이 머리를 숙이고 기운을 낮추어 오늘 경박한 태도도 없어지고 도리어 애걸하며 화친을 구할지라. 비유로 말한 것과 같이 저 사람은 근래 새 학문 조각이나 배운 아이와 같고 우리는 이왕 구학문 잘한 선비가 그 위에 신학문을 연구한 것과 같을지라. 일본이 아무리 문명하였노라 자랑할지라도 겉치레뿐이라. 실상은 외채밖에 국고금이 얼마나 되며 원로대신밖에 영웅이 몇 사람인고.

—「논설」, 1907.9.7

이와 같이 『대한매일신보』에서는 일본인을 '신의(信義) 없는 민족' 또는 '못 믿을 족속', '겉과 속이 다른 사람들'이라 평가한다. 제국주의 일본의 한국 지배가 현실화하면서 일본에 대한 부정적 이미지가 강화되는 것이다. 뿐만 아니라 일본 문명의 실상이라는 것도 겉치레에 지나지 않는 것으로 폄하한다. 『대한매일신보』의 이러한 일본(인)관은 위기의식이 심화하는 과정에서 흔히 볼 수 있는 타자에 대한 적대적 인식이어서 그다지 놀랄 만한 것은 아니다. '친일관료'와 '친일지식인'들을 향한 분노도 같은 맥락에서 파악할 수 있다.

그런데 주의해야 할 것은 적대와 증오의 수사학이 강렬해질수록 '우리 대한'의 우월감을 강조하는 목소리도 함께 높아진다는 점이다. 적대감의 증폭은 우월감의 강조와 정확히 비례한다. 이 지점에서 우리는 어렵지 않게 제국주의 일본을 향한 적대감과 위기에 처한 민족/국민을 결속력의 함수관계를 파악할 수 있을 것이다. 근대 민족국가들 사이의 끊임없는 경쟁(또는 전쟁)은 적대적인 부정적 타자를 양산하는 방향으로 치달았으며, 그것은 곧바로 민족/국민을 결속하는 가장 신뢰할 만한 에너지원 역할을 떠맡았다. 예컨대 『대한매일신보』는 일본이라는 타자를 향한 원망과 '우리는 신성한 민족'이라는 신화를 다음과 같이 표현한다.

⑤오호라, 일본인들아. 이제 한국을 합병하는 것이 결단코 득책(得策)이 아니라하노니, 그대 네가 아무리 욕심을 채우고자 하여도 한국은 결단코 멸망치 아니리라 하노라. 그 이유는 첫째는 일본이 다만 외면으로 한국을 보고 삼천리 반도를 무인 지경으로 보았으나 결단코 그렇지 아니하니 한국은 사천년 역사가 분명하고, 전일에 매양 일본의 선진이 되었고 또 인민이 개개(箇箇)히 국가를 위하는 마음이 확실하며 옛적에는 한국문명이 일본에 비하여 상등(上等)이 되었거늘 근래 서양문명을 수입하여 실력을 확장하는 데 한국이 일시 뒤처진 고로 오늘날 이같이 소양지판(宵壤之判)이 되었으나 오히려 전래하는 옛적 문명은 흔히 일본을 덮을 자가 많으며 또한 근래에 서양문명을 수입하는 길이 점점 넓어서 크게 진취지망(進取之望)이 있고 인민은 원래 강경(强硬) 활발하던 종족으로 근년에 적이 저상(沮喪)하였으나, 그 충군애국하는 기력은 끊어지지 아니하여 대국 인민의 자격이 구비하며 그 외에 풍속, 습관, 인정이 모두 일본과 맞설 만하고 일호도 합병될 만한 것은 없으니 그런즉 한국과 일본은 미국과 하와이의 대(對)가 아니오, 차라리 서전(瑞典 : 스웨덴)과 노웨이(노르웨이)에 대할만 한지라. 만일 일본이 한국 대접하기를 미국이 하와이를 대접함과 같이 하면 필경 실패를 당할지니 이는 국가의 존망이 일시 군함 대포로만 볼 것이 아니오, 그 국민의 사상과 기력으로 볼 것이니라. 그런즉 일본이 아무리 일시 강력으로 한국을 합병할지라도 한국인민은 결단코 일본의 노예 되기를 오래 달게 여기지 아니할지니, 어찌 이것을 연구치 아니하는가.

—「논설」, 1909.12.28

⑥지도를 본즉 삼천리강산은 금두그리같이 되었고, 사기를 읽은즉 사천 년 기업(基業)이 반석같이 견고하고, 인재를 본즉 지혜롭고 영오하며, 풍속을 살핀즉 돈후하고 온공하여 자전으로 대인군자가 사기에 끊이지 아니하며, 금은동철과 미곡마포 등의 천산물이 또 풍족하니 이같이 신성한 이천만 민족으로 이같은 나라를 웅거하였는데 나라 형세가 어찌하여 이에 이르렀는고.

—「논설」, 1907.12.24

⑦무궁화야 무궁화야 너의 토지는 십삼도의 금수강산이요, 너의 주인은 이천만의 신성한 민족이라. 네가 태백산 단목 아래에서 성인이 처음 나시던 해에 뿌리를 박아서 부여 천년에 화신풍을 맞으며, 삼국이 성할 때에 봄빛을 자랑하고 고려 말년에 몽고의 침노하는 험한 운을 잠깐 당하였으나 맹장열사의 칼이 필경 독립의 가지를 보호하여 무양케 하였으며, 본조에 이르러서는 지나에 조공하는 치욕은 항상 받았으나 내치외교의 도는 항상 자유로 하였더니.

—「논설」, 1909.8.14

물론 신성한 민족이라는 신화와 찬란했던 역사를 내세운다고 해서 일본(인)을 향한 적대감이 사라지지는 않는다. 주의해야 할 것은 적대적 타자를 향한 증오의 수사학이 '우리 민족과 우리 역사'의 우월감을 견인하는 지렛대가 되고 있다는 점이며, 이는 일본이 서양을 모방하고 배제하는 과정에서 구축한 '신성한 단일민족신화'를 반복/변주한 것이라는 점이다.[54] 약자는 강자의 욕망을 모방하고 또 배제하면서 자기정체성을 형성해간다. 이렇게 해서 형성된 자기정체성은 또 다른 타자에 대한 억압을 정당화하는 심리적 메커니즘으로 기능한다. 이를 두고 우리는 '억압의 이양'이라 부를 수 있을 것이다.

논설뿐만 아니라 『대한매일신보』 소재 단형서사체와 신채호・박은식 등이 서술한 역사전기소설들도 일본과 일본인을 적대적인 또는 부정적인 이미지로 형상화한다. 물론 「소경과 안즘방이의 문답」, 「거부오해」,

54) 이와 관련한 이 책에 실린 「근대계몽기 민족・국민 서사의 정치적 시학」 참조.

「향로방문의생이라」를 비롯한 글들이 '직접적으로' 일본(인)상을 보여주는 것은 아니다. 그러나 1905년 통감부가 설치 이후 조선의 상황을 풍자함으로써 우회적으로 일본과 친일지식관료들을 비판하는 방식을 취한다. 그리고 「이순신전」 「몽배금태조」 「을지문덕」 등 일련의 역사전기 소설에서도 역사를 빌어 현실의 적인 일본을 겨냥하는 서술전략을 선택한다. 예를 들어 신채호는 『이순신전』(1908.6.11~10.24)을 시작하면서 다음과 같이 말한다.

> 오호라. 섬중 나라의 다른 종자들이 대대로 한국의 혈심의 적국이 되어 상망지지(相望之地)에 있어서 독살스럽게 주목하여 보매, 이런 오랜 원수를 반드시 갚기로 뼈에 맺힌 원한이 깊고 깊어 한국 사천여 년 역사상에 외국이 와서 침노한 자를 헤어 볼진대 왜구라는 두 글자가 거진 십상팔구나 되어, 변경에서 봉화가 들어오며 해상에서 풍진이 일어나서 백년 동안에도 편안히 누웠던 시절이 드물었는데, 오면 놀래어 달아나고 가면 좋아서 기꺼하여 분발한 주먹과 용감한 완력으로 멱살을 잡고 싸움한 자는 없고, 한때에 고식지계(姑息之計)로만 상책을 삼으매 연해 각 지방에 피비린 냄새가 끊이지 아니하였으니 단군자손의 끼친 수치가 극심하였도다.

치밀한 기획 아래 한국을 잠식해오는 일본을 향한 적대감과 여기에서 비롯한 증오의 수사학은 이처럼 격렬하다. 이 글에 따르면 일본은 오랜 기간 '상망지지'에서 조선을 노려온 도적이자 우리 민족에게 치욕을 안겨 준 원수다. 방법은 하나밖에 없다. 상무정신(尙武精神)으로 무장하여 적을 격퇴해야 한다. 이리하여 일본에 대한 적대감과 증오는 민족/국민을 결속하는 하나의 원동력이 된다. 민족/국민의 결속력이 저항을 추동하는 토대가 되었다는 것은 익히 알고 있는 바이며, 일본과 일본인을 향한 증오심은 식민지 수탈이 본격화함에 따라 건잡을 수 없을 정도로 확산·심화한다.

6. 마무리–이율배반의 접점에서

한국의 근대적 내셔널리즘이 주로 일본이라는 타자를 모방·배제하는 과정에서 형성되었다는 것은 많은 사람들이 동의하는 바와 같다. 그리고 모방하면서 동시에 배제해야 한다는 이율배반의 심리는 아직도 그 영향력을 잃지 않고 있다. 역사라는 퇴적층에 탐침을 꽂을 수 있을 때라야 비로소 미래의 좌표를 그릴 수 있다. 그중에서도 근대계몽기라는 역사적 지층은 지금–여기를 살아내고 있는 우리들의 '공통감각' 또는 '공동환상'을 구축해온 과정을 내장하고 있다. 그 지층을 그 시대에 생산된 다양한 텍스트들을 참조하면서 탐사할 수 있어야만 현재 우리의 (무)의식을 사로잡고 있는 일본이라는 표상의 의미를 비판적으로 성찰할 수 있을 것이다.

심각한 위기감과 강렬한 민족(주의)적 의식은 동전의 양면이다. 따라서 민족(주의)적 의식의 강화 요인을 물으려면 먼저 그것을 초래한 위기감의 원인이 무엇인지를 따져야 한다. 우리의 논의로 좁혀 말하자면, 일본이라는 긍정적인 동시에 부정적인 타자의 표상의 이면에는 자본주의와 국민국가를 두 축으로 하는 근대성의 논리가 버티고 있다. 그러므로 근대성을 비판의 표적으로 삼아야 한다. 그렇지 않을 경우 일본이라는 타자를 향한 선망과 적대가 공존하는 이율배반의 심리에서 한 걸음도 나아가지 못할 것이다. 일본에 대한 선망도 문제지만, 그 끝을 모르는 적대감도 그에 못지않게 우리의 비판 능력을 소진시키는 '마약'이다.

근대성의 진원지이자 제국주의적 욕망의 전파자인 서구에 대한 비판을 동반하지 않은 일본 비판은 설득력이 없다. 왜냐하면 근대 일본의 제국주의적 욕망은 서양제국주의를 부정적으로 모방하는 과정에서 산출된 것이기 때문이다. 서구를 '낙원'으로 간주한 『독립신문』은 말할 것도 없고, 일본은 신랄하게 비판하면서도 서양에 대해서는 '공평무사'하고

'지극히 선한 문명국'이라는 이유를 들어 관대한 태도를 보인 『대한매일신보』 역시 비판을 피할 수 없다. 당한 자는 정당하다는 노예의 논리나 아Q식의 정신승리법으로는 아무것도 해결할 수 없다. 일본(인)이라는 이율배반적인 타자는 역사적으로 형성된 것이다. 역사적인 만큼 우리는 일본(인)관을 재구성할 수 있어야 한다. 그렇지 못한다면 우리는 선망과 증오 사이에서 심각한 분열증을 겪을 수밖에 없을 것이다. 근대계몽기 일본(인)이라는 표상의 굴절을 되짚어보아야 하는 이유도 여기에 있다.

다음과 같은 물음으로 마무리하기로 하자. '모든 욕망이 타자의 욕망'이라면 근대계몽기의 지식인들은 일본(인)의 근대적 성취를 욕망하지 않았을까? 증오해 마지않았던 일본 제국의 힘과 폭력을 욕망하지는 않았을까? 한국뿐만 아니라 아시아를 하나로 묶어 제국의 지배하에 두고자 했던 일본의 야망을 욕망하지는 않았을까? 증오와 원망의 대상을 모방하고야 말겠다는 심리적 강박감에 시달리지는 않았을까? 그리고 지금—여기의 우리는 어떠한가?

제2부

민족/국민의 발견에서 아나키즘으로

단재 사상의 향방

1. '푸르른 칼날'의 정체를 찾아서

열 해를 갈고 나니
칼날은 푸르다마는
쓸 곳을 모르겠다
춥다한들 봄 추워니
그 추위가 며칠이랴
자지 않고 생각하면
긴 밤만 더 기니라
푸른 날이 쓸 데 없으니
칼아 나는 너를 위하여 우노라[55]

55) 신채호, 「1월 28일」, 단재신채호선생기념사업회 편, 『단재신채호전집』(별집), 형설출판사, 1987, 332면. 이하 신채호의 글은 이 전집에서 인용하며, 『전집』이라 표기한다.

동지 섣달 긴긴 밤에 자지 않는 과부의 등잔
우주의 명상(冥想)에 꺼먹이는 시인의 눈
만리 타향에 앉아 늙은 나그네의 머리털
산을 넘어 물을 넘어
홀로 가는 지사의 마음
우리 곧 아니면 동정할 이 누구냐?
까막…… 까막……
반짝…… 반짝……56)

일본제국주의의 식민지로 전락한 오욕의 땅을 떠나 대륙을 떠돌며 풍찬노숙(風餐露宿)하던 늙은 지사의 심경을 어찌 다 헤아릴 수 있겠는가마는, 우리는 미완성 유고 「1월 28일」과 「새벽의 별」 등의 노래를 빌어 그의 깊디깊은 회한(悔恨)의 한숨을 들을 수는 있다. 오랜 세월 벼리고 벼려온 푸른 칼이 무용지물이 되어버렸다는 탄식, 만리타향을 깜박이는 별빛을 등불 삼아 헤매야 하는 그의 착잡한 마음에 무슨 생각들이 웅숭거리고 있었을까. 한때 『대한매일신보』와 『황성신문』 등의 지면을 통해 혈기로 가득 찬 필봉(筆鋒)을 휘두르던 그에게 남은 것은 과연 무엇이었을까.

단재 신채호(1880~1936)는 아직까지도 우리에게 마음의 빚으로 남아 있다. 적어도 나에게는 한국근대사상사의 출발점이자 하나의 극한을 보여준 그의 사상적 행로가 변제(辨濟)하기 어려운 채무(債務)처럼 가로놓여 있다. 비단 나뿐만이 아니라 지금껏 오욕의 상처를 영광의 훈장으로 달고 살아가는 우리에게 그는 참으로 '성가신' 존재임에 틀림이 없을 것이다. 그렇다고 피할 수도 없는 노릇이다. 지금까지 많은 역사학자들과 문학자들이 다양한 관점에서 단재를 평가해온 것을 모르는 바 아니지만, 그들은 대부분 내셔널리즘의 관점에서 단재를 견고한 민족주의자

56) 신채호, 「새벽의 별」, 『전집』(별집), 335면.

의 화신(化身)으로 표상하는 데 많은 힘을 쏟아왔다. 그러나 뛰어난 사상가들이 항용 그렇듯이 단재 사상 역시 특정한 '주의(ism)'로 재단할 수 없는 균열과 단절 그리고 비약을 보여준다.

단재 신채호의 사상에서 민족주의적 성격을 추출하는 것은 그다지 어려운 일이 아니다. 그의 고대사 연구와 일련의 초기 논설들이 그 증거다. 하지만 단재 사상이 펼쳐 보이는 다양한 색깔의 스펙트럼을 민족주의라는 하나의 색깔로 덧칠해서는 그의 글들이 타전하는 메시지를 다채롭게 읽어낼 수가 없다. 일목요연하게 정리할 수 없는 그의 사상적 행로는 분명 우리들을 곤혹스럽게 한다. 그를 만날 때마다 곤혹스러움을 느끼는 이유는, 내가 생각하기엔, 1970년대 이후 본격적으로 진행된 단재 신채호 관련 연구가 너무나도 선명하게 그를 민족주의자로 각인해 놓았기 때문이다. 과연 그러한가. '민족주의'라는 그물이 아닌 다른 그물로 건져 올릴 수 있는 그의 사상은 무엇인가. 뭔가 건져 올릴 수 있다면 그것이 지금-여기의 우리에게 어떤 의미를 가질 것인가.

나는 그의 사유와 상상의 한두 줄기를 붙들어 지금까지 우리의 생각이 얼마나 '단순명쾌'했는지를, 그리고 우리의 역사적 상상력이 얼마나 빈곤했는지를 새삼 확인해보려 한다. 그러기 위해서는 '우주의 명상에 꺼먹이는 시인의 눈'과 '만리타향에 앉아 늙은 나그네의 머리털' 그리고 '산을 넘어 물을 넘어 홀로 가는 지사의 마음'이 어우러져 빚어내는 회한의 소용돌이를 헤치고, 저 깊은 곳에 쓸 곳을 모른 채 처박혀 있는 '푸르른 칼날'의 정체가 무엇인지를 다시 물어야 한다. 그것은 우리 말고는 아무도 동정할 이 없는 고독의 벌판에서 들려오는 단재의 목소리, 아니 한국 근대문학사상사의 고갱이를 찾아가는 작업과 맞물려 있다.

2. 단재의 문학과 역사—'민족 / 국민' 발견의 시금석

잘 알다시피 단재는 역사학자이자 애국계몽가이며 독립운동가이다. 게다가 그는 '문학적인 글'을 쓰는 데 있어서도 다른 사람 못지 않았다. 실제로 그는 12편의 '소설'과 8편의 시, 17수의 한시 그리고 시조 3수를 남기고 있다.

단재 신채호가 문학에 이렇게 관심을 기울인 이유는 무엇일까. 그의 견해에 따르면 "소설은 국민의 나침반(羅針盤)이다." 그는 소설은 재미있고 쉬운 까닭에 낫 놓고 기역자도 모르는 노동자라도 소설을 읽지 못할 자가 없고 또 읽는 것을 좋아하지 않을 자가 없다는 말하면서 소설이야말로 국민을 강하고 바른 방향으로 이끌 수 있는 유용한 '무기'라는 점을 강조한다.57) 문학(소설)이 국민을 형성하는 데 훌륭한 나침반이 될 수 있을진대 어찌 이를 선용하지 않을 수 있겠는가. 그리하여 단재는 인민에게 음탕한 것이나 가르치는 노예의 문학을 강력하게 비판하고 '백성'을 '국민'으로 묶어낼 수 있는 주인의 문학을 요구한다. 이는 지배자의 문학이 아니라 피지배자의 문학이며, 피지배자의 노예근성을 타격하여 제정신을 차리게 하는 문학이어야 한다.58)

그런 까닭에 새로운 소설에 거는 그의 기대는 만만치 않으며, 주류 문학에 대한 비판의 눈길을 거두지 않았다. 예컨대 1925년에 발표한 「낭객의 신년만필」에서 그는 의연히 노예의 문학에 찌든 현실을 비판하면서 다음과 같이 적고 있다.

---

57) 신채호, 「소설가의 추세」, 『전집』(별집), 81면.

58) 신채호는 '예술은 예술을 위하여 존재한다'는 이름 아래 유행을 좇아 '연애문예'로 내닫는 문학청년들을 질타하면서 이들을 일컬어 '노예의 사상'을 추수하는 무리들이라 비판한다. 그는 '사람이 이미 사람 노릇을 못할진대 노예와 괴물에 무엇이 더 나으랴'고 되물으면서 자신은 기꺼이 '괴물'을 취할 것이라고 언명한다(신채호, 「문예계 청년에게 참고를 구함」, 『전집』(하권), 22~24면 참조).

그러나 예술도 고상하여야 예술이 될지어늘, 귀족자제의 육체의 노예가 되려는 자살귀신 강명화(康明花)도 열녀로 되는 문예가 무슨 예술이냐? 수백만의 배고픈 귀신을 옆에다 두고 1원 내지 5원의 소설책이나 팔아 한 번의 배부름을 구하려는 문예가들이 무슨 예술가이냐? 금강산의 경치가 아무리 좋을지라도 배고픈 어린아이의 눈에는 한 숟가락의 밥만도 못하며, 솔거의 소나무 그림이 아무리 명작이라 할지라도 물에 빠진 자의 눈에는 한 조각의 목판만 못하며, 살지도 죽지도 못하게 된 조선민중의 귀에는 모든 아름다운 가극과 소설의 이야기가 백두산 속 미신광(迷信狂)인 조선생(趙先生)의 강신술(降神筆)만 못하리니, 1원이면 한 집안 식구의 며칠 생활할 민중의 눈에 들어갈 수도 없는, 2원 3원의 고가(高價) 되는 소설을 지어놓고 민중문예라 부름도 알미운 짓이어니와, 민중생활과 접촉이 없는 상류사회 부유하고 귀한 집안의 남녀 연애사정을 그리는 것을 위주로 하는 음란을 장려하는 문자는 더욱 문단의 수치이다. 예술주의의 문예라 하면, 현재 조선을 그리는 예술이 되어야 할 것이며, 인도주의의 문예라 하면 조선을 구하는 인도(人道)가 되어야 할 것이니, 지금 민중에 관계가 없이 다만 간접의 해를 끼치는, 사회의 모든 운동을 소멸하는 문예는 우리의 취할 바가 아니다.[59]

이와 같은 단재의 문학관을 두고 문학의 자율성을 고려하지 않은 발언이라거나 문학의 효용성만을 염두에 둔 독단적인 생각이라며 비난하는 것은 아무런 의미가 없다. 이러한 비판, 아니 비난을 그가 받아들일 리도 만무하거니와, 그만큼 그에게는 문학뿐만 아니라 그 무엇이라도 민중의 해방을 위해 이용될 수 있는 것이라면 이런 식으로 얘기했을 것이기 때문이다. 하물며 민족정신을 만들어 내기 위하여 고대사를 '날조'하는 것도 마다하지 않았던 사람인데야 더 말해 무엇하겠는가.

'민족주의자' 단재가 역사를 날조했다고 말하면 분개할 '애국자'들이 적지 않을 것이다. 그러나 조금만 생각해보면 알 수 있듯이, 단군릉을 발견했다고 대대적으로 선전하는 북한 사람들을 두고 역사를 날조했다

59) 신채호, 「낭객의 신년만필」, 『전집』(하권), 33~34면.

고 남한에서 비아냥거리는 것이나, 신채호가 단군을 정복영웅(征服英雄)으로, 자주문화의 상징으로, 합리성을 기반으로 한 종교적 존재로 인식한 것 사이에는 역사인식론상 아무런 차이가 없다. 그리고 단군과 부여족이 단결하여 지나(支那)를 식민지로 삼았다는 얘기와 일본이 임나일본부를 경영했노라고 강변하는 것 사이에는 하등의 질적인 차이가 없다. 근대국민국가는 역사나 전통을 발견/발명함으로써 자신의 아이덴티티를 정당화한다. 역사는, 그것이 '사실'이든 아니든, 선택적으로 기억되거나 망각된다. 단재식으로 말한다면 역사서에서는 역사의 대강(大綱)만을 알면 그뿐, 나머지 세세한 것들은 '자각적으로' 발견하고 재해석해야 한다. 한 마디로 말하면 날조 또는 창조해야 한다.

단재가 조선 상고사 연구에 많은 힘을 쏟았다는 것은 잘 알려져 있는 사실이다. 『조선상고사』『조선상고문화사』『독사신론』『조선사연구초』 및 역사와 관련된 많은 논설들이 이를 방증한다. 이만열이 지적한 바대로 단재의 고대사 인식의 저변에는 자기 문화에 대한 신뢰와 긍지가 깔려 있다.[60] 그가 단군 이래의 훌륭한 정치·사회제도를 말하고 고대중국을 능가하는 사상과 문화를 논하며 고유의 사상적 맥락을 선가류(仙家類)에서 찾으려고 한 것은 전통 문화의 인식 기반이 두터웠기 때문에 가능했다. 고대사를 발견하고 재구성하는 작업은 단재에게만 특이했던 것은 아니다. 박은식이나 최남선 등이 그러했으며, 모토오리 노리나가(本居宣長)의 사상을 계승한 일본의 국학자들이 그러했고, 서양의 인문주의자들이 그러했다. 그러므로 신채호의 역사(전통)의 재창조나 날조를 불편한 심기로 바라볼 필요는 조금도 없다.

오히려 그의 고대사 재구성은 역사적 위기의식의 산물이라고 하는 것이 옳다. 근대국가라는 판을 짜는 데 이념적 기둥을 마련하지 않을 수가 없었을 것이기 때문이다. 이념 형성 원리로서의 역사의 재구성을

---

60) 이만열, 『단재 신채호의 역사학 연구』, 문학과지성사, 1990. 제5장 참조.

이렇게 이해할 때야 비로소 사상의 자격을 지닐 수 있게 된다. 즉 현재의 위기를 타개하기 위한 전략으로서 그는 역사 연구에 임했던 것이며, 그런 까닭에 그의 역사연구는 계몽주의자로서의 면모를 유감없이 발휘할 수 있는 장이었던 셈이다. 나아가 이러한 역사연구를 통해 그는 다른 계몽주의자들과 구별되는 사상가의 반열에 오를 수 있었다. 그가 『조선사연구초』에서 이두(吏讀)로 된 명사를 교정하고, 후대에 의해 고의로 망각되거나 오독(誤讀)되어온 것을 바로잡으려 했던 데서 볼 수 있는 바와 같은 역사학 방법의 의의가 무엇인지를 묻고 또 밝히는 것은 역사학자들의 몫이다. 여기에서 우리가 강조해 두어야 할 것은 그가 민족을 발견하기 위해 고대사를 재구성했다는 점, 다시 말해 고대사를 빌어 '새로운 민족'을 '창안(創案)'하려 했다는 점이다. 이런 맥락에서 그의 고대사연구는 충분히 이데올로기적이며 동시에 근대적이다.

3. 「꿈하늘」, '민족'을 향한 미완의 노래

신채호는 역사 연구와 함께 이른바 '역사전기' 형식을 빌어 국민=민족의 영웅을 호명한다. 지속성의 제국의 적자였던 이들에 의해 집중적으로 씌어진 역사전기는 제국의 몰락이 임박했음을 직감하고 그 위기를 알리기 위한, 몰락으로부터 구원해줄 영웅이 재림하기를 기원하기 위한 그리고 민중을 인도하기 위한 '나침반'이었다. 신채호는 「을지문덕」의 서론에서 이렇게 말한다.

> 원나라 장수 범문호(范文虎)가 일본을 침략할 때에 풍랑에 배가 뒤집혀 육지에 오른 자가 3만 명에 지나지 않았으니 일본이 승리를 획득한 것도 하등

이상할 게 없지만, 그 후 수백 년 이래 역사에서 그것을 찬양하고 소설로 그것을 전하여 오랜 세월 동안 잊지 않았다. 그런데 우리나라는 한 손으로 독립 산하를 정돈하고 칼 한 자루로 백만 강적을 격퇴한 진짜 영웅의 대전적(大戰跡)도 이렇듯 말살하니 훗날 두 나라 강약의 차이가 어찌 여기에 있다 하지 않을 수 있겠는가. [이에] 과거의 영웅을 그려 미래의 영웅을 부르노라.

과거의 영웅을 그려 미래의 영웅을 부르는 예언자의 태도가 선명하게 드러나는데, 여기에서 우리는 신채호가 역사적 영웅의 전기를 기록한 의도를 어렵지 않게 헤아릴 수 있다. 우리 역사의 영웅이나 우리와 비슷한 처지에 놓였었던 다른 나라의 영웅의 전기를 직접 창작하거나 번역하는 것은 이 시기 민족주의적 지식인에게 주어진 일종의 과제였다. 백암 박은식이 『몽배금태조』를, 신채호가 『을지문덕』 『이순신전』 『최도통전』 등을 저술한 의도는 너무나 뚜렷해서 굳이 부연하지 않아도 좋을 것이다.[61]

그러나 1910년을 지나면서 대망했던 영웅이 도래할 가능성은 점차 희박해진다. 신채호는 다시금 「꿈하늘」(1916)에서 강감찬과 을지문덕 등 민족적 영웅을 총출동시켜 자주독립의 꿈을 모색한다. 「꿈하늘」의 서문에서 신채호는 이렇게 쓰고 있다.

꼭 독자에게 할 말씀 세 가지가 있습니다. 첫째는 한놈은 원래 꿈 많은 놈으로, 근일(近日)에는 더욱 꿈이 많아 긴 밤에 긴 잠이 들면 꿈도 그와 같이 깊어 잠과 꿈이 서로 종시(終始)하며, 또 그뿐만 아니라 곧 멀건 대낮에 앉아 두 눈을 멀뚱멀뚱히 뜨고도 꿈 같은 지경이 많아 님 나라에 들어가, 단군께 절도 하며, 번개로 칼을 지어, 평생 미워하는 놈의 목도 끊어보며, 비행기도 아니 타고 한 몸이 훨훨 날아 만리천공(萬里天空)에 돌아다니며, 노랑이·거먹이·흰동이·붉은동이 한 집에 모아놓고 노래도 하여 보니, 한놈은 벌써부터 꿈나라의 백성이니, 독자 여러분이시여, 이 글을 꿈 꾸고 지은 줄 아시지

61) 이에 관한 상세한 논의는 정선태, 「근대계몽기 문학적 서사 담론의 정치적 리얼리즘」, 『심연을 탐사하는 고래의 눈—한국 근대문학의 형성과 그 외부』(소명출판, 2003) 참조.

말으시고, 곧 꿈에 지은 글로 아시옵소서. (…중략…) 셋째는 자유 못하는 몸이니 붓이나 자유하자고 마음대로 놀아, 이 글 속에 미인보다 향내나는 꽃과도 이야기하며 평소에 사모하던 옛적 성현과 영웅들도 만나보며, 오른팔이 왼팔도 되어보며, 한 놈이 여덟 놈도 되어, 너무 사실에 가깝지 않은 시적 · 신화적인 면도 있지만, 그 가운데 들어 말한 역사상 일은 낱낱이 『고기(古記)』나 『삼국사기』나 『삼국유사』나 『고려사』나 『광사(廣史)』나 『역사(繹史)』 같은 속에서 참조하여 쓴 말이니, 독자 여러분이시여, 섞지 말고 갈라보소서.

흔히 「꿈하늘」은 한 고독한 민족주의자가 민족의 참다운 자주독립을 향하여 각성해가는 정신적 편력을 환상적 수법으로 그린 것이라 일컬어진다. 1916년이라는 시점에서 단재는 역사와 환상을 뒤섞어 꿈을 꾼다. 이루어질 수 없는 꿈에 대한 열망이 하도 강렬해서였을까, 그는 이제 환각 속에서 현실을 꿈으로 만들어 버린다.

"인간에게는 싸움뿐이니라. 싸움에 이기면 살고 지면 죽나니 신의 명령이 이러하다"라는 서두로 시작하는 이 소설은 약육강식의 세계상과 민족의 운명 및 역사적 소용돌이 속에서 다양한 방식으로 살아가는 인간군상을 그린 알레고리이다. 「꿈하늘」의 서두 부분에는 천관(天官)과 을지문덕, 무궁화 등이 한놈의 투쟁의식을 고무한다. 비로소 눈을 뜬 한놈은 님[神]과 도깨비[魔]의 싸움에 자원한다. 한놈은 무궁화로부터 전장으로 날아갈 수 있는 날개를 얻고 또 친구 여섯을 얻는다. 여섯 동지들과 함께 싸움터로 향할 때, 무궁화는 〈칼부름〉이라는 노래로 전송한다.

내가 살면 대적(大敵)이 죽고
대적이 살면 내가 죽나니
그러기에 내 올 때에 칼 들고 왔다

나아가던 한놈은 여섯 명의 동지를 하나하나 잃는다. 어떤 자들은 서로를 죽이고 어떤 놈은 적에게 투항한다. 천신만고 끝에 적을 만나 적장을 치려하는데 미인을 홀린 죄로 지옥으로 떨어진다. 나라사랑과 미인사랑은 양립할 수 없는 법, 강감찬의 충고에 자신의 나라사랑이 투철하지 못했음을 깨닫고 지옥을 벗어나 님나라에 이른다. 그러나 님나라에 살고 있는 수많은 애국자들 — 동명왕 · 논개 · 안중근 등등 — 이 몇천 길 몇만 길 되는 비를 들고 하늘의 먼지를 쓰는 광경을 보고 한놈은 놀란다. 님나라에서 보이는 하늘은 푸른 하늘이 아니고 하얀 하늘이다. 해와 달도 네모났고 색깔은 새까맣다. 놀라는 한놈을 보고 '누른 옷 입고 붉은 띠 띤 어른'이 말한다.

> 나도 처음 보는 하늘이다. 님 나신 지 3500년 경부터 하늘이 날마다 푸른빛은 날고 보얀 빛이 시작하더니, 한 해 지나 두 해 지나 4240여 년 오늘에 와서는 푸른 빛은 거의 없어지고 소경 눈 같이 보얗게 되었다. 그런 즉 대개 700년 동안에 난 變이요, 이 앞서는 이런 변이 없었느니라.

3500년이면 서기 1167년, 1135년 묘청의 난과 1145년 김부식의 『삼국사기』가 완성되었다는 점을 기억한다면 그 의미는 명료해진다. 민족의 자주성을 잃고 중화사상의 노예가 된 시점을 의미하는 것이다. 이리하여 님나라 사람들은 하얗게 된 하늘의 먼지를 쓸어서 푸르름을 회복하려고 한다. 한놈도 비를 들고 먼지를 쓴다. 오랜 시련 끝에 한놈은 님나라 식구가 된 것이다. 먼지를 쓸다가 소리의 인도를 받아 '도령군' 즉 화랑이 노는 '도령군 노름곳'을 보러가는 것으로 미완인 채 이 소설은 끝난다.

이러한 줄거리의 「꿈하늘」은 단재의 역사관과 민족관을 고스란히 보여주고 있다. 그리고 그의 정신적 지향이 무엇인지를 확연하게 보여준다. 전투적 의지로 무장하고 퇴락한 민족의식을 복원하는 것이 그가 바라는 바다. 꿈과 환상을 빌어 그의 원망(願望)을 표현할 수밖에 없었다는 점을 통해 우리는 켜켜이 쌓인 비애를 볼 수 있을 터이다. 무엇이 이토록 그를 비애에 젖게 했을까. 어떤 이유로 한 시대를 열혈남아로 뜨겁게 살았던 그가 이런 절망에 이르렀을까. 이 민족에 대한 실망 때문이었을까, 아니면 제국주의의 너무나 무시무시한 그림자 때문이었을까? 그런데 비애는, 엄살이 아닌 절절한 비애는, 새로운 의식을 길어 올리는 원천(源泉)이다. 크로포트킨의 영향을 받은 그는 1920년대 중반을 거치면서 아나키스트로 급선회한다. 「용과 용의 대격전」(1928)은 이러한 전환의 산물이다. 여기에서 민족은 더 이상 등장하지 않는다. 단군도 을지문덕도 강감찬도 등장하지 않는다. 미리와 드래곤으로 대표되는 사상의 투쟁만이 있을 따름이다.

4. 「용과 용의 대격전」과 허무의 수사학

허위지폐발행 사건으로 체포된 신채호는 1928년 12월 13일에 있었던 1차공판에서 다음과 같이 진술하고 있다.

> **裁** 그대는 언제부터 무정부주의에 공명하였나?
> **申** 내가 황성신문사에 있을 때에 고도쿠 슈스이(幸德秋水)의 무정부주의의 장광설을 읽은 때부터이오.
> **裁** 그대는 아나키스트인가?
> **申** 나는 의심 없는 무정부주의자요.

이처럼 자신을 '의심 없는 무정부주의자'라 밝혔던 신채호는 3차 공판(1929.4.4)에서, 자신이 무정부주의자임에는 틀림이 없되 황성신문사에 있을 때 고도쿠 슈스이의 저작을 읽고 무정부주의에 공명하여 무정부주의자가 되었다는 말에 대해서는 "다만 나는 그간 오랫동안 옥중에 시달리어 이따금 정신상 착각이 됨으로 내가 한 말도 알 수가 없으니, 이전에 말한 것은 다 어떻게 되었는지 모르겠지만, 전번 공술(供述)한 가운데서 어렴풋이 기억되는 점은 내가 본시 무정부주의연맹을 조직할 때 어떤 책자를 보고 동기가 되었다고 말한 듯하나, 절대로 그런 것은 아니고 오직 현 제국주의 제도에 불평과 약소민족의 미래를 위하여 단행한 것"이라고 수정한다.

여기에서 신채호가 무정부주의자가 된 동기나 과정을 세밀하게 살필 여유는 없다.[62] 다만 신용하식으로 말하자면, 신채호의 사상편력을 열렬한 시민민족주의자의 시기, 민족주의 사상에 무정부주의 방법을 포용한 혁명적 민족주의의 시기, 무정부주의자의 시기로 나누어볼 수는 있다. 그의 무정부주의 사상이 독립운동과 어떤 관련이 있는지 여부를 판별하는 것도 쉽지는 않지만, 분명한 것은 민족주의자로서의 단재의 면모를 전면적으로 포기했다고 볼 수 없다면, 무정부주의 사상도 민족주의나 독립운동과 일정 정도 관련을 맺고 있으리라는 것 정도는 예상할 수 있다.

단재가 무정부주의로 전환하게 된 계기를 민중운동의 고양이나 임시정부의 위임통치에 대한 불신에서 찾을 수도 있다. 이와 관련하여 더욱 중요한 것은 조선독립의 가능성을 발견하기 위해서는 몇몇 계몽적인 지식인의 말과 행동에 의지해서는 곤란하다는 인식이 깊어졌으리라는 점이다. 민중직접혁명론으로 나아갈 수밖에 없다는 인식, 여기에서 신채호는 무정부사상에 관심을 기울이기 시작한다. 그가 크로포트킨의 상호부조론에 경도되었는지, 아니면 바쿠닌의 직접혁명론에 더 경도되었는지는 명확하지 않다. 분명한 것은 신채호의 사상에서 민족이라는 그림자가 흐릿해지기 시작했다는 사실이다. 물론 강권주의에 저항하려는 의도에서 출발했다는 점에서 그 그림자가 완전히 지워지지는 않았겠지만.

---

62) 상세한 내용은 신용하, 「신채호의 무정부주의 독립사상」 참조.

「용과 용의 대격전」에서 단재는 무정부주의자의 면모를 유감없이 보여준다. 이 텍스트 어디에서도 조선의 독립이나 민족에 관한 언급을 찾아볼 수 없다. 미리와 드래곤, 쌍둥이 용이 벌이는 절체절명의 싸움만이 있을 뿐이다. 그리고 지배자와 그 권력을 정당화하는 모든 것에 대한 무화(無化)만이 선명하다. 천국(天國)과 지국(地國)의 대결, 그 양상은 이처럼 처절하다.

> 천국이 전멸되기 전에는 드래곤의 정체가 오직 ◯으로 표현될 뿐이다. 그러나 드래곤의 ◯은 수학상의 ◯과는 다르다. 수학상의 ◯에는 ◯을 가하면 ◯이 될 뿐이지만 드래곤의 ◯은 1도 2도 3도 4도 내지 십 백 천 만 등 모든 숫자로 될 수 있다. 숫자상의 ◯은 자리만 있고 실물은 없지만 드래곤의 ◯은 총도, 칼도, 불도, 벼락도, 기타 모든 테러가 될 수 있다. 금일에는 드래곤이 ◯으로 표현되지만, 명일에는 드래곤의 대상의 적이 ◯으로 소멸되어 제국도 ◯, 천국도 ◯, 자본가도 ◯, 기타 모든 지배세력이 ◯으로 될 것이다. 모든 지배세력이 ◯으로 되는 때에는 드래곤의 정체적 건설이 우리의 눈에 보일 것이다.

그러니까 드래곤은 모든 지배세력을 타개할 수 있는 잠재태인 셈이다. 허무가 그렇듯이 ◯은 모든 가능성의 원천이다. 이 도저한 허무와의 대결, 여기에서 단재의 새로운 사상이 싹튼다. 허무는 모든 것을 전복하면서 동시에 모든 것을 껴안는다. 새로운 생명의 시작이다. 물론 새로운 세상에는 어떠한 권력의 재배치나 이동도 보이지 않는다. 오직 민중의 맥박만이 있을 따름이다. 반역이 있을 따름이다. 반역과 축제를 동일한 것으로 파악할 경우, 반역은 생명의 충일을 확인하는 순간이다. 이 순간에 황홀한 허무의 사상이 분출한다.

◯으로 표상되는 드래곤은 민중의 혼이다. 혼의 앞길에는 아무도 대적할 자가 없을 것이라는 신념, 이 신념이 말년의 단재를 지탱한 꿈이었다. 신념이자 꿈인 까닭에 거칠 것이 없다. 역사가 쌓아온 위계질서를

한꺼번에 무화해버리는 이토록 도도한 상상력이 「용과 용의 대격전」에서 용솟음친다. 예수도 부처도 공자도 그리고 자본가도 권력층도 모두 냉혹한 질타와 희화화의 대상이 된다. 「용과 용의 대격전」의 수사가 그토록 자유분방한 것도 이런 맥락에서 이해할 수 있다.

> "미리야. 이놈, 상제는 어디다 두고 너 홀로 여기 와 있느냐? 나는 상제를 잊지 못하여 이렇게 찾아다니는 길이다……"
> 고 천사가 미리를 대책(大責)한다.
> 미리가 냉소한다.
> "천사야, 이놈, 상제는 찾아 무엇하느냐? 천궁에 있던 때에 상제이지 천궁이 깨어진 뒤에도 상제가 있느냐. 상제가 있다면 죽은 상제이다. 죽은 상제는 산 쥐새끼만도 못하다. 말하자면 상제도 멸망하여야 옳지, 기실 내나 네나 상제가 모두 상고(上古) 민중의 일시 미신의 조작이 아니었더냐. 민중의 조작으로서 얼마나 민중의 해를 끼쳐 왔느냐. 상제 자신만 호강을 하였을 뿐만 아니라, 상제의 제물 공물이다 핑계하고 민중의 돈을 협잡한 놈이 없었더냐. 상제의 명을 봉승하였다 하며 세세(世世) 황제로 행악(行惡)한 놈이 없었더냐? 최근 세계대전에 다수 민중을 죽이어 낸 각국 제왕·원수·총사령관들이 모두 상제의 이름으로서 하지 않았느냐? 남의 나라를 먹고 그 나라의 유민의 뼈다귀를 녹이는 놈들도 또한 상제의 뜻이라 하지 않았느냐? 오늘의 미신이 깨어지니 상제도 또 깨어졌다. 상제에 부속(附屬)하였던 네나 내가 안 깨어질소냐. 억만 민중들은 고양이가 되고 과거 모든 세력자는 쥐가 되었다. 상제를 찾으려거든 쥐구멍으로 가 보아라."

이 무시무시한 증오의 연원을 따져 묻는 것은 분명 의미 있는 일이다. 그리고 증오가 어떻게 사상으로 승화하는지를 파악하는 것은 사상사적 감각에 속하는 일이다. 민족주의에서 아나키즘에 이르는 단재 사상의 여정을 이해하는 사람이라면 그가 선택한 허무주의/아나키즘을 단순한 '신경질적 발작'으로 보지는 않을 것이다. 역사적 상황과 실존적 사유 사이에서 고뇌했던 단재가 최후에 아나키즘을 선택한 것은, 어찌 보면, 필연적인 귀결이라 할 수 있다. '절대적 독립'을 주장했던 행동인으로서 그에게 이 말고 어떤 다른 선택이 있을 수 있었겠는가. 다시 말해, 아나키즘은 역사적 미로를 헤쳐 나가려는 어느 투사의 피어린 절망의 소산이었던 셈이다. 그렇지만 이러한 선택이 빠져나가기 쉽지 않은 딜레마에 봉착했을 것이라는 점도 아울러 고려해야 한다. 역사적 사실과 선택의 과정은 현실적 상황에 따라, 그리고 지금－여기에서 바라보는 이의 관점의 차이에 따라 다양한 변전(變轉)의 가능성을 내포하고 있다. 신채호가 도달한 아나키즘이라는 사상도 예외는 아니다.

5. 단재 사상의 딜레마－결론을 대신하여

수많은 논설과 역사전기 등을 통해 '민족/국민'을 주조(鑄造)하고 이를 토대로 강력한 국민국가를 수립할 것을 갈망했던 단재 신채호의 '꿈'은 자본 또는 제국의 욕망이 무소불위의 기세로 내닫는 냉엄한 현실 앞에서 산산이 부서지고 만다. 그리고 신채호를 비롯한 계몽지식인들이 다양한 글쓰기를 동원하여 시도했던 '상징조작'은 일본제국주의의 정치적 압력에 의해 조선인을 하나로 묶는 구심력으로서 기능하지 못한다. 다만 밑으로 흘러 지금 우리에 의해 다시금 재발견되어야 할 무엇으로 남아 있을 따름이다. 날조되거나 창안된 역사와 전통이 정치적・경제적 힘을 토대로 한 사회문화적 메커니즘에 의해 전파되고 자가증식하는 과정과 근대국민국가의 형성이 밀접한 관련이 있다는 말은 새삼 되풀이할 필요도 없다. 그러나 백성을 하나로 묶어 국민으로 만들어내는 상징체계로서의 민족담론이 정치적 압력에 의해 원천적으로 봉쇄되고 만다는 것을 자각했을 때, 단재가 이른 지점이 바로 아나키즘이다.

아나키즘 사상에 입각했을 때는 민족이고 뭐고 발을 디딜 틈이 없다. 사회진화론에 강력하게 이끌렸던 신채호의 사상 행로의 끄트머리에 아나키즘이 오롯이 그 모습을 드러내고 있다는 것은 무엇을 뜻하는가. 민족주의와 제국주의는 동전의 양면이라는 것, 자민족의 우수성을 강조할수록 제국주의의 논리를 수용할 수밖에 없다는 통절한 자각, 다시 말해 사회진화론의 논리적 모순을 인정하고 여기에서 빠져나갈 수 있는 방법으로서 그가 선택했던 것이 무정부주의사상이며 그 저변에는 짙은 허무가 깊게 배어 있다. 「용과 용의 대격전」에서 우리는 민족을 더 이상 찾을 수 없다. 천국(天國)과 지국(地國), 지배자와 피지배자가 있을 따름이다.

이제 남은 길은 끝없는 '무력투쟁'뿐이다. 저 유명한 「조선혁명선언」(1923.1)에서 단재가 주장하는 것은 '폭력과 파괴의 길'이다. 그에 따르면 건설과 파괴는 형식상 구별될 뿐, 정신적인 차원에서 보자면 파괴가 곧 건설이다. 그는 이 선언에서 이족통치(異族統治)의 파괴, 특권계급의 타파, 경제 약탈제도의 파괴, 사회적 불평균(不平均)의 파괴, 노예적 문화사상의 파괴 등을 내세우면서 다음과 같이 피력한다.

> 그런즉 파괴적 정신이 건설적 주장이라. 나아가면 파괴의 '칼'이 되고 들어오면 건설의 '기(旗)'가 될지니, 파괴할 기백은 없고 건설할 치상(癡想)만 있다 하면 오백년을 경과하여도 혁명의 꿈도 꾸어보지 못할지라. 이제 파괴와 건설이 하나이요 둘이 아닌 줄 알진대, 민중적 파괴 앞에는 반드시 민중적 건설이 있는 줄 알진대, 현재 조선민중은 오직 민중적 폭력으로 신조선 건설의 장애인 강도 일본세력을 파괴할 것뿐인 줄 알진대, 조선민중이 한편이 되고 일본의 강도가 한편이 되어, 네가 망하지 아니하면 내가 망하게 될 '외나무 다리'에 선 줄을 알진대, 우리 이천만 민중은 일치로 폭력 파괴의 길로 나아갈지라.
>
> 민중은 우리 혁명의 대본영(大本營)이다.
>
> 폭력은 우리 혁명의 유일 무기이다.
>
> 우리는 민중 속에 가서 민중과 휴수(携手)하여

부절(不絶)하는 폭력 — 암살 · 파괴 · 폭동으로써
강도 일본의 통치를 타도하고,
우리 생활에 불합리한 일체 제도를 개조하여
인류로써 인류를 압박치 못하며, 사회로써 사회를 박삭(剝削)치 못하는 이상적 조선을 건설할지라.[63)]

조선을 침탈한 제국주의 일본이 '강도'라는 사실에 대해서는 두말할 필요가 없다. 그렇다면 이 '강도'와 어떻게 싸워야 하는가. 신채호에 따르면, 방법은 폭력뿐이다. 암살 · 파괴 · 폭동……. 파괴는 건설과 등가이다. 약육강식 · 적자생존 · 우승열패 등 이른바 생물학적 진화론을 변주한 사회진화론에 대항하여 '만물은 서로 돕는다'는 이른바 '상호부조론'을 내세운 크로포트킨의 사상에 깊이 공감했던 신채호가 서로 돕는 방식이 아니라 파괴를 택했다는 것, 아니 택할 수밖에 없었다는 점이 중요하다. '자본주의는 태생적으로 사악하다'는 말을 반복하지 않더라도, 자본의 논리가 지배하는 세계에서 상생의 길을 찾기란 지난한 일임에 틀림없다. 하물며 제국주의가 약소민족을 공공연히 강탈하는 상황에서 상생의 길을 말한다는 것 자체가 아나키스트 신채호로서는 어불성설이었을 터이다.

인류가 인류를 압박하지 못하고, 사회가 사회를 박삭(剝削)하지 못하는 '이상적 조선'의 수립이 적을 향한 파괴를 통해서밖에 기대할 수 없는 것이라면, 그리고 그 파괴가 수많은 죽음과 희생을 조건으로 할 수밖에 없는 것이라면, 그것은 에로스가 아닌 타나토스를 향한 열망에 가깝다. 하지만 그렇다고 해서 제국주의라는 강도의 압제하에서 그저 노예처럼 굴종하고 있을 수도 없다면 어떻게 해야 할 것인가. 여기에 단재 사상, 나아가 근대혁명사상의 딜레마가 놓여 있다. 이 딜레마를 돌파하는 방법으로 신채호가 제시한 것이 바로 「용과 용의 대격전」의 '◯의

63) 신채호, 「조선혁명선언」, 『전집』(하권), 45~46면.

사상' 또는 '허무의 힘'이다.

그런데 적대자를 향한 원한과 파괴를 추동하는 허무주의만으로는 생성의 곡선을 상상하기가 어렵다. 민족에서 민중으로 선회한 식민지 조선의 사상가 신채호가 아나키즘과 사회주의 사이에서 고민했던 것도 이 때문일 것이다. 요컨대 혁명사상가 신채호의 딜레마야말로 한국 근대사상의 한 축을 구성하고 있는 저항적 사유가 안고 있는 깊은 고민의 일단이라 할 수 있을 것이다. 폭력에 저항할 수 있는 방법은 과연 폭력밖에 없는 것일까. 제국주의의 폭력과 단재가 상상한 파괴 사이에는 어떤 질적인 차이가 있는가. 그것이 과연 정당하지 못한 폭력과 정당한 폭력의 차이에 지나지 않는 것일까. '조선민중'을 넘어서 '세계민중'의 상상은 과연 역사적 한계였을까. 세계화라는 이름 아래 더욱 더 맹위를 떨치고 있는 자본의 저 도도한 물결을 바라보면서 우리는 다시 '단재의 푸르른 칼'이 지닌 의미를 물어야 할 시점에 서 있다.

'번역'을 타고 바다를 건넌 걸리버, '계몽의 품'에 안기다

『걸리버여행기』의 한국적 수용에 관한 단상

1. 바다를 향하여, 문명을 향하여

우리로 하여금 '풋볼'도 차고
  우리로 하여금 競走도 하여
    生하여 나오는 날쌘 기운을
      내뽑게 하여라 펴게 하여라!
        아직도 제 主人 만나지 못한
          泰東의 저 대륙 넓은 벌판에!!
        우리로
      우리로
    우……리……로!!!

우리로 하여금 헤엄도 하고
  우리로 하여금 競棹도 하여
    書房님 手足과 道令님 몸을

거슬게 하여라 굳게 하여라!
우리의 運動터 되기 바라는
太平의 저 大洋 크나큰 물에!!
우리로
우리로
우……리……로!!!

뚫어진 짚신에 발감개 하고
시베리아 찬바람 거슬리면서
달음질할 이가 그 누구러냐?
나막신 같은 배 左右로 저어
별발이 곧 쏘는 赤道 아래서
배싸움 할 이가 그 누구러냐?
우리오
우리오
우……리……오!!!

1908년 12월 1일에 발행된 잡지 『소년』 제2호에 실린 「우리들의 운동장」이라는 제목의 시이다. '최초의 신체시'로 알려져 있는 「해에게서 소년에게」가 상징적으로 보여주고 있듯이, 육당 최남선의 '1인잡지' 성격이 강한 『소년』은 창간호부터 바다를 향한 예찬으로 채워져 있다. 이 새로운 형식의 시 「해에게서 소년에게」는 태산처럼 높은 산과 집채 같은 바위는 물론 지상에서 온갖 권세를 부리던 진시황과 나폴레옹까지 굴복시켜버리는 위풍당당한 바다가 '담 크고 순정한' 대한의 소년에게 보내는 사랑의 메시지라 할 수 있다.

여기에서 한걸음 더 나아가 계몽사상가 최남선은 대한의 미래이자 꿈인 소년들을 향해 저 드넓은 바다를, 우리들이 수영도 하고 '경도(競棹 : 노젓기 경주)'도 할 수 있는 '우리들의 운동장'으로 삼을 것을 천명한다. 대륙과 대양 사이에 위치한 '대한'이 세계를 경영할 수 있다는, 아니 세계를 경영해야 한다는 신념이 느낌표를 두세 개씩 동반하고서 시의 여백을 울리고 있다. 책상물림들에게 찬바람 몰아치는 시베리아 벌판과 큰 물결 출렁이는 바다로 나가라고 명령하는 이 목소리의 뒤를 떠받치고 있는 것은 계몽의 열정, 문명을 향한 의욕이다. 이는 "삼면환해국(三面環海國) 소년아, 너희는 한 순간이라도 꿈속에서라도 천혜편후(天惠偏厚)한 세계적 처지를 잊지 말라", "목금 세계 문운(文運)의 대중심은 태평대양(太平大洋)과 태동대륙(泰東大陸)에 있는데 우리 대한은 좌우로 이 양처(兩處)를 공제(控制)함을 생각하라"는 명령이 이 시의 앞과 뒤에 놓여 있는 것을 보면 명확히 알 수 있다.

「해에게서 소년에게」나 「우리들의 운동장」과 같은 시뿐만 아니라 최남선은 '공륙(公六)'이라는 필명으로 「해상대한사(海上大韓史)」를 비롯하여 「북극탐색사적(北極探索事蹟)」 등 바다와 관련된 글들을 지속적으로 연재한다. "대양을 지휘하는 자는 무역을 지휘하고 무역을 지휘하는 자는 세계의 재화(財貨)를 지휘하나니 세계의 재화를 지휘함은 곧 세계 총체(總體)를 지휘한다"는 '랄늬'의 말과 "내가 금일까지 목도한 모든 물체 중에 해양같이 나의 상상력을 충기(衝起)한 것이 없다. 나는 거랑(巨浪)이 창기(漲起)할 때나 세파(細波)도 불기(不起)할 때나 다 심신이 상쾌하고 아울러 차탄(嗟歎)하는 정을 금치 못한다. 또 폭풍우를 만나 일망무제(一望無際)한 해상에 경파오랑(鯨波鼇浪)이 서로 치고 서로 미는 때에 마음에 무섭고도 좋음이 필설로 다할 수 없다"는 '아듸손'의 말을 격언으로서 좌우에 거느린 바다의 상상력은 잡지 『소년』과 문명을 향한 그리움을 억누를 길 없었던 지식 청년 최남선의 사고를 가로지르고 있다.

그렇다면 왜 바다였을까. 바다를 경영하는 자만이 세계를 지배할 수 있다는 제국주의적 신념은 15세기에 닻을 올린 이래 17세기까지 이어지는 '지리상의 발견(geographical discoveries)' 시대 또는 '대항해 시대'부터 이미 형성되어 있었다. 즉 15세기 초 포르투갈의 '항해왕자' 엔리케의 아프리카 항로의 발견을 시작으로 콜럼부스의 아메리카 발견, 마젤란의 세계 일주 등으로 절정에 달하는 대항해 시대는 중세적 세계관을 뒤엎고 근대적 세계관을 확립하는 결정적인 계기가 되었다. 포르투갈・스페인・네델란드・영국 등 이른바 항해국가의 역사가 증명하고 있듯이, '발견'의 역사는 바다를 매개로 하여 지배영역을 확장해나간 식민의 역사와 정확하게 대응한다.

이제 바다는 더 이상 포세이돈이 거친 숨을 몰아쉬는 신화의 공간이 아니었다. 컴퍼스와 자로 정확하게 분할・절단되어 제국의 영역으로 포섭되어야만 하는, 새로운 신 '자본'이 질주하는 바다는 '야만'을 제압하고 길들이는 '문명', 자유와 평등과 우애에 기초한 '선량하고 온화하며 신성한' '진보'를 전파하는 함대들의 통로로 바뀌었다. 무적함대를 이끌고 남아메리카를 장악한 스페인을 보라. 바다를 건너 저 광대무변한 브라질을 손에 넣은 포르투갈을 보라. 그리고 '해가 지지 않는 제국'을 건설한 영국을 보라. 그리고 일본을 보라. 어디 바다를 경영하지 않고서, 바다를 통과하지 않고서 문명을 꿈꿀 수나 있겠는가. 결국 바다는 문명과 자본주의와 식민주의라는 거센 물결의 다른 이름이자, 제국의 욕망을 전유하길 소망하는 자들을 사로잡은 강렬한 메타포였던 셈이다. 계몽지식인 최남선이 근대적 잡지 『소년』을 통해 '소년들'이 문명의 물결을 헤쳐 나갈 수 있는 담력과 모험심을 키우기를, 그리하여 바다를 운동장으로 삼아 세계를 주름잡기를 갈망했던 것도 이 메타포에 포획되어 있었기 때문이다.

2. 해상 모험의 상상과 『로빈슨 크루소』

교통공간의 확대를 통해 제국을 욕망하고 또 그 욕망을 현실화한 서양의 행로를 따르고자 했던 근대계몽기 지식 청년 최남선에게 바다는 충분히 매력적인 공간이었을 터이다. 그래서 그는 「해에게서 소년에게」를 자신이 주도한 잡지 맨 앞에 슬로건처럼 내세웠고, 바다의 은유를 빌어 시대적 조류를 거부하는 기존의 질서를 '때려 부수고자' 했으며, 바다와 대륙을 우리의 운동장으로 삼아 세계로 나아가자고 소리 높여 외쳤던 것이다. 그의 사유에서 계몽의 열정과 바다의 상상력은 이처럼 긴밀한 함수관계를 갖는다.

최남선이 보기에 바다는 '재미의 주머니요 보배의 곳간'이었다. 그리고 바다는, 그가 「바다를 보라」는 글에서 예찬하고 있듯이, '가장 완비(完備)한 형식을 가진 백과사전'이자 '가장 진실한 재료로 이루어진 수양비결(修養秘訣)'이기도 했다. 소년들을 계몽으로 이끌어야 한다는 사명감으로 무장하고 있던 장수(將帥) 최남선은 소년들을 향해 바다로 나가라고 독려한다. "가서 보아라! 바다를 가서 보아라! 큰 것을 보고자 하는 자, 넓은 것을 보고자 하는 자, 기운찬 것을 보고자 하는 자, 끈기 있는 것을 보고자 하는 자는 가서 시원한 바다를 보아라! 응당 너희들의 평일에 바라던 것 이상을 주리라!" 이런 바다를 어찌 바라만 보고 있을 수 있겠는가.

그러나 '안타깝게도' 삼면이 바다로 둘러싸인 공간에 살고 있으면서도 한국인의 바다에 대한 인식은 천박하기 짝이 없었다. 최남선은 소년들의 해사사상(海事思想)을 고취하기 위해서 쓴 「해상대한사」를 연재하기 시작하면서 "왜 우리는 해상 모험심을 감춰두었는가"라는 물음을 던진다. 최남선에 따르면, 우리 국민들은 오랜 기간 동안 우리나라가 삼면이 바다로 둘러싸인 반도국이라는 것을 망각하고 있었다. 그 이유는 무엇인가. 우리나라는 일본·안남·섬라 등과 바다를 통해 교류를 하기는 했으나 주로 원동대륙(遠東大陸)의 여러 나라들과 육로로 교통해왔다. 육로로 교통하는 나라에는 취할 만한 문물들이 적지 않았고 또 무역을 통해 상업상 이익을 얻을 수도 있었으나, 해로로 교통한 나라에는 볼만한 것이 없었을 뿐더러 왜구와 해적 때문에 상업상 본전을 건지기도 어려웠다. 우리의 종족이 대륙을 육로를 통해서만 왕래한 결과 조선(祖先)의 육상적 유전성(遺傳性)이 해상 모험심을 불러일으킬 틈이 없도록 한 국민성을 낳았던 것이다.

최남선의 진단에 의하면 바다를 두려워하는 유전적 형질이 국민들 의식 속에 새겨져 있는 한, 문명을 향한 꿈은 한갓 몽상의 범위를 벗어날 수가 없다. 어떻게 해야 할 것인가. 국민들에게, 아니 '대한의 희망'인 소년들에게 고래와 같은 파도를 헤치고 악어와 같은 물결을 베면서 남명북양(南溟北洋)에서 활동할 수 있도록 모험심을 진작하기 위해서는 어떻게 해야 할 것인가. 소년들이 저 아름다운 바다[64]를 품을 수 있게 하려면 어찌 해야 할 것인가. 이와 같은 '계몽적 물음'에 대답하기 위해 작성된 것이 「해에게서 소년에게」를 비롯한 시, 「해상대한사」와 같은 산문 등 바다를 주제로 한 일련의 글이었다. 글의 성격을 따질 계제가

---

64) 최남선은 「해상대한사」에서 다음과 같은 유려한 문체로 바다의 아름다움을 그리고 있다.

"삼산(三山)이 어디메냐 구서(九嶼)도 모르겠다. 미려(尾閭)에 대붕(大鵬)이 적운(積雲) 같은 날개를 펴고 부요(扶搖)로 오르며 창서(滄嶼)에 거오(巨鼇)가 평야 같은 등을 들고 신산(神山)을 지고 있는데 하늘을 삼키려고 홍파(洪波)가 철기(凸起)하는 저기 저기서 수천(水天)이 상박(上拍)한다. 그 밖에는 무엇이 있노. 그 바깥은 어떠한 곳인고. 다만 밤이 새면 적삼홍고(赤衫紅袴)에 화편(火鞭)든 남신(男神)이 화구(火球) 같은 태양을 타출(打出)하고 날이 지면 소복담장(素服淡粧)에 옥패(玉佩) 찬 천녀(天女)가 빙륜(氷輪) 같은 호월(皓月)을 봉상(捧上)하는 것을 보매 이른바 부상(扶桑)이 거기 있는 줄 알 뿐이니 이는 해(海)의 원망(遠望)이오.

작은 물결은 툐올 톨 톨 큰 물결은 타앙 탕 탕 돌을 타고는 거품 지고 흙을 치고는 넌출이 지는데 밀물에는 행악(行惡)을 하고 썰물에는 퇴축(退縮)을 하여 오고가는 노차(路次)마다 모래거든 굴려가고 흙이면은 풀어가서 너희 육지야 얼마나 단단하냐 온갖 더러운 물건 — 간사한 사람 잔인한 사람 괴악한 사람 허위(虛僞)한 사람 악독한 나라 흉영(凶獰)한 나라들이 남모르게 숨기숨기 드러내놓고 번듯번듯 행하는 바 온갖 못된 일을 싣고 있으면서도 나만 높다고 산이 되고 나만 굳다고 돌이 되고 나만 크다고 들이 된 이 육지야 네가 얼마나 견디나 보자 못된 네 놈은 내 헐어주고 더러운 네 몸은 내 씻어주마고 하는 듯이 주야불철(晝夜不撤)하고 튜르릉 튤 튤 쑤 쏴하 하는 것은 해(海)의 근경(近景)인데."

아니었다. 그는 육상적 유전성에 침윤된 국민의 의식을 일깨우기 위해 가능한 한 모든 글쓰기 방법을 동원했다. 종횡무진 바다를 누비며 새로운 세계를 발견하고 탐험하는 내용을 담은 소설들을 번역하는 것도 '해상 모험심 진작을 위한 프로그램'의 일환이었으며, 그 과정에서 선택된 것이 『걸리버여행기』와 『로빈슨 크루소』였다. 그러니까 『걸리버여행기』와 『로빈슨 크루소』는 한국인의 육상적 유전성을 타파하기 위해 호명된 텍스트였던 셈이다.

먼저 「로빈손 무인절도 표류기(無人絶島漂流記)」라는 제목으로 여섯 번에 걸쳐 연재된 다니엘 디포(1660?~1731)의 『로빈슨 크루소』는 거센 바다를 헤치고 '문명의 왕국'을 수립하도록 소년들을 독려하기 위한 하나의 좌표가 되기에 충분했다. 온갖 역경을 뚫고 '생존게임'에서 살아남아 자신의 왕국을 건설하는 로빈슨 크루소는 기존의 국가적 영웅들과는 그 성격이 판이한 평범한 개인이어서 각별한 매력을 지닌 인물로 다가왔을 터이다.

200자 원고지 약 170장 정도의 분량으로 초역(抄譯)된 이 작품의 연재에 앞서 편집자는 번역 동기와 의도를 다음과 같이 밝히고 있다. "우리는 장쾌(壯快)한 것을 좋아하니 그러므로 해천(海天)을 사랑하며 우리는 영특(英特)한 것을 좋아하니 그러므로 모험적 항해를 즐겨하며 해천을 좋아하고 항해를 즐겨함으로 표류담 · 탐색기적(探索記的) 문학을 탐독하는지라. 금(今)에 이 성미는 나로 하여금 이 불세출의 기문자(奇文字) 로빈슨 크루소를 번역하여 우리 사랑하는 소년 제자(諸子)로 더불어 한가지로 해상생활의 흥취(興趣)와 항해모험의 취미를 맛보게 하도다." 이리하여 '세계에서 가장 진기한 책' 『로빈슨 크루소』는 근대문명의 파도를 타고 이 땅에 상륙한다. 번역자는 반문한다. '세계사의 거센 기운' 바다를 마주한 '신대한의 소년'이 어찌 이 글을 읽지 않을 수 있겠는가. 그리고 대답한다. '결단코 없으리라.'

다니엘 디포를 일약 18세기 위대한 작가 중 한 사람으로 바꾸어놓은

『로빈슨 크루소』(1719)는 쥘 베른느의 『15소년표류기』 『80일간의 세계일주』 『해저 2만리』 등과 더불어 근대계몽기와 식민지 시기 소년들을 사로잡은 해상모험소설이었다. 중산층의 안온한 삶을 거부하고 끊임없는 모험을 선택하는 로빈슨 크루소는 수많은 소년 독자들의 가슴을 휘어잡은 동경의 대상이었다. 근대자본주의가 지리상의 발견에 의해 촉발되었다는 것은 잘 알려진 바와 같거니와, 새로운 세계 또는 낯선 '풍경'의 발견은 많은 사람들을 부추겨 바다로 내몰았고, 로빈슨 크루소의 삶의 역정이 보여주는 바와 같이 그들의 모험은 충분히 매혹적이었을 것이다.

『소년』은 이렇게 말하고 싶었으리라. 소년들이여, 바다를 통한 교역에서 돈을 벌어들인 로빈슨 크루소처럼, 브라질에서는 식민 농장을 경영하여 거금을 손에 쥐었던 로빈슨 크루소처럼, 노예상태에서 탈출하여 절해고도(絶海孤島)에서 이성의 힘에 기초한 과학적 사고로 자신의 왕국을 건설한 로빈슨 크루소처럼, 세계로 저 드넓은 세계로 나아가야 하지 않겠는가. 이처럼 모든 역경을 물리치고 제국을 경영하는 대영제국의 표상을 형상화한 『로빈슨 크루소』는 근대문명의 세례를 받지 못한 '대한의 소년'들을 향한 일종의 웅변이자 복음이 되어 근대계몽기 위태로운 조선땅에 울려 퍼지고 있었던 것이다.

3. 바다를 건넌 『걸리버여행기』

그러나 『로빈슨 표류기』보다 앞서 소개된 『걸리버여행기』의 경우는 사정이 사뭇 달랐다. 『소년』 창간호에 실린 광고문을 보면 알 수 있듯이,[65] 『걸리버여행기』 중 제1부가 이미 초역(抄譯)되어 「소인국표류기」라는 제목으로 간행될 예정이었다.[66] 이어서 창간호와 제2호에는 『걸리버여행기』의 제2부를 초역한 「거인국표류기」가 실린다. 거인국에 표착한 걸리버의 모험을 단 두 번에 나눠 싣고 이어 『로빈슨 표류기』를 번역한 「로빈손 무인절도 표류기」에 지면을 내주었다.

왜 그랬을까? 『걸리버여행기』를 쓴 조나단 스위프트(1667~1745)는 영문학사상 '위대한 풍자의 시대'를 대표하는 인물이다. 영국의 아일랜드 지배에 대한 저항운동의 지도자이기도 했던 스위프트는 그의 묘비명에 새겨져 있는 대로 '용감한 자유의 수호자'였으며, 기발한 상상력과 신랄한 위트 그리고 격렬한 감정 표출을 특징으로 하는 그의 문학적 재능은 소설 『통이야기(*A Tale of a Tub*)』와 『책들의 전쟁(*The Battle of the Books*)』에 실린 짤막한 산문들을 통해 유감없이 발휘되고 있다. 특히 풍자는 스위프트 문학의 성격을 가늠하는 핵심적인 장치 또는 기법이다. 풍자와 관련하여 그는 이렇게 말한다.

> 풍자란 그것을 들여다보는 사람이 자신의 얼굴만 빼놓고 다른 모든 사람들의 얼굴을 발견하게 되는 거울이다. 풍자가 세상 사람들에게 따뜻한 대접을 받고, 또 그것에 대해 화를 내는 사람이 극소수인 이유는 바로 이 때문이다. 그러나 설령 그렇지 않다 하더라도 그 위험은 크지 않다. 나는 오랜 경험에 의해 내가 풍자를 통해 화나게 만들었던 사람들로부터의 어떤 위해(危害)에 대해서도 걱정할 필요가 없다는 것을 배웠다. 왜냐하면 분노와 격분이란 비록 신체의 힘줄과 근육들에 힘을 더해 주긴 하지만, 오히려 정신의 힘줄은 이완시키며 정신의 모든 노력들을 나약하고 무기력하게 만드는 것으로 알려져 있기 때문이다.[67]

---

65) 광고 내용을 보면 다음과 같다. "이 책은 순국문으로 『걸리버여행기』의 상권을 번역한 것인데, 우리의 주머니에도 여나문 스무나문씩 집어넣을 만한 사람 사는 곳에 들어가 그 임금의 사랑을 받고 행세하던 이야기라. 기기묘묘한 온갖 경력이 많소."

66) 「소인국표류기」가 단행본으로 간행되었는지는 분명하지 않다. 창간호부터 제2권 제2호(1909.1 발행)에는 '근간'이라 표기되어 있다.

67) 조나단 스위프트, 류경희 역, 『책들의 전쟁』, 미래사, 2003, 15면.

'자신의 얼굴만 빼놓고 다른 모든 사람들의 얼굴을 발견하게 되는 거울'인 풍자는 정치계와 법률계와 학계 그리고 종교계에 포진하여 자신의 기득권을 지키느라 여념이 없는 소수의 '지도층'을 겨냥한다. 풍자를 대면한 기득권층이 불편해 하면서 화를 내는 것은 당연한 이치다. 그의 힘줄과 근육은 긴장으로 팽팽해진다. 반면, 풍자 앞에서 그들의 정신의 힘줄은 흐물거리게 되며 정신의 모든 노력들은 무기력해진다. 이것이 바로 스위프트가 말하는 풍자의 힘이다.

『통이야기』와 『책들의 전쟁』에서 분명하게 볼 수 있듯이 스위프트의 풍자는 국왕에서부터 성직자와 학자에 이르기까지 진실을 가리는 모든 대상을 겨냥한다. 『걸리버여행기』의 경우도 예외가 아니다. 제1부 '작은 사람들의 나라—릴리퍼트 기행', 제2부 '큰 사람들의 나라—브롭딩낵 기행', 제3부 '하늘을 나는 섬의 나라—라퓨타, 발니바르비, 럭낵, 글럽덥드립, 일본 등의 나라 기행', 제4부 '말들의 나라—휴이넘 기행'으로 이루어진 『걸리버여행기』는 기행의 형식을 빌어 18세기 세계 제패의 열망으로 휩싸여 있던 영국 권력층의 비리와 부패상을 통렬하게 풍자한다. 예컨대 '우리의 주머니에 열 명 남짓 스무 명 남짓 집어넣을 수 있는' 작은 사람들이 살고 있는 나라에 들어가 '그 임금의 사랑을 받고 행세하는' 이야기를 담은 제1부는 걸리버의 '기기묘묘한 온갖 경력'을 통해 권력층의 음모와 비리를 적나라하게 폭로하고 있으며, 거인국 여행을 그리고 있는 제2부는 걸리버가 겪는 위기를 통해 문명국 영국의 국민이 얼마나 왜소한지를 역설적으로 보여준다.

여행기 또는 표류기를 표방하고 있긴 하지만 『걸리버여행기』는 절해고도(絶海孤島)에 표착한 문명인 로빈슨 크루소가 원주민을 길들이며 자신의 왕국의 수립해가는 '성공신화'와 분명하게 구별된다. 여행기가 흔히 그렇듯 걸리버는 문명인의 시선으로 다른 공간에 사는 다른 사람들을 타자화하고 배제하는 것이 아니라, 그들의 시선을 빌어 문명국임을 자처하는 영국과 영국인의 허위를 비판한다. 제3부와 제4부에서 빛을 발하는 자신의 조국 영국과 영국인을 향해 퍼붓는 스위프트의 독설[68]을 보면 이 책이 금서로 낙인찍힌 이유가 무엇이었는지 어렵지 않게 이해할 수 있다.

『걸리버여행기』에서 로빈슨 크루소와 같은 문명인의 모험을 기대했던 독자들은 실망감을 감추지 못했을 것이다. 『걸리버여행기』를 통해 거친 파도를 헤치고 새로운 세계를 발견하여 당당한 지배자로 군림하는 자의 모습을 보여주고자 했던 계몽주의자 최남선도 일순 당황할 수밖에 없었을 것이다. 저 위대한 문명을 이룩한 대영제국을 비판하고, 나아가 문명인을 말보다 못한 천한 짐승으로 격하하는 스위프트의 독설 앞에서 당황스럽지 않을 수 없었을 것이다. 어쩌면 여행기가 모두 지적 호기심을 유발하거나 모험심을 불러일으키는 것은 아니라는 점을 절감했을지도 모른다. 『소년』 제2권 제4호(1909.4 발행)에 실려 있는 다음 광고는 왜 「거인국표류기」를 황급히 마무리해야 했는가를 이해할 수 있는 하나의 단서다.

> 십전총서(十錢叢書) 『걸리버유람기』
>
> 차서(此書)는 영국 유명한 문학가 스위프트씨의 명저를 적역(摘譯)한 것이니 『로빈슨표류기』와 공(共)히 세계에 저명한 해사소설(海事小說)이라. 그 대개(大槪)는 '걸리버'란 선의(船醫)가 있어 복선(覆船)을 당하여 신장이 근(僅) 불과 6촌 되는 소인종이 거생(居生)하는 도국(島國)에 표착(漂着)하여 기괴한

68) 한두 가지 예를 들면 다음과 같다. "그들(영국의 학자들－인용자)은 언제나 비합리적이었으며, 올바른 의견을 갖는 경우란 거의 드물었다. 상상력이나 공상, 발명 같은 단어는 그들에게 있어 낯선 뿐만 아니라, 그런 뜻을 나타내는 말조차 없는 것이다. 그들의 정신이나 마음은 수학과 음악 모두에 갇혀 있었다."(조나단 스위프트, 신현철 역, 『걸리버여행기』, 문학수첩, 1992. 제3부, 202면) "주인(말)은 우리를 아주 작은 분량의 이성을 부여받은 동물이라고 하였다. 하지만 우리는 이성을 좋은 일에 사용하지 않았다. 오히려 부정을 더욱 악화시키고, 자연이 우리에게 부여하지 않았던 새로운 잘못을 만드는 일에 이성을 사용하였다는 것이다. 자연이 우리에게 부여한 좋은 능력을 잃어버리게 됨으로써 인간의 단점들은 더욱 늘어나게 되었으며, 아무런 소용도 없는 발명품에 의해 자신의 단점을 메우려고 노력한다고 말했다."(같은 책, 제4부, 322면)

> 관광을 하고, 그 후에 또 신장이 3장(丈)이 더 되는 거인종이 거생하는 곳에 유입(流入)하여 위험한 경란(經亂)을 하던 진이(珍異)한 유람기니, 원저는 '조오지' 제1세 시절의 습속을 풍자한 것이나 이러한 정치우의(政治寓意)는 고사하고 다만 그 소설적 취미로만 보아도 또한 절대(絶大)한 묘미가 있는 것이라. 고로 영미 제국에서는 차서를 학교과서(學校科書)로 용(用)하여 써 소년의 해사사상(海事思想)을 고발(鼓發)하나니, 우리 소년은 일독을 쾌시(快試)하여 그 묘미를 상(嘗)할지니라.

이 책을 번역·발행한 사람은 『걸리버여행기』가 조지1세 시절의 습속을 풍자하고 있으며, 그 내용이 정치적 우의(寓意)로 가득 차 있다는 사실을 알고 있었다. 그러나 그는 짐짓 이 부분은 그다지 중요하지 않으며, 배가 난파당한 후 이어지는 걸리버의 '기괴한 관광'과 '진이한 유람'에 초점을 맞추고 있다. 그리고 그것이 해사사상, 즉 우리의 표현대로라면 바다의 상상력을 고취할 것이라고 밝히고 있는 것이다. 1992년에야 한국어로 완역된 『걸리버여행기』를 보면 알 수 있듯이, 이 풍자로 가득 한 소설은 모험심을 일깨우는 것과는 거리가 멀다. 그럼에도 최남선이 주도한 출판사인 신문관(新文館)에서는 『걸리버유람기』가 모험소설, 그것도 대한의 희망인 소년들의 바다를 향한 정신을 고취할 수 있는 소설로 읽히기를 기대했던 것이다. 그 기대가 충족되었는지 여부는 예단할 수 없다. 아마도 걸리버의 모험이 '야만인'을 길들여 자신의 종복으로 삼고 그 위에 군림하게 되는 로빈슨 크루소의 '성공 스토리'와 분명이 구별된다는 점을 독자들은 알아챘을 것이다.

1900년대 말 번역을 통해 바다를 건너 한국에 상륙한 『걸리버여행기』는 이렇게 본래의 모습과 확연하게 다른 버전으로 유통되었던 것이다. 원전이 지닌 '신중하고 심오하며 암울한' 풍자와 위트가 무차별적으로 삭제된 채 모험정신과 바다의 상상력을 고취하는 계몽서로 변형된 『걸리버여행기』의 운명은 근대계몽기 번역(또는 번안)의 현실을 상징적으로 보여주는 하나의 지표라 해도 지나치지 않다. 이를 통해 우리는 문명국에서 생산된 모든 것을 계몽의 열정으로 끌어안고 이를 번역을 통해 전파함으로써 문명의 사상을 고취하고자 했던, 최남선으로 대표되는 지식 청년들의 딜레마를 상상할 수 있을 것이다.

계몽지식인 최남선에게 바다는 세계와 경쟁하여 이겨할 할 우리에게 광활한 '운동장'이자 문명의 통로였다. 바다를 지휘하는 자만이 세계를 지배할 수 있을 것이라는 신념에 사로잡힌 그에게 바다를 제재로 한 소설은 소년들을 문명의 사상으로 견인할 수 있는 일종의 '교과서'였다. 그런데 걸리버에게 바다는 문명의 심장부인 영국과 영국의 지도층을 비판하고 풍자할 수 있는 '반문명적 상상'의 통로가 아닌가. 그렇다면 어떻게 할 것인가. 『걸리버여행기』를 재편집하여 「소인국표류기」와 「대인국표류기」로, 그리고 이것을 하나로 묶은 『걸리버유람기』라는 '모험소설'로 바꾸는 수밖에 없었을 것이다. 이러한 '조작의 과정'을 거쳐 영국문학사의 '위대한 풍자의 시대'가 낳은 이 걸출한 소설은 '온갖 기기묘묘한 흥미'를 갖춘 소설로 그 모습이 바뀌어 계몽의 품에 안기게 되었던 것이다. 이를 두고 그저 '번역의 운명'이라고만 말할 수 있을까.

번역이 몰고 온 공포와 전율

『월남망국사』의 번역과 '말년 / 망국'의 상상

1. 월남의 '망국'과 기억의 재생산

1905년 일본 요코하마에서 청말의 저명한 개혁사상가이자 문인이기도 했던 량치차오(梁啓超, 1873~1929)와 베트남의 대표적인 독립운동가 판 보이 차우(潘佩珠, 1867~1940)가 만난다. 열강의 세력 다툼의 소용돌이 속에서 반식민지로 전락한 청나라를 떠나 망명생활을 하고 있던 량치차오는 왕성한 저술활동을 통해 새로운 중국을 꿈꾸고 있었으며, 이미 1883년에 프랑스의 식민지로 떨어진 베트남의 혁명가 판 보이 차우는 자금과 무기를 얻기 위해 일본과 중국을 오가며 동분서주하고 있었다. 어느 날, 어렵사리 얼굴을 대면한 그들은 날이 새는 줄도 모르고 얘기를 나눈다. 식민지 베트남의 현실에 대해서, 중국이 현재의 위기에 직면한 위기에 대해서, 일본은 무엇을 어떻게 할 것인가에 대해서, 그리고 조선은 장차 어떤 길을 갈 것인가에 대해서.

둘 사이에 오고간 얘기를 일종의 '대담집' 형식으로 묶은 『월남망국사』가 간행된 것은 1905년 9월 중국 상하이에서였다. 1905년이라면 '을사조약'과 함께 망국의 위기감이 현실로 다가오고 있던 시점이다. 80여 면에 불과한 이 책에서 두 망명객의 착잡한 심경과 고뇌를 읽어내기란 어렵지 않다. 그들의 고뇌가 결코 '남의 얘기'가 아니라는 것을 절감하지 않을 수 없었을 한국의 지식인들은 이 책자에 적잖은 관심을 보인다. 그리고 1년 후, 지식인들 사이에서만 떠돌던 이 책이 『황성신문』을 통해 선을 보인다. '소남자'의 망국의 기억을 부분 연재한 것이었다.[69]

일부 번역만으로는 부족하다고 생각해서였을까. 그로부터 두 달이 지난 1906년 11월, 근대계몽기의 저명한 번역가이자 저술가이기도 했던 현채(玄采, 1856~1925)가 이 책을 국한문체로 번역하여 독자들의 폭넓은 호응을 얻는다. 이어서 1907년 말에는 현채의 국한문본을 순국문으로 다시 번역한 『월남망국사』가 간행된다. 번역자는 주시경(周時經, 1876~1914)과 이상익(李相益, 1881~?)이었다.[70] '주시경본'과 '이상익본'은 표기법이나 내용의 가감 등 차이를 보이긴 하지만, 큰 틀에서는 그렇게 달라 보이지 않는다. 어찌됐든 '을사조약'과 1907년의 '정미7조약' 등에 의해 망국의 수렁으로 빠져들고 있던 절체절명의 상황에서 번역된 『월남망국사』는 수많은 독자들을 사로잡는다. 적어도 1909년 새롭게 제정된 '출판법'에 의거, '사회의 안녕질서와 풍속을 저해한다'는 이유로 '금서'가 되기까지는 그러했다.

『월남망국사』가 금서목록에 올랐다는 것은 이 책의 영향력이 적지 않았다는 것을 반증한다. 계몽지식인들은 다투어 『월남망국사』에 대한

69) 『월남망국사』의 번역과 보급에 대한 상세한 내용은, 최기영, 「국역 『월남망국사』와 국권회복운동」, 『한국근대계몽운동연구』(일조각, 1997); 최기영, 「한말 천주교회와 『월남망국사』」, 『한국근대계몽사상연구』(일조각, 2003) 참조.

70) 여기에서는, 『역사전기소설』 5, 아세아문화사, 1979에 영인된 세 개의 『월남망국사』를 기본 텍스트로 삼는다. 이하에서는 각각 '현채본' '주시경본' '이상익본'이라 부르기로 한다.

서평을 신문과 잡지 등 인쇄매체에 실었으며, 그―중에는 논쟁적인 성격을 띤 글도 찾아볼 수 있다. 이들 자료를 바탕으로 하여 씌어진 이 글에서 우리는 계몽지식인들이 『월남망국사』를 번역・발간한 의도와 번역 문체의 특징, 『경향신문』이 『월남망국사』를 비판한 내용과 그 이유, 그리고 '망국사 / 말년사' 번역이 몰고온 공포와 전율의 진폭 등을 볼 수 있을 것이다.

2. 『월남망국사』의 발간 의도와 문체의 특징

『월남망국사』는 적어도 네 개의 판본이 함께 읽히고 있었다. 량치차오가 상해에서 발간한 한문본, 현채가 번역한 국한문본, 그리고 주시경의 국문본과 이상익의 국문본이 그것이다. 이를 통해 우리는 『월남망국사』가 다양한 독자층을 아우르고 있었다는 것을 미루어 짐작할 수 있다. 그렇다면 『월남망국사』가 지닌 의미는 무엇이었을까. 바꿔 말해 월남의 망명객 '소남자'의 얘기를 기술한 량치차오의 '의도'는 무엇이었을까. 그리고 상해에서 간행된 『월남망국사』를 국한문체와 국문체로 번역한 사람들의 '저의'는 어디에 있었을까. 이를 파악하기 위해 그들이 쓴 '서(序)'를 보기로 하자. 먼저 량치차오는 이렇게 말한다.

> 세계에 공평한 이치가 어디 있으리오. 오직 강한 권세밖에 없도다. 사기에 나라 이름이 천이나 되던 것이 이제는 남은 나라가 수십뿐이라. 이 남은 수십 나라 중에도 위태하여 망할 지경에 이른 나라가 열에 일여덟이요, 또 이 망할 지경에 이른 나라들이 다 우리나라와 멀지 아니하고 개와 닭의 소리가 서로 들리는 이웃나라들이더니 이제 이런 나라들이 어디 있느뇨. 수십 년 동안 그 나라

의 사직들은 다 없어지고 궁궐들은 못이 되어 아침에는 이슬만 젖어 눈물이 흐르는 것 같고 저녁에는 안개만 끼어 기가 막히는 것 같이 참혹한 정경만 띠었도다. 근일에 월남 망명객 소남자가 내게 와서 그 나라 사정을 말하여 나로 하여금 눈물이 흘러 애통함을 깨닫지 못하게 하는도다. 그러나 내가 나를 애통치 아니하고 남을 애통하는지 다른 사람이 장차 또 나를 애통할지라. 오직 원하노니 우리나라 사람들은 이 책을 스스로 슬퍼하는 마음을 변하여 스스로 두려워하는 마음을 내면 우리나라가 혹 위태함을 면하고 차차 될 바가 있으리라.(현대어 표기 및 강조는 인용자)

량치차오에 따르면 세상에는 '강한 권세'만 있을 뿐 '공평한 이치'는 찾아볼 수가 없다. 강대국이 약소국을 침탈하여 자기의 영토로 삼는 것은 시대의 도도한 흐름을 반영한 것에 지나지 않는다. 이른바 '사회진화론'으로 무장한 서구는 근대화에 도달하지 못한 비서구 세계를 '야만'이나 '반개화' 족속으로 규정함으로써 그들의 지배를 정당화한다. 이런 상황에서 '망국'이 속출하는 것은 어찌 보면 당연한 일이다. 서구에 의한 비서구의 지배, 즉 망국의 공포가 시시각각 현실로 다가오고 있다는 것을 량치차오는 '소남자'의 얘기를 들으면서 절감하고 있었다. 그는 "개와 닭의 소리가 서로 들리는 이웃나라"가 망국의 참혹한 정경에 빠져 있는 상황에서 동병상련의 슬픔을 강대국에 대한 공포(두려움)로 바꾸어 심기일전할 것을 촉구한다.

약육강식과 적자생존이 '공리'로 통하는 세상에서 분발하지 않으면 우리도 월남처럼 노예 상태로 전락하고야 말 것이라는 공포의 수사를 우리는 곳곳에서 찾아볼 수 있다. 또 다른 서문에서 안종화(安種和, 1860~1924)는 이렇게 경고하고 있다.

세계가 날로 열리고 인문이 날로 진보하매, 포탄 연기와 약육강식의 소식이 서방에서 날마다 들려오니, 이 때를 당하여 나라를 가진 자가 어찌 삼가고 두려워하며 스스로 보존할 것을 도모하지 않으리오. 『월남망국사』는 근래 망명객의 손에서 나왔는데, 같은 시대를 사는 천하의 뜻있는 군자들이 책을 펴고 탄식하지 않음이 없다. 만약 월남의 군신들이 內修를 阮福映(완왕조를 세운 인물)처럼 하고 外攘을 陳國峻(진왕조 때 몽고의 침입에 대항해 전쟁을 승리로 이끄는 데 결정적인 공헌을 한 인물)처럼 하였다면, 프랑스인들이 조약을 강요하는 데까지 이르렀겠는가. 사람은 죽고 정치는 종식되어 霸業은 아득하기만 하니 월남 5천리에 크고 괴걸차고 빼어난 기운이 끝내 하늘의 뜬구름과 함께 사라져버렸다. 오직 월땅의 한구석 외로운 성에 보잘것없는 조정만이 구차하게 존재할 뿐이다. 아! **나라는 반드시 스스로 공격한 뒤에 남이 공격하며, 사람은 반드시 스스로 업신여긴 뒤에 남이 업신여긴다. 나라를 황제로 칭하며 스스로 속이었으니 예전엔 어찌 그리 오만하였던가. 움직이거나 음식을 먹는 데도 남의 안색을 살피니 지금은 어찌 그리 고달픈가. 오나라를 멸망시킬 계책이 없고 프랑스에 아첨하다가 도리어 재앙을 당하였다. 지난날의 자취를 생각하노라니 슬픔에 슬픔이 더한다.** 하나는 월남인이 스스로 멸망한 것을 슬퍼하고 또 하나는 프랑스인의 은혜 적음을 슬퍼하며, 또 白堂子가 『월남망국사』를 번역한 뜻을 슬퍼하노라.(현대어 표기 및 강조는 인용자)

"세계가 날로 열리고 인문이 날로 진보하"는 이른바 문명개화의 시대에 "포탄 연기와 약육강식"이 판을 치는 당혹스러운 현상을 어떻게 이해해야 할 것인가. 그리고 그것이 시대의 대세라면 조만간 잡아먹힐 수도 있는 '약소국'은 어떻게 해야 할 것인가. 방법은 "삼가고 두려워하며 스스로 보존할 것을 도모"는 것밖에 없다. 이 대목에서 외부의 압력이 초래한 공포의 강도를 충분히 알아차릴 수 있거니와, 안종화는 월남처럼 망국의 나락으로 떨어지지 않기 위해서는 먼저 남을 공격해야 하고, 자존감(自尊感)을 확보해야 하며, 스스로 오만하지 않아야 한다고 역설한다. 그 길을 알려주는 '등불'이 『월남망국사』이며, 월남을 타산지석으로 삼아 조선의 살 길을 모색해야 한다는 것이다.

그러나 이러다 보면 폭력이 폭력을 낳는 악순환의 고리가 이어질 수밖에 없다. 물론 폭력의 진원지는 서구, 정확히 말하자면 자본의 논리를 충실하게 따르는 근대국민국가의 욕망이다. 서구가 그랬고 일본이 그랬듯이 국민국가의 길로 나아가야 한다는 당위적인 논리가 현상할 터전이 지극히 협소한 상황에서, '대한제국'의 계몽지식인들은 깊은 탄식을 연발하지 않을 수 없었다. 그리고 그들의 슬픔에 기름을 부은 것이 바로 『월남망국사』였다는 것을 노익형의 서문은 선명하게 보여준다.

> 슬프다. 백여년래로 서양의 강성한 형세가 조수 밀듯 구름 닫듯 동편으로 덮어옴에 아시아 여러 지방이 거진 다 나라는 망하고 인민은 노예가 되는지라. 그 화가 점점 극하여 우리나라에서 남편으로 바라보이는 월남국까지 불란서 사람에게 망하고 우리나라에서 북편으로 접한 동만주에는 아라사가 군항을 배설하니 이때에 독립권을 보전하는 자는 대한과 일본과 청국뿐이라. 그러나 이 세 나라도 조금만 잘못하면 몇 시각에 못되어 마저 백인종에게 멸함을 당할지라. 원수가 눈앞에 이르고 덜미에 있거늘 우리나라와 청국은 스스로 눈이 멀고 생각이 막혀 정사를 잡은 관원들은 사사 욕심으로 백성이나 압제하고 긁어다가 호광과 교만이 극진하고 당패를 지어 권리다툼만 일삼고 그 외 백성들은 무식하고 어리석어 외국의 형세가 이렇게 급한지 아니한지 아무것도 모르고 새 일을 시작하자는 말만 들어도 큰 변괸 줄로만 알고 전에 행하는 버릇만 좋아하여 눈도 코도 없는 달걀같이 움질거리면서 내 나라 일을 내가 잘하여 안으로는 국권을 튼튼히 하고 밖으로는 외국 형세를 막고자 하는 생각은 도무지 없는지라. (…중략…) 월남이 망한 사기는 우리에게 극히 경계될 만한 일이라. 그러나 이제 우리나라 사람들이 무론 귀천남녀로소하고 다 이런 일을 알아야 크게 경계되며 시세의 크고 깊은 사실을 깨달아 우리가 다 어떻게 하여야 이 환란 속에서 생명을 보전할지 생각이 나리라. 이러므로 한문을 모르는 이들도 이 일을 다 보게 하려고 우리 서관에서 이같이 순국문으로 번역하여 전파하노라.(현대어 표기 및 강조는 인용자)

『월남망국사』을 순국문으로 번역・발간하는 의도가 분명하게 드러나 있는 이 글에서 출판업자 노익형은 한・중・일 삼국이 모두 백인종에게 멸망을 당하고 말 것이라는 점을 표나게 강조하고 있다. 그렇다면 동양 삼국이 멸망의 위기에 처하게 된 이유는 무엇인가. 노익형에 따르면 그것은 "스스로 눈이 멀고 생각이 막혀 정사를 잡은 관원들은 사사 욕심으로 백성이나 압제"하며, "백성들은 무식하고 어리석어 외국의 형세가 이렇게 급진한" 줄을 전혀 모른 채 안주하고 있기 때문이다. 요컨대 "내 나라 일을 내가 잘하여 안으로는 국권을 튼튼히 하고 밖으로는 외국 형세를 막고자 하는 생각은 도무지 없는" 상태에 처해 있는 것이다.

이처럼 『월남망국사』의 서문에는 당대 지식인의 위기의식이 선명하게 드러나 있는데, 그것은 '지금 분발하지 않는다면 우리도 언젠가는 월남처럼 망국의 설움을 당할 것'이라는 공포의 수사학을 동반하고 있다. 결국 『월남망국사』를 번역하고 다양한 루트를 통하여 보급한 의도는 막연한 예감이 아니라 바로 이웃나라에서 그 공포가 어떻게 현실화하고 있는지를 들려줌으로써 '국민적 결속'을 촉구하는 데 있었다고 할 수 있을 것이다. 폴란드의 멸망 과정을 다룬 『파란말년사』나 이집트의 쇠망(衰亡)을 기술한 『애급근세사』 등을 읽을 때와 『월남망국사』를 읽을 때 독자들이 갖는 감각은 분명히 달랐을 것이다.[71] 그것은 약육강식의 논리가 논리를 넘어 현실로 다가오고 있다는 것을 '이웃나라' 월남의 사례를 통해 확연하게 실감할 수 있었을 터이기 때문이다.

『월남망국사』가 한문본, 국한문본, 국문본 등 여러 문체로 발간된 것도 이러한 실감을 보다 많은 독자들에게 전파하기 위해서였을 것이다. 즉, 이웃나라의 경험을 각계각층의 독자들에게 전달함으로써 공포의 기

71) 참고로 일본인 澁江甫이 쓰고 魚瑢善이 번역한 『파란말년사』(塔印社, 1899)의 '序'를 보면 다음과 같다. "爾來百餘年間에 世人이 다 波蘭國의 分裂됨을 哀憐ᄒᆞ야 露西亞의 專橫無厭ᄒᆞᆫ 貪慾과 普魯士의 反覆無信ᄒᆞᆫ 譎計와 墺地利의 惟利是取ᄒᆞᄂᆞᆫ 行爲를 忿怒唾罵ᄒᆞ며 ᄯᅩ 英·法 等 歐洲諸國이 冷淡看過ᄒᆞ야 救難濟急ᄒᆞᄂᆞᆫ 高義의 無ᄒᆞᆷ을 譏刺責難ᄒᆞ되 至於波蘭人ᄒᆞ야ᄂᆞᆫ 其不忠不義ᄒᆞ다가 亡國ᄒᆞᆫ 苛責深誅ᄒᆞᄂᆞᆫ 者ㅣ 無ᄒᆞ니 此ᄂᆞᆫ 當時 慘毒ᄒᆞᆫ 事情을 見ᄒᆞ고 容恕ᄒᆞᄂᆞᆫ 厚意라. 然ᄒᆞ나 **波蘭國은 波蘭人이 自亡ᄒᆞᆷ이오 露·普·墺 三國이 亡케 ᄒᆞᆷ은 아니라. 大抵 邦國은 반다시 自伐ᄒᆞᆫ 後에 人이 伐ᄒᆞᄂᆞ니 向者에 波蘭國으로 ᄒᆞ여곰 可乘ᄒᆞᆯ 機隙이 無ᄒᆞ엿던들 彼三國者의 虎視之威와 狼噬之計가 비록 耽耽ᄒᆞ나 何處ᄅᆞᆯ 從ᄒᆞ야 下手ᄒᆞ리오. 嗚呼라, 波蘭臣民이 其罪ᄅᆞᆯ 免치 못ᄒᆞ리로다.**(강조는 인용자)

억을 공유하게 하고 나아가 '국민'의 결속을 다지려는 의지가 문체의 선택에서도 그대로 드러나는 것이다.72)

먼저 『월남망국사』의 문체가 어떠한지를 현채의 국한문본과 주시경의 국문본 및 이상익의 국문본을 통해 보기로 하자.

①또法人의一法이有ᄒᆞ니, 곳民家女ᄅᆞᆯ劫迫ᄒᆞ야入娼ᄒᆞᄂᆞᆫ事라 法人이各都會城廂處에, 다娼樓ᄅᆞᆯ設ᄒᆞ고妓女稅ᄅᆞᆯ徵ᄒᆞᆯᄉᆡ其稅가三等에分ᄒᆞ니上等은每年三十元이오中下等은此ᄅᆞᆯ擬ᄒᆞ야降殺ᄒᆞ고黃紙一片을給與ᄒᆞ미法文印記가有ᄒᆞ야此紙가有ᄒᆞᆫ後에야, 비로소賣藝ᄒᆞ니此等女人은 遊惰, 無業ᄒᆞ고烟花生涯라. 實로人間에極賤品이니稅錢을重取ᄒᆞᆷ도, 또ᄒᆞᆫ可커니와, 다만法人의所爲ᄂᆞᆫ此와大異ᄒᆞ야每夜에巡警兵으로ᄒᆞ야곰娼樓에偵探ᄒᆞ야黃紙牌가無ᄒᆞ고男子ᄅᆞᆯ私引ᄒᆞᄂᆞᆫ者ᄂᆞᆫ刑曹에押赴ᄒᆞ야重罰ᄒᆞ고其女ᄂᆞᆫ其本銀을納ᄒᆞ되巡警兵이娼樓稅ᄅᆞᆯ多得ᄒᆞ면重賞이有ᄒᆞᆫ지라, 이에巡警兵이乘風, 生事ᄒᆞ야人家에零丁寡婦와流落孤娘에父母兄弟가無ᄒᆞᆫ者ᄂᆞᆫ黑夜에其家에攔入ᄒᆞ야養漢偸姦ᄒᆞᆫ다稱ᄒᆞ고恐喝이無所不至ᄒᆞᄂᆞᆫ지라 彼孤窮無依ᄒᆞᆫ女子流가申訴處가無ᄒᆞ고, 또雷霆의 威ᄅᆞᆯ怯ᄒᆞ야, 곳欷唏, 忍淚ᄒᆞ고黃紙ᄅᆞᆯ乞領ᄒᆞ니從此로明明白白ᄒᆞᆫ良人이, 곳賤妓場中에入ᄒᆞ야生活을求ᄒᆞᄂᆞᆫ지라 自此로娼樓稅ᄂᆞᆫ日加ᄒᆞ고巡警의聲勢가愈大ᄒᆞ니嗟乎라黃紙가一番其膚에貼ᄒᆞ면, 곳終身토록地獄에落ᄒᆞᆫ지라. 零丁弱婦가何罪ᄅᆞᆯ得ᄒᆞ야如此히奇慘ᄒᆞᆫ事ᄅᆞᆯ遭ᄒᆞᆫ고('현채본')

②또 법국사람이 각도각군에 기생집을 만히설시ᄒᆞ고 월남사[람]의 녀ᄌᆞ를 쎽이셔 기생에 들이고 셰금을 밧는ᄃᆡ 해마다 ᄆᆡ년에 상등은 삼십환이요 즁등과 하등은 이보다 ᄎᆞᄎᆞ적게밧고 누른조희 표지에 법국사람 도장을쳐셔주고 밤마다 순포를보내여 누른표지 업는녀ᄌᆞ가 오입하면 법ᄉᆞ로 잡아다가 즁벌ᄒᆞ니 이에 순포의 긔셰가 ᄆᆡᆼ렬ᄒᆞ여 무ᄉᆞᄒᆞᆫ 평ᄃᆡ에 풍파를 닐으켜 밤즁에 졂은 과부 외로은 시악시 잇는집에 ᄯᅱ여들어가셔 빅ᄃᆡ에 업는죄를 잡아간음ᄒᆞᆫ다고 벽력ᄀᆞᆺ치 공갈ᄒᆞ고 위협ᄒᆞ매 이일을당ᄒᆞ는 녀ᄌᆞ들이 무셥고 원통ᄒᆞ나 호소ᄒᆞᆯ 곳이 업서 눈물을흘니며 누른표지 밧기를 애걸ᄒᆞ여 명ᄇᆡᆨᄒᆞᆫ 량민의녀ᄌᆞ들이 극히천루ᄒᆞᆫ 기생이 되니 일노브터 순포의셩셰가 더욱 ᄆᆡᆼ렬ᄒᆞ여가고 기생수가

72) 근대계몽기의 언어질서와 문체에 관해서는, 정선태, 『근대의 어둠을 응시하는 고양이의 시선—문학 · 번역 · 사상』(소명출판, 2006), 27~31면 참조.

날마다 늘어 셰금이 졈졈 만하지니 슬프다 누른표지가 ᄒᆞᆫ번몸에 붓ᄒᆞ면 죵신 토록 디옥에 ᄯᅥ러지니 명빅ᄒᆞᆫ녀ᄌᆞ들이 무슨죄로 이러케 참혹ᄒᆞᆫ일을 당ᄒᆞᄂᆞ뇨 ('주시경본')

③ ᄯᅩ, 법인의한법이잇스니, 각도회처에, 청루방을ᄭᅮᆷ이고, 미간에려염집, 처녀를, 붓드러다가, 기싱을만들고, 셰를밧되, 삼등을분별ᄒᆞ얏스니, 샹등은, ᄆᆡ년에삼십원이오, 즁등은샹등보다, 죠곰적게ᄒᆞ고, 하등은즁등보다, 젹게ᄒᆞ며, ᄯᅩ 누른죠희에, 법국글자로쓰고 법인의인을쳐서, 한쟝식쥬니, 이표지가잇슨후에, 오입하게하고, 밤마다, 순경병을노와, 졍탐ᄒᆞᄂᆞᆫᄃᆡ, 만일, 그표지가, 업시, 남ᄌᆞ를, 통간ᄒᆞᄂᆞᆫ쟈ᄂᆞᆫ, 형됴로, 잡아다가, 즁벌ᄒᆞ고, 기싱셰를밧ᄂᆞᆫᄃᆡ, 순경병이, 그 셰를마니밧으면, 곳즁상이잇ᄂᆞᆫ지라, 이에, 순경병들이, 법인의셰력을밋고, 횡힝ᄒᆞ되, 부모형뎨도업시, 외로히사ᄂᆞᆫ, 과부의집에, 돌입ᄒᆞ야, 몰ᄂᆡ남ᄌᆞ와, 통간ᄒᆞᄂᆞᆫ기집이라ᄒᆞ고, 달녀들며, 욕셜로, 구박이자심ᄒᆞ니, 외롭고불샹ᄒᆞᆫ져녀ᄌᆞ여, 누가말한마듸ᄒᆞ야줄가, ᄋᆡᄆᆡ히, 이런변을당ᄒᆞ나, 호소ᄒᆞᆯ곳이바이업고, 무셔운 마음에, 차마죽든못ᄒᆞ고, 눈물을ᄲᅮ리며, 표지한장을달나고, ᄋᆡ걸ᄒᆞ니, 일노부터, 명명빅빅히, ᄋᆡᄆᆡᄒᆞᆫ녀ᄌᆞ가, 곳청루방으로ᄭᅳᆯ녀가셔, 쳔기가되야, 살기를구ᄒᆞᄂᆞᆫ지라, 이에, 기싱셰ᄂᆞᆫ, 날마다더ᄒᆞ고, 순경병의셩셰ᄂᆞᆫ, 졈졈크니, 슬푸다, 표지한장이, 곳죵신증역이라, 외롭고불샹ᄒᆞᆫ과부가, 무슨죄로, 이갓치참혹ᄒᆞᆫ일을, 당하는가 ('이상익본')

①의 문체는 『황성신문』 『대한매일신보』(국한문본) 등 신문을 비롯하여 각종 학회지에서 볼 수 있는 것과 크게 다르지 않으며, 이는 일정 정도 한문 이해능력을 갖춘 지식대중들을 대상으로 한 것이었다. ②와 ③의 문체는 당시 발행되던 『제국신문』 『경향신문』 등 국문신문과 일부 교과서 및 신소설에서 주로 볼 수 있는 것으로, 한글 독해 능력이 있는 일반대중들을 대상으로 한 것이었다.

그런데 량치차오가 저술한 한문본과 현채가 번역한 국한문본을 저본으로 하여 번역한 ②와 ③은 세 가지 점에서 차이를 보인다. 첫째, ②가 구두점(쉼표)를 전혀 사용하고 있는 않는 데 비해 ③에서는 띄어쓰기 대신 곳곳에 쉼표를 사용하고 있다는 점이 다르다. 둘째, 전체적인 내용은 별반 다르지 않지만 어휘의 선택에서는 적잖은 차이를 보인다. '기생집을 많이 설시하고'를 '청루방을 꾸미고'로, '법국 사람 도장을 쳐서'를 '법인의 인(印)을 쳐서'로, '순포를 보내어'를 '순경병을 놓아' 등이 그 예이다. 셋째, ②가 의역에 가깝다면 ③이 직역에 가깝다는 점이다. ③에서 쉼표를 자주 사용하는 것도 번역자의 태도와 관련이 있을 것이다.[73]

이렇듯 서로 다른 문체로 이 책을 번역·간행한 이유는 무엇일까. 여기에는 앞에서도 말했듯 보다 많은 독자를 확보함으로써 '망국의 공포'를 전파하려는 의도가 놓여 있다. 신문이나 소설 등 인쇄물이 근대적 국민을 형성하는 데 중요한 기여를 했다는 점은 베네딕트 앤더슨에 의해서 밝혀진 바와 같은데,[74] 이처럼 『월남망국사』가 여러 문체로 거의 동시에 간행되었다는 사실을 통해 계몽지식인들이 이 책에 어떤 의미를 부여했는지를 알 수 있다.

3. 『월남망국사』와 '망국 / 말년'이 몰고 온 공포

그렇다면 『월남망국사』의 파급효과 또는 '망국 / 말년'의 상상이 몰고 온 공포는 어느 정도였을까. '공포의 실감'을 입체적으로 파악하기 위해 『월남망국사』의 번역과 그 의미에 대하여 적지 않은 관심을 표명했던 『대한매일신보』의 '망국 담론'을 소략하나마 재구성해 볼 필요가 있다.

먼저 '東洋黃種人 一粟子'의 글을 보면 『월남망국사』가 몰고온 공포

73) 번역 과정과 그 차이에 관해서는 보다 어학적인 측면에서 실증적으로 연구할 필요가 있을 것이다.

74) 베네딕트 앤더슨, 『상상의 공동체－민족주의의 기원과 전파에 대한 성찰』(윤형숙 역, 나남출판, 2002) 제2장 참조.

의 강도를 가늠할 수 있다.

> 不佞이 嘗讀越南亡國史라가 不覺拍案大呌ᄒᆞ며 仰天長吁하고 繼以流涕終日者矣라. 嗟乎越南이 非吾同洲之國이며 其民이 非吾同種之人耶아. 今乃何顧辜于天하야 被他種之蹂躪이 如彼其慘이며 受他種之殘虐이 如彼其毒고. 孰謂斯世에 人理之或存이며 天道之可問耶아. 噫嘻悲夫라. 吾不忍讀此矣오 亦不忍◯矣로다. 漢陽諸姬를 皆實盡之는 晉文之所恥也요, 江國이 破滅에 爲之素服撤樂은 秦穆之所自懼也어늘, 願我東方諸國이 對此越南之慘狀하야 果無一個英雄이 爲之仗義宣言하야 拯出此同種於水深火熱지中者耶아. 支那는 大國이로되 萎靡不振에 腐敗已久하니 固無能爲役者矣요, 至若吾韓하야는 自保를 不能이어니 安用齒及이리오.[75]

여기에서 주목해야 할 것은 월남이 우리와 같은 주에 속한 나라라는 것, 그 백성이 우리와 같은 황인종이라는 것을 유독 강조하고 있다는 점이다. 이 글의 필자는 『월남망국사』를 읽고 다른 인종, 즉 백인종에 의한 황인종의 지배가 얼마나 참담하며, 그 잔학함이 얼마나 지독한가를 분명히 알았노라고 밝히고 있다. 이런 세상에 어찌 인도가 있고 천리가 있을 수 있겠는가. 동방의 여러 나라가 월남의 참상을 다시 겪지 않으려면 어떻게 해야 할 것인가. 그의 대답은 썩 부정적이다. 중국은 쇠진한 상태를 벗어나지 못하고 있으며, 대한은 스스로를 보전할 수 없는 지경에 처해 있다는 것이다. 이 글에는 머지않아 중국과 조선도 월남과 같은 상황에 처하고 말 것이라는 위기감이 짙게 배어 있다. 그러한 위기감은 다음과 같이 표현되기도 한다.

> 嗚呼라 大韓同胞여 此時가 何時며 此局이 何局고 世界万國이 爭雄圖伯之時也요, 海外列强이 虎鬪鯨呑之秋也라. 擧目山河에 愁雲慘瞻하고 回頭宇宙하니 悲歌一增하야 困難한 景況과 岌업한 形狀이 燒眉에 迫하고 累卵

75) 「寄書」, 『大韓每日申報』, 1907.6.14.

과 若하야 當今에 傍觀者도 憤激의 血이 沸할지며 後世讀史者도 慷慨의 淚를 落홀지어늘, 而況大韓國民된 者야 何其醉而不醒하며 夢而不覺也오.[76]

세계 만국이 경쟁하며 자웅을 겨루고, 해외 열강이 호랑이와 고래처럼 서로 싸우고 있는 시대 상황을 목도하면서 이 글의 필자는 참담함과 슬픔을 금치 못한다. 그는 분격(憤激)의 피와 비분강개의 눈물을 흘려도 모자라겠거늘 어찌 대한 국민된 자가 꿈 속을 헤매고 있을 수 있겠느냐며 질타한다. 『월남망국사』가 몰고 온 공포는 다음과 같은 '불길한' 예감으로 이어진다.

만일 一朝에 移費를 受하고 該地를 退去하더라도 其所向은 韓國領土內라. 彼無理無厭한 外人은 數多한 軍隊를 駐屯하야 擧國手足을 益縛하고 一步又一步하면 畢竟三千里 疆域을 囊하는 根據地가 此一片區內에 元始할 터이니, 此時는 越南의 覆轍과 波蘭의 慘狀을 難免할지라. 大抵人類가 一生一死는 皆有할 뿐 不是라, 今에 移去他處도 暫時區區偸生함에 不過한則與其死之同一으론 寧若仗義守之리오. 故로 當此地頭하야 最後行動은 人民의 必死之熱血을 鼓發하야 비록 寸土千金이라도 不避하야 宗族의 永住할 領土를 保全함에 在하니 嗟乎同胞여, 死中有生을 其或知之否아.[77]

모든 인민이 죽음을 각오하고 '최후행동'에 나서지 않는다면 필경 월남이나 폴란드처럼 참상을 면하기 어려울 것이라는 진단이다. "유신사업이라 하는 것이 십구세기 이래로 서양의 영국이나 법국(法國)이나 덕국(德國)이나 미국이며 동양의 일본과 같이 융성케 하는 것이 유신사업인가, 파란(波蘭)이나 애급(埃及)이나 안남(安南=越南)과 같이 비참케 하는 것이 유신사업인가."[78] 대답은 분명하다. 이 글의 필자에 따르면, 스스로 지켜내지 못한다면 문명으로 위장한 열강은 군대를 파견하여 온 나

76) 「寄書」, 『大韓每日申報』, 1908.2.11.
77) 「寄書」, 『大韓每日申報』, 1907.6.30.
78) 「寄書」, 『大韓每日申報』, 1907.10.15.

라를 속박하고 급기야는 삼천리 강토를 자기 손아귀에 넣고 말 것이다. 월남의 망국이 이를 증명해주고 있지 않은가.

이러한 공포는 일본 제국에 의한 조선 침탈이 표면화하면서 더욱 구체적으로 다가온다. 1905년의 을사조약과 1907년의 정미7조약에 이어 이토 히로부미가 또다시 6개조를 상주(上奏)하였다는 소식을 접한 후, 조선의 미래에 망국 월남과 폴란드의 모습이 자꾸만 겹쳐진다.

> 近日에 伊藤氏가 六條件을 上奏하였다는 風說이 閭巷에 喧傳하매 一般韓人同胞들이 胸에 疑雲이 塞하며 眼에 霧花가 亂하야 曰, 此又何事件인가 此又何事件인가. **法人이 越南에 行하던 法으로 我國에 行ᄒᆞ랴는가, 俄人이 波蘭을 待하던 例로 我民을 待하랴는가 하야 紛紛相告語하는 狀態가 甚是悲悶하도다. 嗚乎 韓人아 聞見이 何其淺하며 智識이 何其短한가.** 來頭事項이 六條件 같은 것이 幾百番될는지 幾千番될는지 不知어늘, 韓人은 尙且 此를 不信하가. 尙且 此를 不悟하는. 大抵 某國을 勿論하고 國權을 旣失한 以後에는 人民이 人民이 아니라 牛馬와 同類며, 國家가 國家가 아니라 地獄과 一般이며, 아모리 有眼有耳하나 盲聾된 廢人이며, 아모리 有手有足하나 禁錮된 罪人이라.[79](강조는 인용자)

이 글의 필자 역시 망국 월남과 폴란드를 상기하라고 말한다. 그에 따르면 국권(國權)을 상실한 이후에는 인민이 인민이 아니라 소나 말과 다를 바가 없으며, 국가가 국가가 아니라 지옥이나 진배없고, 아무리 눈이 있고 귀가 있더라도 맹인이나 벙어리처럼 폐인(廢人)이 되고 말 것이며, 아무리 손이 있고 발이 있더라도 감옥에 갇힌 죄인과 마찬가지이다.

이처럼 『월남망국사』의 번역・발간과 함께 '망국의 공포'가 널리 확산되고 있었다. 이 시기 지식인들이 망국의 공포를 알린 이유에 대해서는 부언이 필요하지 않을 것이다. 망국 월남의 처참한 상황을 타산지석으로 삼아 국권을 보호하는 데 모든 국민이 나서야 한다는 당위성을 주

79) 「論說」, 『大韓每日申報』, 1908.5.1.

장하기 위해 공포의 수사를 동원했던 것이다.[80)]

『대한매일신보』는 물론 『황성신문』과 다른 대부분의 매체들이 이러한 공포의 수사학을 통해 국민의 결집을 요구하고 있는 상황에서, '공포 분위기 조성'에 이의를 제기하고 나선 사람이 있었다.

> 近者에 至하야 亡國亡國이라 하고 我國人民의 恒言으로 되얐으며 新刊한 冊子의 流行하는 것을 見하면 越南亡國史 又는 波蘭亡國史 等을 著述하야 反히 人民의 氣象을 縮殺하니 初等經營인즉 警戒할 것이로되 民氣는 落心千萬하니 警戒로 論하드라도 警戒만 하고 其向道를 開하야 與하지 아니하면 是는 窮盡氣로 民을 驅함이라.[81)]

김대희는 인민을 경계하기 위해서 망국을 지나치게 강조하는 것은 도리어 인민의 기상을 위축시키고 민기(民氣)를 현저하게 떨어뜨린다고 말하면서, 경계만 하고 가야 할 방향을 제시하지 못한다면 인민을 기진맥진한 상태로 내모는 것이나 다름 없다고 비판한다. 그러나 이러한 김대희의 비판은 하루가 다르게 망국의 시간으로 다가서고 있는 상황에서 그다지 힘을 발휘하지 못했던 듯하다. 그만큼 『월남망국사』를 위시한 망국 담론은 힘을 얻고 있었던 것이다.

---

80) 이 시기 외부로부터의 압력에 따른 위기상황을 돌파하기 위해 공포의 수사에 기대야 했던 계몽지식인들의 심정을 충분히 헤아릴 수는 있다. 그러나 문제는, 지난 군사독재 정권 시절에 우리가 경험했듯이, 내부의 불만을 잠재우기 위해 외부의 압력을 과장하고, 나아가 국민을 동원하기 위해 공포의 수사학이 전가의 보도처럼 사용될 수 있다는 점은 충분히 경계해야 할 것이다.

81) 金大熙, 『二十世紀朝鮮論』, 최병옥 발행, 1907; 최기영, 『한국근대계몽운동연구』, 52면에서 재인용.

4. '망국'을 바라보는 제국의 시선

그런데 '출판법'에 따라 『월남망국사』가 '금서'로 낙인찍혀 지하로 스며들기 전, 당시 천주교 기관지였던 『경향신문』은 '근래 나오는 책을 평론'이라는 서평란을 통해 17회에 걸쳐 대대적인 공세를 펼친다. 이유는 간단하다. 일주일에 한 번씩 발간한 『경향신문』의 발행인 겸 주필이 바로 프랑스인 신부 안세화(安世華, Florian Demange)였으며, 당연하게도 이 신문은 베트남을 지배하고 있는 프랑스인들과 프랑스의 종교로 인식되고 있던 카톨릭을 싸잡아 비판하는 『월망망국사』를 용납할 수가 없었을 것이다. '왜 일본은 조금 미워하고 법국(프랑스) 사람들만 증오하느냐'라는 게 이 신문의 반문이었다. '문명'의 은혜를 전파한다는 사명을 안고 '오지'에서 선교에 애쓰고 있는 사람들을 비난하느냐는 얘기인 셈이다. 더구나 전도하는 사람들까지 교회에서 이 책을 토대로 '찬미 예수'를 외치는 것을 어떻게 견딜 수가 있었겠는가. 『경향신문』은 이 책은 거짓으로 가득 찬 '소설'이자 천주교를 죽이려는 '독소'라고 선언한다.

'제국' 프랑스의 국민일 수밖에 없는 신부가 주도하는 신문의 집요하고도 신랄한 비판은 『월남망국사』의 영향력이 얼마나 컸는지를 반증한다. 굳이 영화 〈미션〉을 들먹이지 않아도 '기독교'와 '서양'이 공모하여 제국을 경영했다는 것은 누구나 아는 사실이다. 『월남망국사』의 저자들도 이 사실을 분명히 알고 있었다. '소남자'는 말한다.

> 우리나라가 망하기 전에 창귀(倀鬼 : 미친 귀신)된 자가 사사이익을 위하여 법국 사람을 인도하니 첫째는 천주교 하는 사람들이요, 둘째는 아첨하여 부동(附同)하는 무리들이라. 이 무리들이 임금이 사로잡히고 나라가 망할 줄을 어찌 미리 알며, 법국이 월남을 다 차지한 후에는 저의 무리들도 필경 법국사람들이 노예와 같이 보아 나라를 다 빼앗기 전에는 특별한 이익을 주고 부리다

가 이제는 그 이익을 다 빼앗으며 박대가 심한 중에 천주교인이 더욱 압제하여 어육을 만드는 고로, 천주교의 원망이 극진하여 영국 병선을 스스로 맞아들여 설분코자 하다가 일을 비밀히 하지 못함으로 법국사람에게 들켜서 잡혀 불에 타 죽은 자가 수백 명이 되니, 이 무리들은 다 전에 법국사람에게 아첨하여 붙은 자와 법국 관청에 고용하던 자들이 법국을 위하여 사냥개 노릇을 함에 ……. 82)

소남자는 월남이 망하는 과정에서 천주교의 역할이 지대했다는 것을 분명히 하고 있다. 즉 천주교 신자들과 아첨배들이 프랑스인을 이끌어 월남을 패망의 지경에 이르게 했다는 것이다. 이렇게 천추교를 비판하자 『경향신문』은 다음과 같이 반격한다.

똑똑히 증거하는 말을 들은즉, 근래에 예수교인들이 여러 지방에서 전도할 때에 제일 그 책을 풀어 찬미하여 극구 칭도하기를 이 책에 있는 말을 다 참말이라 하니, 그 책에 기록한 대로 안남에 법국 사람들이 다 괴악한 사람일지라도 예수교가 참 교요 천주교가 거짓 교 되는 빙거(憑據)는 아니어니와, 우리나라에 천주교사들이 법국인인즉 안남의 법국 사람들을 미워하게 하는 것이 우리나라 천주교를 미워하게 하는 것인 줄을 알겠고, 또 그 책을 예수교회장들이 팔게 하고 찬미하는도다. 이 책에도 일본을 미워하는 말이 있기는 있으나 진실로 일본에게 유익할 것은 우리나라 각 사람이 이 책을 본 후에 필경 스스로 생각하기를 일본이 우리나라에게 해로운 일을 하고 일병들이 시골서 백성에게 해를 많이 시키나 안남에서 법국 사람 하는 일에 비교하여든 오히려 적고 견디기도 쉬운 일이요, 일본이 우리나라에 있는 것이 참 우리에게 별로 해 될 것 없는 것이라 함이니, 이러므로 일인이나 일인을 좋아하는 사람들이 이 책을 보는 이가 많고 또 좋다 하는도다. 난리함으로 이긴 나라가 진 나라하고 약조함은 그 약조가 이 위의 약조와 매우 달라 진 나라가 난리 그치기를 위하여 청하는 것인고로 이긴 나라가 제일 제게 유익함만 전혀 도모하되 이는 본래 의리만 거스르고 도적하는 것은 아니니라. 법국과 안남이 난리함은 안남이 먼저 난리를 시작한 것이요, 얼마 동안을 서로 싸우다가 법국이 이김

82) 『월남망국사』(주시경본), 6~7면.

> 에 곧 안남에 들어가서 내 이익만 찾았으되 난리의 법 외에 한 일도 없었거니와 이후에도 말할 것과 같이 법국이 안남의 이익도 많이 돌아보았느니라. 법국이 혹 의리 없는 난리를 약한 안남하고 시작하였으면 참으로 힘 있는 도적놈의 행실이려니와 진실로 그렇지 아니한 줄을 알겠으니, 일로 인하여 법국이 안남에 들어간 것이 일본이 우리나라에 들어온 것과는 아주 다르도다.[83]

위 인용에서 주장하는 것은 다음 네 가지이다. 첫째, 『월남망국사』는 고의적으로 천주교를 폄하하고 있다. 당시 여러 교회에서 『월남망국사』를 판매하기도 했는데, 이것이야말로 천주교를 비난하려는 예수교(개신교-인용자) 측의 계략이라는 것이다. 둘째, 『월남망국사』를 즐겨 읽는 사람들은 일본이나 일본인을 좋아하는 사람들이다. 왜냐하면 일본인들이 조선에서 아무리 행악을 부려도 월남에서 프랑스인들이 저지른 짓에 비하면 상대적으로 낫다고 판단할 것이기 때문이다. 셋째, 프랑스가 월남을 차지한 것은 엄연히 국제법을 따른 것이며, 프랑스가 월남의 이익을 적잖게 돌보았다. 넷째, 프랑스가 월남으로 들어간 것과 일본이 조선에 들어온 것은 그 성격이 전혀 다르다.

이 지점에서 우리는 『월남망국사』를 둘러싼 개신교와 천주교의 갈등, 프랑스인의 일본인관, 제국주의적 지배의 합리화 등을 읽어낼 수 있거니와, 이는 번역된 『월남망국사』가 만만치 않은 문제들을 담고 있었다는 것을 뜻한다. 제국주의 프랑스가 월남에서 저지른 폭력과 수탈은 변명의 여지가 없을 것임에도, 『경향신문』은 개신교와 일본을 대립항으로 놓고 『월남망국사』의 논조를 비판하고 있는 것이다.

『월남망국사』가 월남에서 보여준 프랑스인의 폭력적인 행태, 예를 들어 프랑스 지배에 저항하는 월남의 의병을 부관참시하고 이도 모자라 저항하다 죽은 자의 시체를 찾아 내어 기름을 뿌려 태우고 그 재를 회오리 바람에 날려 보내는[84] 행태 등을 폭로하자 『경향신문』은 "이 책을

---

83) 「근래 나는 책을 평론」, 『경향신문』, 1908.5.1.

지은 사람이 여러 번 말하기를 법국인들이 가끔 무덤을 파서 시체를 내어버렸다 하였으되 그 말이 거짓말인 줄은 분명히 아나 더 똑똑히 알기 위하여 안남 사람에게 편지를 보내어 물어본즉 대답이 이런 일이 도무지 없으니 이런 말 하는 사람은 우리 안남국 사기를 모르는 이에게는 부끄러움 없이 이런 거짓말을 만들어 하였거니와 여기 안남에서는 그런 말을 못하겠"다며 프랑스인을 '변호'한다. 개화를 깊이 바라는 사람들이 어떻게 그런 야만적인 행위를 할 수 있겠느냐는 말이다.[85) 『경향신문』의 견해에 따르면, 공연히 프랑스인에 대한 증오심을 조장하기 위하여 이런 말을 지어낸 것에 지나지 않는다. 『경향신문』은 프랑스는 구습(舊習)에 젖어 부패와 타락으로 얼룩진 월남을 구원한 은인이라며 이렇게 말한다.

> 법국이 안남에 들어가기 전에 그 나라이 약한 연고를 상고하건대 동양 여러 나라와 같이 관리들의 협잡으로 백성이 가난하여 나라에 요긴한 힘이 없는 것이요, 법국이 안남으로 들어간 후에는 어떻게 되었는고. 이 책을 보니 협잡이 전과 같이 있고 협잡꾼이 안남 사람 대신으로 있었다 하였으니 이것도 부끄러움 없는 거짓말이라. (…중략…) **법국이 안남의 관리들을 보존하면서 의대로 하게도 하고 백성의 돈을 못 먹게 함으로 안남 백성에게 큰 은혜를 주었으니 그러므로 모든 안남 사람들이 말하기를 법국이 나옴으로부터 살기가 편하다 하느니라.**[86)(강조는 인용자)

84) 『월남망국사』(주시경본), 28~30면.
85) 「근래 나는 책을 평론」, 『경향신문』, 1908.4.17.
86) 「근래 나는 책을 평론」, 『경향신문』, 1908.5.29. 다음과 같은 구절도 같은 맥락에서 이해할 수 있을 것이다. "또 그 책에 말하기를 법국인 안남 사람은 안남에서 못 나가게 한다 하였으니 이것도 부끄러움 없이 거짓말하는 것이라. 곧 안남 사람들이 이제 마음대로 온 세상으로 나갈 만하고 서양으로 가는 배마다 서양에 가는 안남 사람이 있느니라. 또 이 책에 말하기를 법국인 안남 사람은 지식을 모르게 하고 재주 없는 짐승과 같이 되게 한다 하니 이것도 거짓말이라. 법국이 들어간 후에 전보다 학교가 십분이나 많고 그 학교에 한문과 국문 외에 서양과 같이 각 학문을 공부시키고 또 각 사람이 가난한 사람이라도 공부를 쉽게 하기 위하여 그 학교 부비를 백성이 도무지 상관할 것이 없고 공부하기 위하여 돈 낼 것이 없느니라."

이 뿐만 아니라 『월남망국사』는 '근대적'인 조세 제도의 도입으로 월남 백성들이 처해 있는 열악한 상황을 고발한다. 즉 "법국 사람이 나라를 차지한 후에 월남국을 열어줄 생각은 고사하고 모든 권리를 모두 붙들고 실끝만치도 나머지가 없어 백성의 기름과 피를 만단으로 토색하는 고로 월남 사람은 아침을 저녁에야 먹으니 이같이 지내면 몇해가 못되어 월남 사람은 의복과 음식이 없어 주려죽을" 지경에 처하게 되었다는 것이다.[87] 전토세, 인구세, 집세, 생사세(生死稅), 나루세, 문권세(文券稅), 인사잡세(人事雜稅), 배세[船稅], 상고세(商賈稅), 시전세(市廛稅), 염세(鹽稅)와 주세(酒稅), 절과 사당세, 공장세, 땅에 생기는 물건세, 담배밭세 등등 각종 세금에 의한 월남인의 착취는 이루 말할 수 없을 정도이다. 이에 대해서도 『경향신문』은 상세한 예를 들어가며 반론을 가한다.

> 책에서 말한 구실은 이 세상에서 낼 백성도 없고 받을 나라도 없을지라. 제일 부한 나라 미국이나 법국이나 영국이라도 그런 구실을 받치려면 인민이 살 수도 없고 낼 수도 없겠는데 하물며 안남 같은 가난한 나라 백성이 이런 돈을 어디서 얻어서 내겠으며, 또 법국이 그런 구실을 받으면 안남 사람이 다 벌써 한 겹에 굶어죽고 이때까지 남아 있을 인민이 없었으리니 이런 말은 참 너무 미련스럽도다.[88]
>
> 이러므로 각 동리가 땅의 구실을 얼마를 바치는지 알고 그 동리에 길이나 학교나 동리 백성에게 유익한 일을 하기 위하여 얼마를 정부에게 받는지 아는 고로 백성이 땅의 구실을 받치는데 한 손으로는 받치고 다른 손으로는 도로 받는 줄을 똑똑히 아는 고로 원망할 것이 없을 뿐 아니라 참으로 마음에 좋아서 받치는 것이라. 다른 구실은 요긴치 않은 물건이나 혹 공변되이 쓰지 않는 물건을 위하여 받는 것이니 곧 소주와 아편과 담배 같은 구실이라. 이런 구실은 바로 구실 모양으로 받는 것이 아니라 그 물건을 파는 사람이 정부에게 얼마를 받치는 고로 그 물건을 좀 비싸게 파느니라. 그런 구실이 각 나라에 다 있어 전에도 수세나 그런 잡세가 우리나라와 같이 있었으니 이러므로

---

87) 『월남망국사』(주시경본), 36면.
88) 「근래 나는 책을 평론」, 『경향신문』, 1908.6.5.

그 세를 세우는 것이 새 구실을 세우는 일이 아니요, 다만 그 구실을 협잡꾼이 못 먹게 하고 다 정부가 본 백성을 위하여 쓰게 하는 일이라.[89]

이처럼 『경향신문』은 철저하게 식민주의자의 시선으로 『월남망국사』를 바라보고 있다. 문명을 전파하여 고통에 찌든 월남의 백성들을 새로운 세계로 인도하기 위해 애쓰는 프랑스인들을 비난하는 이유는 이 책의 필자가 분노에 휩싸인 나머지 검은 안경을 쓴 것처럼 눈앞의 모든 것을 검게만 바라보았기 때문이라는 것이다. 여기에서 우리는 어떠한 소통의 가능성도 찾아볼 수 없다. 다만, 깊은 탄식과 죽이고야 말겠다는 저주만을 들을 수 있을 뿐이다. 망국 월남의 우국지사 소남자는 이렇게 말한다.

만사가 다 이 지경에 이른지라. **구차히 목숨을 보전하려고 마음에 부끄러움을 무릅쓰고 몸에 괴로움을 참으면서 기운을 펴지 못하고 만 한 마디도 마음대로 못하고 애를 쓰다가 필경은 물이 차차 말라죽는 고기같이 죽기는 일반인데 죽어도 이름이 없는지라. 이같이 구구히 죽는 것보다 오히려 용맹스럽게 죽고 쾌하게 죽으면 죽어도 이름이나 있을지라.** 구구히 죽는 것은 얼마큼 욕되고 천하며 쾌쾌히 죽는 것은 얼마큼 영화스럽고 귀하뇨. 하물며 우리 월남 오천만 사람이 동심합력하여 서로 죽기를 결단하고 월남 사람 만 명이 법국 사람 백명을 죽이고 (…중략…) **법국 사람이여 법국 사람이여, 위태하고 위태하도다. 법국 사람들을 죽일 날이 반드시 있으리로다.**[90](강조는 인용자)

---

89) 「근래 나는 책을 평론」, 『경향신문』, 1908.7.10.
90) 『월남망국사』(주시경본), 53면.

5. 에필로그

이 글을 시작하면서 보았듯이 『월남망국사』는 1909년 새롭게 제정된 '출판법'에 따라 '사회의 안녕질서와 풍속을 저해한다'는 이유로 금서가 되었다. 『월남망국사』가 폭넓게 일반독자층을 확보하고 있었을 뿐만 아니라 사립학교의 교과서로 채택되기도 했다는 점을 고려하면, 풍속을 몰라도 '안녕질서'에 심대한 타격을 가할 만했다는 것을 미루어 짐작할 수 있다.

번역자와 간행자의 의도는 망국을 눈앞에 둔 상황에서 저항의 그 불씨를 제공하는 데 있었을 터인데, '주시경본'의 서문에서 노익형은 그의 서문에서 "월남이 망한 사기는 우리에게 극히 경계될 만한 일이라. 그러나 이제 우리나라 사람들이 물론 귀천남녀노소하고 다 이런 일을 알아야 크게 경계되며 시세의 깊은 사실을 깨달아 우리가 다 어떻게 하여야 이 환란 속에서 생명을 보전할지 생각이 나리라. 이러므로 한문을 모르는 이들도 이 일을 다 보게 하려고 우리 서관에서 이같이 순국문으로 번역하여 전파하노라"라고 말한 바 있다. '반역'을 이끄는 '번역'! 그러나 한 권의 책이 '생명보존'을 위한 불길로 타오를 수도 있다는 것을 영악한 제국의 심복들이 몰랐을 리 만무하다. 어찌 이를 보고만 있을 수 있었겠는가.

어김없이 '망국'의 시점이 다가오고 있었다. 약육강식과 우승열패(優勝劣敗)의 논리가 지배하던 시대, 제국의 거친 숨결이 근대의 문턱에서 허우적대고 있던 조선을 엄습하고 있었던 것이다. 그 상황에서 아직 의식이 깨어 있던 조선인들은 『월남망국사』를 읽으며 무슨 생각을 했을까. 폴란드의 비참한 역사와 이집트의 고난에 찬 역사와 구별되는 이웃나라의 참담한 역사를 되짚으면서 어떤 감회에 젖었을까. '제국 일본'이 내세운 '아시아는 하나'라는 슬로건 아래 뭉칠 것인가, 아니면 기약 없는 힘겨운 싸움에 몸을 맡길 것인가라는 난제를 두고 고민을 거듭하지는 않았을까. 그 과정에서 그들은 '공포의 수사학'을 동원하여 국민의 결집을 호소했고, 일본 제국의 욕망에 저항하고자 했던 것이리라.

불행하게도 '제국의 욕망'은 아니 '근대의 폭력성'은 조선을 비껴가지 않았다. 그리고 신산한 망명의 계절, 많은 사람들은 황량한 벌판으로 발길을 옮겼다. 그들 중 많은 사람들은 '불귀의 객'이 되어 아직껏 어딘가에서 떠돌고 있을 것이다. 베트남의 망명객 '소남자'의 모습에 신채호의 얼굴이, 김구의 얼굴이, 여운형의 얼굴이 포개지는 것도 우연은 아닐 것이다. 이제 『대한매일신보』와 『경향신문』의 논평과 함께 『월남망국사』를 다시 읽으면서 그 의미를 되새길 때이다.

‖ **자료** ‖

‖ 근래 나는 책을 평론(1) 1908년 4월 10일 ‖ [91]

거년 오월에 월남망국사라는 책이 났으니 그때부터 우리나라에 그 책을 본 사람이 많도다. 이 책에는 어떤 월남(안남) 사람이 안남국이 법국에게 독립을 잃어버린 사기를 기록하노라 하고 법국 사람들이 안남 사람에게 혹독히 해하는 것을 말하였도다.

그 책은 신론이라 하나 참 이름을 하려면 신소설이라 하겠으니, 소설이라 하는 것은 참된 사실을 혹 가지고 하되 그 사정을 참 있는 대로 기록지 아니하고 쓰는 사람의 마음대로 기록하니, 이와 같이 이 책에 거짓말이 참말보다 더 많은 것을 이후에 낱낱이 증거하겠으나, 먼저 생각할 것이 세 가지가 있도다.

---

91) 이 자료는 『경향신문』, 1908년 3월 10일부터 5월 29일까지 총 17회에 걸쳐 연재되었다. 띄어쓰기 및 표기는 현대어법에 맞게 바로잡았으며, 보이지 않는 글자는 □표를 했다.

하나는 새로 나는 많은 책 중에서 어찌하여 이 책을 보는 이가 제일 많은고. 그 연고가 여러 가지 있으니, 연전에 일본이 우리나라에 한 일을 우리 인민의 원한이 골절에 사무치지 아닌 이가 없는지라. 아무 사람이든지 아프면 아픈 것을 물리쳐버리려 하고, 만일 버릴 수 없으면 다른 사람의 아픈 것을 생각하는 것이 제 아픈 것을 좀 쉽게 견디려 하는 모양과 같이, 우리가 일본 권세를 물리쳐버릴 수 없는 것을 당함으로 안남 사람들이 법국 권세를 물리쳐버릴 수 없는 것을 생각하여 우리 마음을 좀 푸는 모양이요,

또 이 책 지은 사람이 제 나라 사랑하는 마음으로 만들었는고로 저절로 사랑하고 찬미하는 것이요,

또 그 책이 여러 사람에게 유익하겠는 고로 그 사람이 팔게 하든지 혹 우리나라 사람들이 보는 것을 좋아하는도다.

똑똑히 증거하는 말을 들은즉, 근래에 예수교인들이 여러 지방에서 전도할 때에 제일 그 책을 풀어 찬미하여 극구 칭도하기를 이 책에 있는 말을 다 참말이라 하니, 그 책에 기록한 대로 안남에 법국 사람들이 다 괴악한 사람일지라도 예수교가 참 교요 천주교가 거짓 교 되는 빙거(憑據)는 아니어니와, 우리나라에 천주교사들이 법국인인즉 안남의 법국 사람들을 미워하게 하는 것이 우리나라 천주교를 미워하게 하는 것인 줄을 알겠고, 또 그 책을 예수교회장들이 팔게 하고 찬미하는도다.

이 책에도 일본을 미워하는 말이 있기는 있으나 진실로 일본에게 유익할 것은 우리나라 각 사람이 이 책을 본 후에 필경 스스로 생각하기를 일본이 우리나라에게 해로운 일을 하고 일병들이 시골서 백성에게 해를 많이 시키나 안남에서 법국 사람 하는 일에 비교하여든 오히려 적고 견디기도 쉬운 일이요, 일본이 우리나라에 있는 것이 참 우리에게 별로 해 될 것 없는 것이라 함이니, 이러므로 일인이나 일인을 좋아하는 사람들이 이 책을 보는 이가 많고 또 좋다 하는도다.

‖ 근래 나는 책을 평론(2) 1908년 4월 17일 ‖

이 책을 의심 아니하고 보는 고로 여러 사람이 재미있게 보아 참말인지 거짓말인지 생각지 아니하고 그저 단단히 믿으니 이것이 어리석은 모양이로다. 속담에 이르되 증인 하나만 있으면 증인 없는 모양이라 하니 참으로 증인 하나뿐이면 혹 모르고 욕심을 인하여 거짓말 하기가 쉬울 것이요, 또 속담에 이르되 한쪽 소리만 들으면 한 소리만 듣는다 하니 이것이 각각 일에 두 편을 다 들어야 의대로 판단할 만하다 함이라. 한 편만 들으면 의대로 판단할 수가 없는 것이니 이러므로 이 책에 안남 사정을 기록한 사람의 말만 들으면 증인이 하나만 있는 것이요, 한 충(쪽)에 한 소리만 듣는 것이며, 양편을 다 듣기 전에 깊이 믿는 것이 슬기로운 것도 아니요, 헛된 생각만 많이 얻을 위험에 빠지기 쉬운 것이니라. 여러 곳의 말을 듣기 전에도 그 책 보는 사람이 저절로 의심날 것은 여러 가지 일에 똑똑한 모양같이 기록함이라. 여러 가지 일을 너무 과히 말한 고로 정신 좋은 사람도 가히 믿을 수 없으리라.

이 책을 기록한 사람이 마음에 분한(憤恨)이 많이 쌓인 것이 이상한 것도 아니요, 책망할 것도 아니지마는 너무 분함으로 오수정(烏水晶 : 검은 빛의 수정) 안경 쓴 것 같아서 눈앞에 뵈는 것이 다 검은 빛으로 뵈고, 법국 사람의 행실을 모두 괴악하게만 보는도다. 만일 법국 사람들 중에 악한 사람이 많다 하나 착한 사람이 하나도 없겠으며, 그 악한 행실이 많다 하나 착한 행실이 하나도 없겠는가. 이렇게 악한 것만 보는 사람은 필경 눈병 있는 사람이요, 또 악한 것을 기록할 때에도 각각 일을 잘 못보고 악행만 과하게 보았는가 의심하노라.

셋은 이 책이 유익하여 보는 사람들이 나라를 전보다 사랑하는지 모르거니와 그 책에 해로운 것이 세 가지가 있으니, 그 하나는 무엇이든지 거짓말만 하면 해로운 것이라. 물리나 사기나 그 외 학문을 공부하는 것이 요긴하나 이런 거짓말하는 책으로 다른 나라 사기를 공부하면 마음을 잘 못 다스릴 것이요, 또 그렇게 공부한 사람이 그 공부한 대로 유식한 타국 사람 앞에 말하면 그 타국 사람이 곧 웃고 생각하기를 어떻게 공부한 것이 그렇게 무식한고 할 것이요, 그 둘은 이 책을 보면 우리가 실망할 밖에 수 없는지라. 안남에 안남 사람들은 많고 법국 사람들을 적은데 안남 사람들이 법국을 □□ 수 없다 하고 법국 개화에 □□될 수도 없다 하면 우리는 더구나 어떻게 살 수가 있으며, 또 우리가 개화를 깊이 바라는데 개화하는 큰 나라가 그렇게 야인의 법 없는 행위를 하면 개화를 기다릴 것도 없고 죽는 것밖에 수 없다 하겠으니 크게 해로운 일이오. 그 셋은 우리 중에 우리나라에 있는 법국 사람에게 신세를 진 이가 많거늘 이 책을 보면 모든 법국 사람들을 의심하여 공연히 미워하게 되리니 이것이 의대로 하는 일도 아니고 더구나 우리가 알지도 못하는 어떤 안남 사람 하나 때문에 우리 여러 사람에게 우리를 사랑하는 법국인의 좋은 뜻을 막는 것이 되리니 또 무슨 유익한 것이라 하리오.

이 위에 세 가지를 생각하여 이제 그 책의 말을 낱낱이 살펴 참말인지 거짓말인지 생각하게 하겠노라.

‖ 근래 나는 책을 평론(3) 1908년 4월 24일 ‖

법국 사람들이 어떻게 안남에 들어갔는지 상고하건대, 두 사라 사이에 난리가 되어서 안남이 진고로 법국이 안남에 들어갔느니라. 그 난리된 일을 이후에 말하겠으나 지금 우선 생각할 것이 아무 나라든지 남의 나라에 들어가는 모양이 두 가지가 있어, 하나는 두 나라 사이에 서로 약조를 하여 화목하는 모양으로 들어가는 것이니, 지금 우리나라와 일본이 이 모양으로 난리도 아니하고 우리가 진 일도 없이 우리나라와 약조를 하여 우리나라에 통감부도 세우고 우리나라의 모든 일을 상관하는 것이요, 둘은 난리함으로 이긴 나라가 진 나라에 들어가는 것이니라.

이 두 모양의 큰 분별은 난리가 없이 화목하는 모양으로 약조하는 일이 마치 두 장사 사이에 동사하는 약조와 같아서 그 약조대로 이 나라가 저 나라에 들어가는 것이 그 두 나라 사이에 서로 다 유익함을 위하여 하는 것이라. 이러므로 그 약조하는 일에 대하여 힘 있는 나라가 힘 없는 나라를 누르고 억지로 하든지 혹 내 이익만 위하여 하면 이는 의리를 거스르는 것이요, 동사하는 데 도적질하는 것이니라.

난리함으로 이긴 나라가 진 나라하고 약조함은 그 약조가 이 위의 약조와 매우 달라 진 나라가 난리 그치기를 위하여 청하는 것인고로 이긴 나라가 제일 제게 유익함만 전혀 도모하되 이는 본래 의리만 거스르고 도적하는 것은 아니니라.

법국과 안남이 난리함은 안남이 먼저 난리를 시작한 것이요, 얼마 동안을 서로 싸우다가 법국이 이김에 곧 안남에 들어가서 내 이익만 찾았으되 난리의 법 외에 한 일도 없었거니와 이후에도 말할 것과 같이 법국이 안남의 이익도 많이 돌아보았느니라.

법국이 혹 의리 없는 난리를 약한 안남하고 시작하였으면 참으로 힘 있는 도적놈의 행실이려니와 진실로 그렇지 아니한 줄을 알겠으니, 일로 인하여 법국이 안남에 들어간 것이 일본이 우리나라에 들어온 것과는 아주 다르도다.

우리나라가 일본하고 난리한 일 없이 일본이 우리나라에 들어온 것은 약조 때문인즉 두 나라가 서로 이익을 위하여서 한 것이라. 하나 안남인즉 법국하고 난리를 시작하여 싸우다가 진 후에 법국이 안남에 들어간 것이니 법국이 안남에 한 일을 판단하기 위하여 □□□잘 생각하여 볼 것이니라.

‖ 근래 나는 책을 평론(4) 1908년 5월 1일 ‖

이 책을 보니 천주교사들이 법국 사람인즉 그 교사들이 안남국에 간 것이 안남국에 법국 권세를 들어가게 하기를 위함이요, 또 천주교를 하는 안남 사람들이 제 나라를 법국에게 부쳤다 하는지라.

이런 말을 하는 사람은 제 나라 사기를 도무지 모르는 사람이요 혹 제 나라 사기를 알면서도 아무 부끄러움 없이 거짓말하는 사람이라.

천주교의 법국 교사들이 어느 때에 안남에 들어갔는고. 이전부터 천주교 여러 교사들이 안남에 천주교를 전하기 위하여 갔으나 법국 전교사들이 들어가기 시작할 때는 서력 일천육백오십팔년이요 법국이 안남하고 난리하기는 어느 때뇨. 서력 일천팔백팔십이년이니 이러므로 법국 전교사들이 안남에 들어간 후 이백이십여 년에 법국이 안남에 들어갔는데 어찌하여 법국 전교사들이 법국 권세를 위하여 안남에 들어갔다 하는고.

또 안남이 법국 정부하고 처음 상관된 것을 생각하건대, 서력 일천칠백칠십륙년에 안남에 역적이 일어나서 본 임금을 내친고로 본 임금이 역적을 물리치기 위하여 안남에 있는 천주교 주교에게 가서 법국에게 도와줌을 청하시니 주교의 말이 이런 일이 본래 주교에게 상관 없는 일이라 한즉, 그 임금이 주교의 의심을 없게 하기 위하여 태자를 주교에게 맡기시고 주교를 법국으로 보내어 법국하고 약조하여 병선을 보내어 안남 임금을 위하여 역적을 치니 안남 임금이 그 도와준 신세를 생각하시고 법국에게 장사 잘 되기 위하여 항구 하나를 주시고 또 법국 선교사들이 마음대로 천주교를 전하게 하셨는지라.

이제 안남과 법국이 처음 상관한 일을 보건대 분명히 알 것이 하나는 천주교 교사들이 안남에 간 것이 법국 권세를 위하여 간 것이 아니요, 다만 전교하기만 생각함이라. 백여년 동안에 세속인을 도무지 상관치 아니하다가 그 주교가 한 번 법국 정부에 간 것은 다만 본 임금의 간절히 청구하신 때문이요, 둘은 법국 정부도 안남에 들어가기를 힘쓴 것이 아니요, 다만 안남 임금께서 역적일 없이 하기 위하여 병정을 간청하심으로 법국이 본 병정을 죽는 땅에 보내었으니 그 때문에 안남에게 무슨 보은하는 값을 받았기로 어찌 잘못된 일이라 하리오. 셋은 법국이 안남 임금의 청구하신 대로 안남 임금께 병정을 보내었은즉 안남에게 보은함을 좀 많이 받았기로 어찌 과하다고 누가 하겠으며, 장사하는 것과 천주교를 전하는 것과 법국 장사 살기 위하여 항구 하나 받은 것 외에는 법국이 달라 한 것이 없었는데 지금 일본이 우리를 도와주는 것 없이 우리나라에 받는 것을 보고 그때에도 법국이 안남을 잡을 마음이 있었다고 누가 말하겠는고.

또 이 약조한 후로 안남과 법국이 서로 한 일을 이후에 또 말하겠노라.

‖ 근래 나는 책을 평론(5) 1908년 5월 8일 ‖

안남 본 임금이 역적하고 싸우실 때에 역적 있는 지방에 천주교인들이 본 임금께 복종하는 까닭으로 역적에게 많이 죽고 집과 땅을 잃고 법국 사람 천주교사들도 그 역적에게 해를 많이 받았으니 어찌 천주교를 하는 안남 사람들이 본 나라와 본 임금을 사랑치 아니하였다 하리오.

임금이 법국 병정을 얻어가지고 역적들을 이긴 후에 임금께서 말씀이 주교는 우리나라의 부모라 하며 감사하시더니, 차차 평안히 되고 걱정할 것이 없음에 감사로운 마음이 점점 쇠하여 나중에는 감사하는 마음이 없을 뿐 아니라 도리어 천주교인과 법국인들을 업수이 여기니라.

전에 주교께 부탁한 태자가 세상을 떠나고 임금께서도 세상을 떠나시고 새 임금이 즉위하심에 법국에게 받은 이왕 신세를 잊어버리고 사십년 동안에 법국하고 약조하였던 것을 거스르고 안남에 있던 법국 사람들을 형벌하고 죽였는데, 법국이 군기 힘으로 천주교를 도와주는 것이 좋은 일이 아니라 하여 사십년 동안에 사신만 보내며 순한 모양으로 법국인을 다시 죽이지 말고 약조한 대로 하게 하기를 힘썼느니라.

그 동안에 역적들이 다시 일어나서 법국 교사의 도와줌을 얻고자 하여 악한 임금이 법 없이 법국 교사와 천주교인들을 죽이는 일을 드러내어 말하거늘 법국 교사가 대답하되, 비록 임금이 잘못하셔도 임금이시니 우리 법대로 본 임금을 거스를 수 없다 하고 역적들을 도와주지 아니 하였느니라.

본 임금이 은혜로이 아니하니 일정 죽을지라. 죽을 줄을 일정 알면서도 법국 전교사들이 안남에 나와 교를 전하여 또 여러 가지 좋은 일로 신세를 끼치니 마침 이왕에 모르던 우두법(牛痘法)을 가르침으로 여러 만 명 안남 사람을 살게 했던 것이요, 그 동안에 또 임금이 승하하시고 새 임금은 더욱 악하여 민요가 일어났는데 주교가 모든 교우더러 말이 너희들이 암만 어려워도 임금편에 단단히 있고 마음에 흔들리지 말라 하였느니라.

점점 심하여 안남 정부가 천주교 전하는 법국 교사만 죽일 뿐 아니라 모든 법국 장사를 내어쫓고 법국을 욕하고 나라 대표로 보낸 공사를 내어쫓는지라. 암만 하여도 난리 아니고는 할 법이 없는고로 할 일없이 법국이 안남으로 병선을 보내었느니라.

이런 참되고 똑똑한 사기를 보면 잘못한 나라가 어떤 나라인지 소경이 아니고야 누가 모르리오.

안남이 법국을 청하여 오고 법국의 도와주는 신세를 받고 약조한 후에 의리와 공변된 법을 거슬려 법국의 은혜를 잊어버릴 뿐 아니라, 연고 없이 법국 사람을 죽이고 공사를 내어쫓는 고로 난리를 시작하였으니 법국이 오래 참고 기다린 후에 난리를 하였은즉 이 난리가 법국 욕심에서 난 것이라고 누가 말하겠으며, 또 천주교사나 천주교인의 이왕한 행실을 보면 그 사람들의 뜻이라고 누가 말하겠느뇨.

‖ 근래 나는 책을 평론(6) 1908년 5월 15일 ‖

법국과 안남 사이에 관리가 그렇게 시작하여 오래되고 여러 번 그쳤다가 다시 시작하여 마침내 법국이 아주 안남국에 들어갔는지라.

그 난리 하는 동안에 양편이 서로 용맹히 싸우다가 죽은 사람도 많으나 새 나라를 위하여 싸우던 안남 □□들의 싸움□□□유명한 □□□□□□아주 재미가 적도다.

안남 사람들이 제 나라를 위해 싸울 때에 다 그렇게 싸웠는지는 모르나 잘 싸운 줄로 믿노라. 그러나 그 난리 할 제 법국 병정이 안남 사람에게 잡히면 죽이기 전에 무쌍히 혹독한 형벌을 하였으니 이런 행실은 문명한 나라에는 없는 일이요, 또 안남 사람들이 난리 아니하고 무사할 때에도 전교하는 법국 교사를 잡아서 죽이기 전에 불에 달군 집게로 온몸을 집어뜯었으니 더구나 난리 때에는 그런 야인의 행위한 줄 의심없이 믿겠노라.

이러한즉 난리할 때에 법국 병정들이 매우 독한 모양으로 하였을지라도 과히 이상타 하지 못하겠는데 법국 병정들이 악한 행위를 별로 아니하였고, 또 만일 법국 병정들이 제 군법대로 아니하면 본 대장에게 항상 엄한 벌을 받았으니, 문명한 나라에도 괴악한 사람이 가끔 있은즉 법국 병정 중에도 악한 사람이 간간이 있어 악한 행실이 혹 있었으나 이는 난리에 항상 면치 못하는 일이며, 또 그런 일을 그때 대장들이 몰랐고 또 안남인에게 잡힌 법국 병정과 병정 아닌 법국인들이 악독한 형벌을 많이 받았으되 법국 병정에게 잡힌 안남 병정은 이렇게 형벌 받은 자가 하나도 없느니라.

이 책을 지은 사람이 여러 번 말하기를 법국인들이 가끔 무덤을 파서 시체를 내어버렸다 하였으되 그 말이 거짓말인 줄은 분명히 아나 더 똑똑히 알기 위하여 안남 사람에게 편지를 보내어 물어본즉 대답이 이런 일이 도무지 없으니 이런 말 하는 사람은 우리 안남국 사기를 모르는 이에게는 부끄러움 없이 이런 거짓말을 만들어 하였거니와 여기 안남에서는 그런 말을 못하겠고 또 드러낼 (□□□, 이하 낙장)

‖ 근래 나는 책을 평론(7) 1908년 5월 22일 ‖

법국이 난리함으로 안남에 들어간 일은 법국의 욕심으로 된 것이 아니라 다만 안남이 법국인을 죽이는 것과 약조를 거스르는 일을 금하기 위하여 한 줄을 이왕에 분명히 증거하여 그 책에 거짓말이 많이 있는 줄을 드러내었으니 이제는 법국이 안남에 들어간 후에 안남에서 한 일을 말하여 이 책에 있는 여러 거짓말을 또 드러내겠도다.

법국이 안남에서 한 일을 알아듣기 위하여 법국이 안남에 들어간 목적을 생각할지니, 법국이 안남에 들어간 목적이 일본이 우리나라에 들어온 목적과 매우 다르도다. 일본은 본래 땅이 좋지 않은데 사람이 많아지는 고로 우리나라에 들어오는 것이요, 법국은 도리어 땅이 제일 좋고 농사가 잘 될 뿐 아니라 안남보다 살기도 십분 좋고 또 법국이 큰 나라인데 사람이 너무 많지 아니한즉 나갈 연고가 없고 도리어 여러 다른 나라 사람이 법국으로 들어오고 법국 사람하고 한가지로 쉽게 사는 고로, 모든 서양 나라 중에서 타국으로 제일 적게 나가는 나라는 법국이니라. 법국 전교사 외에는 장사하는 사람이나 나가되 영국이나 미국이나 일본인들의 나가는 것에 대해여 이십분에 일분이 못되니 이러므로 법국이 안남에 들어간 일이 제게 쓸데없는 안남 토지 가옥을 빼앗기를 위함도 아니요, 안남 재물을 빼앗기를 위함도 아니요, 또 법국 정부가 이때까지 안남에서 돈을 얻은 것이 없을뿐더러 이후에 빙거하겠거니와 도리어 안남으로 돈을 많이 보내었느니라.

법국이 안남으로 들어간 목적은 세 가지뿐이니 하나는 이왕에 안남 임금이 약조를 거스른 것과 같이 다시 법국인을 못 죽이게도 하고 법국 장사를 못 금하게 함이요, 둘은 법국 장사들을 위함이니 안남에 들어간 후 법국이 제 물건을 안남에 팔기도 하고 또 동국(東國) 물건을 일본이나 다른 나라에 가서 살 것 없이 안남에서 살 것이요, 셋은 이전부터 참 개화로 힘쓰기 위하여 법국이 온 세상에 이름남과 같이 안남에도 참개화를 하게 하기를 위함이라.

그 목적대로 한 일에 대하여 안남에게 유익된 일이 많음을 또 알게 하겠노라.

‖ 근래 나는 책을 평론(8) 1908년 5월 29일 ‖

법국이 안남에 들어가기 전에 그 나라이 약한 연고를 상고하건대 동양 여러 나라와 같이 관리들의 협잡으로 백성이 가난하여 나라에 요긴한 힘이 없는 것이요, 법국이 안남으로 들어간 후에는 어떻게 되었는고. 이 책을 보니 협잡이 전과 같이 있고 협잡꾼이 안남 사람 대신으로 있었다 하였으니 이것도 부끄러움 없는 거짓말이라.

법국이 안남을 다스리되 안남 사람 대신으로 법국 사람들을 세운 것이 없고 참으로 높은 권세가 법국 정부에서 보낸 사람이지마는 안남을 다스리기 위하여 무슨 규칙을 내든지 아무 일을 할 것이 있으면 여러 사람하고 의론할 제 그 의론하는 사람 중에 두 높은 관리가 있으니 그 사람들은 안남 사람이요, 안남 사람과 타국인에게 상관되는 일에는 법국 관리와 한 가지로 일을 재판하는 관리들도 안남 사람이요, 안남 백성 중에 있는 일은 법국 관리는 도무지 상관치 아니하고 다만 안남 관장들만 상관하고 판단하느니라. 그러나 그 일에 법국이 상관하는 것이 한 가지 있으니 곧 여러 모양으로 관리들이 백성의 돈을 못 먹게 함이니 이것이 개화되는 모양이요, 이것이 안남 백성과 안남 온 나라의 복됨을 이루는 것이오.

법국 사람들이 안남 말과 풍속을 잘 배워도 아주 잘 알 수가 없는 줄을 알고 안남의 본 일을 위하여 법국 관리로 아니하고 안남 사람이 전과 같이 하였으며, 그중 쓸데없는 관리들을 없이 하였으니 이 사이 부왕을 없이한 일은 온 백성이 매우 좋아한 것이 그 부왕이 쓸데없고 백성의 돈만 받는 사람이니 그와 같이 쓸데없는 관리들을 없이 함은 안남 사람들이 미워 하는 일이 아니요, 도리어 안남 사람들을 많이 도와주는 것이니라.

요긴한 관리들을 두었으나 백성의 돈을 못 먹게 하기를 위하여 세 가지를 작정한 것이 있으니 하나는 관리의 월봉을 전보다 매우 올림이라. 그러므로 관리들이 살 수 없다고 백성에게 돈을 받을 연고가 없고, 둘은 관리들이 한번 벼슬 하면 잘못한 일 없이는 그 벼슬을 잃어버릴 염려가 없으니 그런고로 얼마 동안에 벼슬 하다가 잃어버리고 다른 벼슬을 사기 위하여 돈 예비할 일이 없는고로 백성에게 돈을 먹을 연고가 없고 또 그 관리들이 늙고 장정할 때까지 벼슬을 잘 하였으면 백성의 일을 아니 하고 그저 일 없이 법국에게 돈을 받아 죽을 때까지 잘 사니 그러므로 좋은 것이 □□없이 늙어서 생명이 없을까 무서워 백성의 돈을 받을 연고도 없고 또 그 늙을 때에 돈을 받기 위하여 제 벼슬을 잃어버리지 않기로 매우 조심하여 백성의 일을 다 법대로 하기를 힘쓰고, 셋은 법국이 안남 관리들에게 엄히 명하여 아무 사정에든지 백성의 선물을 도무지 못 받게 하나니 그런즉 의대로 재판하기도 쉽고 백성도 살기가 좋으니라.

법국이 안남의 관리들을 보존하면서 의대로 하게도 하고 백성의 돈을 못 먹게 함으로 안남 백성에게 큰 은혜를 주었으니 그러므로 모든 안남 사람들이 말하기를 법국이 나옴으로부터 살기가 편하다 하느니라.

‖ 근래 나는 책을 평론(9) 1908년 6월 5일 ‖

이 책을 보니 안남 사람들이 제일 불쌍한 것이 해마다 구실이 너무 많음이라. 배 부리는 데 백원부터 이백원까지요, 고기 잡는 어부도 구실이 있고, 장사하는 사람은 백원부터 이백원까지요, 장터에는 칠백원부터 팔백원까지요, 마 심는 데도 구실이 있고 중의 절에도 구실이 있고 담배 먹는 데도 구실이 있고 수레에도 구실이 있고 사람의 집 문과 기왓장에도 구실이 있고 짐승 매매에도 구실이 있어서 손 한 필에 오원이요, 도야지 한 마리에 삼원이요, 개 한 마리에 일원이요, 고양이 한 마리에 일원이요, 닭 한 마리에 오십전이요, 소금매매에도 특별한 구실이 있고 아이를 낳으면 이원을 내고 사람이 죽으면 오원을 내고 혼인을 할 때에도 이백원 육백원 오십원을 내어 구실 없는 것이 도무지 없음으로 불쌍한 안남 사람들은 제 머리 위에 이고 있는 하늘까지도 구실이 있다고 하였는지라.

또 그 구실이 어디로 가느냐 물으면 그 책이 대답하기를 그 모든 구실의 세 몫이 있어 하나는 법국이 먹고 하나는 관리들이 먹고 하나는 안남 임금께 간다 하나 임금이 받으시는지는 알 수 없다 하니라.

이 세상에 사람이 각각 여러 가지 병이 있고 또 별 병도 있으니 비컨대 어떤 사람은 도적질하는 병이 있어 무엇이든지 보면 아니 빼앗을 수 없고 그른 일인 줄도 알지 못하며, 어떤 사람은 거짓말을 하는 병이 있어 말하면 거짓말을 아니 할 수 없고 거짓말을 하는 줄도 모르는도다.

이 책에 정신없이 구실을 이렇게 기록하는 사람이 어떤 사람이라 할고. 위에 말한 두 가지 병 중에 거짓말하는 병이 들어 제가 하는 말이 거짓말인지 모르는 사람이 그렇게 되었으면 이런 사람은 큰 미친 병으로 앓는 사람인즉 불쌍한 사람이요, 혹 거짓말하는 줄을 알고도 그렇게 기록하였으면 제 책 보는 사람들을 너무 업수이 여김이라. 가령 누구든지 남을 보고 거짓말을 하려면 가히 믿을 만하게 마련하여 가지고 말을 하여야 듣는 사람이 듣겠지마는 만일 이렇게 너무 미친 말을 하면 듣는 사람이 견디지 못하여 그 사람에게 말하기를 네가 나를 아주 미련하여 숙맥불변인 줄로 알고 이렇게 말하느냐. 이것이 욕하는 것이니 그만 두어라. 미친 사람에게나 그렇게 말하라. 나는 미친 사람이 아니라 하리로다.

그 책에서 말한 구실은 이 세상에서 낼 백성도 없고 받을 나라도 없을지라. 제일 부한 나라 미국이나 법국이나 영국이라도 그런 구실을 받치려면 인민이 살 수도 없고 낼 수도 없겠는데 하물며 안남 같은 가난한 나라 백성이 이런 돈을 어디서 얻어서 내겠으며, 또 법국이 그런 구실을 받으면 안남 사람이 다 벌써 한 겁에 굶어죽고 이때까지 남아 있을 인민이 없었으리니 이런 말은 참 너무 미련스럽도다.

그러므로 법국이 안남에 구실을 다스리는 일이 이후에 길게 말하기는 하겠으나 이는 우리 신문 보시는 이가 그 책에 미련한 말을 참 믿는 줄로 우리가 알고 하는 것이 아니라, 우리가 많이 그렇게 생각하고 말하면 곧 우리 신문 보시는 이에게 욕될 모양인즉 우리가 그런 생각으로 아니하고 다만 개화한 나라가 개화 못한 나라에 구실을 고치는 줄을 아는 것이 우리나라 백성에게 매우 유익한 줄 참 알겠기로 훗번부터는 안남의 구실 받는 법을 기록하겠노라.

‖ 근래 나는 책을 평론(10) 1908년 6월 12일 ‖

법국이 안남에서 구실을 고치는 일을 자세히 알게 하기 위하여 이 책을 쓴 사람과 같이 정신 잃은 뜻 없는 말과 미련하게 많은 수를 기록할 것이 아니라 다만 일의 참된 것만 똑똑히 기록하여 각 사람이 똑똑히 알게 할지라.

그 똑똑히 하기 위하여 말을 좀 길게도 하고 수도 많이 하겠으니 우리 신문 보시는 이는 지리히 알지 말고 재미없는 줄로도 알지 말고, 이 구실이 실답고 나라에 유익하고 백성이 구실 내기에 힘이 넉넉하게 마련한 줄을 알게 함이니, 다른 사람들도 이런 일을 알면 유익함이 있으리로다.

다른 말 하기 전에 먼저 말할 것은 법국이 안남으로 들어가 구실을 마련한 후로 안남 백성들이 전보다 구실을 적게 내게 되고 구실로 인하여 유익함을 전보다 많이 받고 또 안남 백성의 내는 구실이 다른 나라 백성보다 매우 적은지라.

거번 경향신문 68~70호에 일본 구실을 기록함과 같이 세계 각국에 어떤 사람은 구실이 많고 어떤 사람은 구실이 적으나 공변되이 말하면 각 사람이 제 앞에 내는 구실이 일본에는 육십오환이요, 영국과 법국과 오국과 이탈리아국에는 일본에 비하여 갑절이 더 되고, 덕국과 미국은 일본보다 갑절은 아니되나 더는 내는지라. 이러므로 다른 문명한 나라에 매년에 구실이 지극히 적어도 매명에 육십환은 넘는데 안남에서도 문명한 나라 일을 많이 하였으니 매년에 매명의 구실이 얼마나 되는고. 안남 사람이 여러 모양으로 내는 구실이 매년에 이환이 다 못되는지라. 이러므로 일본과 다른 나라 구실 삼십분에 일분에 못되는 줄을 분명히 알겠거늘 이 책에 미련하게 정신 잃고 한 말이 실로 미친 병든 사람의 머리골에서 나온 줄을 어찌 모르리오.

이후에도 말하려니와 그 이환이 다 못되는 구실이 태반이나 인민들에게 요긴한 생애에나 물건에서 내는 것이 아니요, 다만 소주와 아편과 담배 같은 요긴치 않은 물건에서 내는 것이니 이러므로 아편이나 담배나 소주를 아니 먹는 사람은 해마다 내는 구실이 오십전밖에는 아니되는 것이오.

또 이것이 통치고 말하는 것인즉 부자 사람이 더 내는 고로 가난한 사람은 대개 구실을 아니 내는 모양이라. 이러므로 그 책에 기록한 그런 각색 구실이 다 없는 것이요, 또 이로 인하여 안남 백성이 전보다 내는 구실이 적고 유익을 많이 받는 고로 구실 때문에 원망이 없을 뿐 아니라 도리어 쉽게 사니 어찌 좋아하지 않으리오.

‖ 근래 나는 책을 평론(11) 1908년 6월 19일 ‖

법국이 안남에 들어가기 전에는 안남이 동방의 다른 여러 나라와 같이 공변된 구실 외에 무명잡세가 많은 고로 백성이 해마다 받치는 돈이 많으나 나라에 유익은 도무지 없었더니 법국이 안남에 들어가서 구실을 고칠 때에 무명잡세를 일절 없이 하였은즉 백성의 살기가 쉬워졌도다.

또 안남에 구실을 받는 것이 지금도 청국과 같이 여러 폐단의 근원이 되고 구실의 유익함이 헛일이 된 것은 관장들이 구실을 받아가지고 제 마을에 모든 하인들의 삯과 또 저희 쓸 것을 하고 남는 돈을 관찰사에게 보내면 관찰사들도 제 소용을 먼저 하고 남는 돈을 대신들에게 보내면 대신들도 제 소용을 먼저 하고 남는 것을 그 나라에 드리는지라.

그런 고로 대신들이 임금께 넉넉히 받치고 저도 마음대로 먹기 위하여 관찰사에게 법 밖에 많이 받으라 하고 관찰사도 또 그렇게 하고 관장들도 또 그렇게 하니 자연 백성의 내는 구실이 대단히 무거운 중 또 원 구실 외에도 관장들이 백성의 돈을 많이 먹는지라. 일이 그렇게 된 고로 구실 받는 것이 다만 임금과 대신과 관장과 각 벼슬하는 이나 아무 권세 있는 이의 공급만 되고 백성에게는 요긴한 것이 도무지 없고 장사나 농사나 각종 업자가 나라를 위하여 일도 많이 하고 구실도 많이 냄은 있으나 나라가 백성을 도와주는 일은 별로 없었도다.

법국이 그 일을 고침은 문명한 나라에 구실 내는 뜻으로 하였으니 그 뜻은 다름이 아니라 국민간에 약조 모양이 있고 백성은 구실을 내고 나라는 백성들을 도와주는 것이요, 관리들은 백성이 유익하기 때문에 백성의 내는 돈으로 살지라. 그 뜻으로 법국이 안남의 구실을 달리 마련하였느니라.

‖ 근래 나는 책을 평론(12) 1908년 6월 26일 ‖

지금 안남에 구실을 받는 법을 보니 갖가지 구실을 정한 것 외에는 백성이 한푼도 낼 것이 없고 또 법국 관리들이 그 구실 받는 일을 자세히 살피고 백성들에게 제가 내는 구실을 똑똑히 알게 하였으니 법대로 내는 구실 외에는 잡세 명색은 도무지 없는 줄을 백성이 다 똑똑히 아는지라.

안남 백성들의 법대로 내는 구실이 한푼이라도 달리 없어지지 못하고 다 정부에 들어가느니 아무 연고든지 아무 핑계라도 안남 관리들이나 법국 관리들이 그 구실에서 조(이하 낙장)

‖ 근래 나는 책을 평론(14) 1908년 7월 10일 ‖

안남에 세운 구실이 다른 문명한 나라와 같이 두 가지가 있으니 땅의 구실도 있고 요긴치 않은 물건의 구실도 있는지라.

땅의 구실은 전부터 다른 모든 나라와 같이 있었으나 위의 말씀과 같이 아무 잡세도 없고 관리들의 협잡이 없음으로 빠지는 것이 매우 적으니 비록 그 땅의 구실이 적으나 관리들이 탐식하지 못하고 받는 대로 다 정부에 드린즉 합하면 큰돈이 되는도다.

그 땅의 구실은 다 각 지방에서 오고 다 백성이 요긴한 땅을 위하여 받치는 것인 고로 다 각 지방과 백성의 생명을 도와주기 위하여 쓰는 법이 제일 좋은 것인즉 법국이 안남에 작정하기를 땅의 구실이 다 백성을 위하여 쓰는 것이요, 한푼이라도 관리들의 삯을 위한다는지 바로 백성에게 쓰지 아니 하는 좋은 일이라도 못쓸 것이라 하였는지라.

이러므로 각 동리가 땅의 구실을 얼마를 바치는지 알고 그 동리에 길이나 학교나 동리 백성에게 유익한 일을 하기 위하여 얼마를 정부에게 받는지 아는 고로 백성이 땅의 구실을 받치는데 한 손으로는 받치고 다른 손으로는 도로 받는 줄을 똑똑히 아는 고로 원망할 것이 없을 뿐 아니라 참으로 마음에 좋아서 받치는 것이라.

다른 구실은 요긴치 않은 물건이나 혹 공변되이 쓰지 않는 물건을 위하여 받는 것이니 곧 소주와 아편과 담배 같은 구실이라. 이런 구실은 바로 구실 모양으로 받는 것이 아니라 그 물건을 파는 사람이 정부에게 얼마를 받치는 고로 그 물건을 좀 비싸게 파느니라. 그런 구실이 각 나라에 다 있어 전에도 수세나 그런 잡세가 우리나라와 같이 있었으니 이러므로 그 세를 세우는 것이 새 구실을 세우는 일이 아니요, 다만 그 구실을 협잡꾼이 못 먹게 하고 다 정부가 본 백성을 위하여 쓰게 하는 일이라.

소금과 담배 구실을 전에 여러 잡세에 비기면 백성에게 매우 가벼웠으니 백성이 원망치 아니하고 또 그 구실 맡은 관리나 공변된 일을 위하여 쓰고 각 사람이 내는 땅 구실은 백성에게 바로 쓰는 것을 보고 매우 좋아하고 또 전에 말씀과 같이 땅 구실과 그 세를 합하면 안남 각 사람이 해마다 이환만 내는 것이나 다른 나라에 대하여 매우 적도다.

이제는 법국이 안남 백성을 위함을 대개 보고 또 이 책에 다른 여러 거짓말을 드러낸 후에 너무 긴 평론을 마치겠노라.

‖ 근래 나는 책을 평론(15) 1908년 7월 17일 ‖

안남이 농사하는 나라인고로 그 농사가 잘되면 백성이 쉽게 살고 농사가 잘못되면 죽는 사람이 많도다.

본래 안남에 흉년이 자주 되는 것은 어떤 때는 비가 아니 와서 너무 가물어 심을 수 없고, 어떤 때에는 도리어 비가 너무 많이 와서 물속에서 벼가 썩고, 어떤 때에는 다른 데 드물게 있는 대풍이나 해일이 잦으니 이런 환란을 만나는 안남 지방에 곡식이 다 없어지는 고로 사람이 많이 죽는지라. 어떤 해일 때문에 어떤 지방 사람들이 굶어죽는데 그 지방에서 삼사백 리 되는 곳에는 풍년이 되었으나 철로나 다리 같은 좋은 길이 없어 곡식을 가져올 수도 없고 풍년이 된 지방에 갈 수고 없는 고로 그 지방 사람들이 굶어죽는지라. 몇 해 전에도 해일 때문으로 안남 어떤 지방에 곡식이 다 없어졌는데 안남 정부와 천주교 법국 교사가 다른 지방에서 곡식을 많이 모아 보내려 하나 마땅한 길이 없어 수레도 부릴 수 없고 짐꾼으로 보내나 많이 보낼 수가 없으며 길이 먼 고로 여인이나 늙은이나 아이들이 그곳에 갈 수 없는지라. 하릴없이 그곳에서는 곡식이 공연히 썩고 이곳에서는 사람이 여러 만명이 굶어죽었느니라.

그런 것을 보고 안남 정부가 좋은 길을 각 지방에 잘 만들고 철로를 많이 놓고 모든 강물에 단단한 다리를 놓아 아무리 큰 장마라도 상치 아니하게 하여 지금은 그런 다리와 철로가 각 지방에 많이 있는 고로 아무 지방에서 아무 지방이라도 빨리 가기 쉽고 수레로 곡식이나 다른 요긴한 물건을 없는 지방에 가지고 가기도 쉽고 또 무슨 큰 해가 나서 이 지방에서 살 수 없게 되면 다른 곳으로 곧 피할 수가 있은즉 전과 같이 사람이 많이 죽는 일이 없느니라.

이전에는 안남 농부들이 농사할 때에 일을 부지런히 하기는 하였으나 각 사람이 제집 식구의 먹는 것 외에는 곡식이 많아도 쓸 데가 없는 고로 농사를 많이 할 욕심이 없고 각 생업에도 물건을 많이 만들 욕심이 없었더니 지금인즉 물건을 운반하기에 삯을 적게 주고도 먼 지방에 보내기 쉬운 고로 각 사람이 곡식이나 다른 물건을 많이 내기로 힘쓰고 그 물건을 팔아 돈이 생겨서 제 지방에 없는 물건을 다른 지방에서 사오는 고로 살기기 쉬어졌느니라.

또 이런 각색 일하는 데 주장은 법국인이나 일하는 사람은 다 안남 사람이요 또 삯전이 많은 고로 일하기를 원하는 사람이 항상 많아 복되이 잘 사느니라.

‖ 근래 나는 책을 평론(16) 1908년 7월 24일 ‖

안남 농부들이 논농사를 많이 하는 고로 비가 잘 오면 풍년이 되고 비가 잘못 오면 흉년이 되는지라. 비가 많이 아니 올 때라도 도랑이나 내에까지 물이 없는 것은 아니지마는 그 물이 논보다 낮은 곳에 있는 고로 쓰지 못하느리라.

그 낮은 곳에 있는 물을 높은 데로 올리는 기계로써 올리면 비가 오고 아니 오는 것을 별로 상관할 일이 없어 비가 아니 올 때라도 항상 논에 물이 있겠지마는 그 기계를 만드는 부비가 많으니 그 부비는 어디서 얻겠으며 또 아무 지방에든지 모든 사람이 다 낼 것이나 사람마다 다 내게 하기가 어찌 어렵지 아니하며, 또 그런 일에 협잡이 나는 것을 면하기가 어찌 쉬우리오. 그런 폐단을 없게 하고 이런 좋고 요긴한 일을 하기 위하여 안남 정부가 구실 받는 돈으로써 강물에서 물을 올리고 물이 새지 못하는 단단한 방축을 만들어 담아두고 요긴함을 따라 물을 대어주는데 그 물을 얻어받는 백성은 값을 번번이 내는 것이 아니요 곧 매년 일차씩 내는 결전이니라.

깊은 땅에 물이 너무 많아 곡식이 녹아 없어지는 곳에는 그 결전으로 땅밑을 파서 수도를 만들어 그 너무 많은 물을 빠져나가게 하니 농사할 만한 땅이 많아지고, 또 농사학교를 설립하여 모든 곡식 농사하는 법을 가르치며 시험하여 보아 그 잘되는 것대로 농사를 하니 모든 농부들이 전보다 재물을 많이 얻느니라.

각 사람이 사사로이 하지 못할 일을 결전으로 공변되이 하고 또 협잡을 없이 하였은즉 안남 백성이 살기에 해는 없고 이익만 있으니 이러므로 지금인즉 안남 농민이 제가 먹을 양식만 농사할 뿐 아니라 온 세상에 팔 양식을 농사하는지라. 그러므로 몇 해 전에 우리나라에도 흉년되었을 적에 안남쌀이 많이 왔고 또 후추와 차 같은 것이 타국으로 많이 나가는 고로 안남이 크게 장사하는 나라가 되었도다.

어찌하여 이왕에는 장사를 못하던 안남이 지금은 장사를 잘하는 나라가 되었는고. 농사를 전보다 많이 하고 좋은 길과 철로 때문에 물건 운반하는 삯이 적고 멀리 보내기가 어렵지 아니한 고로 그러하니라.

또 무슨 돈으로 그 일을 다 하였는고. 결전으로 다 하였느니라.

또 그러면 안남 백성이 구실을 전보다 많이 내는가. 전보다 많이 낸 것이 아니라 이왕에는 관리나 협잡꾼 뱃속에 들어가던 구실돈을 백성을 위하기에 쓰기로 법국이 구실법을 고쳤느니라.

또 학교나 개화 일 같은 여러 일을 가지고 할 말이 많으나 너무 장황하고 학교만 말하면 지금인즉 안남 모든 동리에 학교가 있고 읍에는 중학교가 있고 큰 읍내에는 대학교가 있는데 그 선생의 월급이나 학교의 부비는 다 정부가 담당하는데 이 또한 결전으로 하는 것이니라.

이제는 이 책 만든 사람이 안남 구실에 대하여 한 말이 한 마디도 참말이 아닌 줄을 사람마다 알리로다.

‖ 근래 나는 책을 평론(17) 1908년 5월 29일 ‖

법국이 안남에 들어가는 것과 안남에서 한 일을 보는 중이니 이 책을 쓴 사람이 아무 부끄러움 없이 거짓말을 한 줄을 다 알았겠기에 이제는 말 몇 마디만 하고 이 평론을 마치노라.

이 책을 만든 사람이 말하기를 안남 사람의 수가 적어져서 한 이십년 후면 안남 사람이 없어지겠다 하니 이것도 정신없는 말이라. 지금도 전과 같이 많이 나고 또 이왕에 말함과 같이 법국이 새로 한 일 때문에 흉년이나 해일이나 무슨 환란을 당할 때에 안남 사람이 전보다 덜 죽는 고로 안남 사람의 수가 오히려 날마다 많아지느니라.

그 책에 또 말하기를 법국인들이 안남 사람을 몹시 때린다 하니 이것도 거짓말인 것이 이전에 안남에 우리나라와 같이 형벌도 있었고 또 웃사람이 아랫사람 잘못하는 이를 때리는 법이 있었거니와 법국이 안남에 들어간 후에는 형벌을 없이 한 것뿐만 아니라 주인이라도 제 하인들을 아무 연고라도 때리는 법이 없어 곧 법국 사람이 주인이 되고 안남 사람이 하인인데 만일 그 하인의 빰을 치면 그 하인에게 벌로 오환을 주어야 하겠으니 그런 법이 많으니라.

또 그 책에 말하기를 법국인 안남 사람은 안남에서 못 나가게 한다 하였으니 이것도 부끄러움 없이 거짓말하는 것이라. 곧 안남 사람들이 이제 마음대로 온 세상으로 나갈 만하고 서양으로 가는 배마다 서양에 가는 안남 사람이 있느니라.

또 이 책에 말하기를 법국인 안남 사람은 지식을 모르게 하고 재주

없는 짐승과 같이 되게 한다 하니 이것도 거짓말이라. 법국이 들어간 후에 전보다 학교가 십분이나 많고 그 학교에 한문과 국문 외에 서양과 같이 각 학문을 공부시키고 또 각 사람이 가난한 사람이라도 공부를 쉽게 하기 위하여 그 학교 부비를 백성이 도무지 상관할 것이 없고 공부하기 위하여 돈 낼 것이 없느니라.

그 책에 또 말하기를 기생이 많아지지 못하게 하기 위하여 그런 집마다 무거운 구실을 내게 하고 또 일본기생이 안남에 온 것을 안남에서 못 살게 하고 법국 사람이 내쳤다 하였으니 이것은 참말이지마는 지각 좀 남아 있는 아무 사람이라도 그 더러운 일을 금하는 것이 악한 일이라고 누가 말하리오.

이 책을 길게 평론한 뜻은 참으로 이 책이 효험 많이 있는 줄로 알고 하는 것이 아니지마는 이 사이 우리나라에서 지금 공부할 열심히 많은 즉 아무 책이라도 볼 마음이 있는 사람이 많고 또 돈을 얻기 위하여 아무 책이라도 내는 사람이 많은 고로 조심치 아니하면 명오의 좋은 음식 대신으로 모르는 백성이 독약을 삼키기 쉬우니 이러므로 월남망국사와 같은 망하고 해로운 책을 만나면 평론을 하고 그 해로운 것을 밝게 보게 하리니 이것도 우리 신문 보시는 이에게 극히 요긴한 일이라 하노라.

번역 또는 식민주의를 '애도'하는 방법

1. 번역과 '애도의 작업'

번역을 일컬어 "힘든 일은 많고 행복의 순간은 잠시인 작업"이라고 갈파한 폴 리쾨르는 「번역은 행복한 도전이다」라는 글에서 "모국어의 입장에서 볼 때 번역은 모국어를 신성시하는 경향에 대한 도전을 통하여 모국어의 취약한 자기동일성을 공격하게 된다"고 말한다. 슐라이어마하의 표현대로 '독자를 저자에게 데려가는 것'과 '저자를 독자에게 데려가는 것'을 사명으로 하는 번역자는 자국어중심주의에 빠져 있는 언중들로부터 저항에 직면한다. 뿐만 아니라 번역자는 외국어로부터의 저항도 피할 수 없다. 즉, 번역 대상이 되는 텍스트가 "번역에 온몸으로 저항하는 견고한 벽처럼 느껴지는" 상황에 직면하게 되는 것이다.92)

92) 폴 리쾨르, 윤성우·이향 역, 『번역론–번역에 관한 철학적 성찰』, 철학과현실사, 2006, 74~76면 참조.

번역이란 이질적인 타자=이질적인 언어와 만나는 지적·문화적 행위이다. 두 언어가 만나는 자리에서 벌어지는 번역 행위는 의미상의 간극을 완전히 없애지 못한다. 여기에서 번역 가능성과 번역 불가능성을 둘러싼 논란이 비롯된다. 그러나 이러한 논란에도 불구하고 인류는 번역을 통해 타자의 언어와 사상을 만나왔고, 그 과정에서 자기동일성을 끊임없이 재구성해왔다. 동서고금의 위대한 사상가나 작가가 번역을 통해 자신의 생각을 풍요롭게 했다는 것은 익히 아는 바와 같다. 번역자가 이중의 저항에 직면하여 고통을 겪으면서도 번역을 포기하지 않는 것은 자신의 언어와 이질적인 언어 사이의 낙차 또는 차이를 승인하고 그 낙차/차이를 사유함으로써 감추어져 있는 또 다른 자신의 모습을 발견할 수 있을 것이라는 기대 때문인 경우가 많다. 이와 관련하여 폴 리쾨르는 이렇게 말한다.

> 완벽한 번역의 꿈은 결국 번역이 하나의 획득, 더 구체적으로 말하자면, 상실 없는 획득이기를 바라는 데서 비롯된다. 그런데 번역이 아무것도 상실하지 않고 획득하는 것이기를 바라는 마음이야말로 애도의 작업을 통하여 단념해야 할 대상인 것이다. 그래서 궁극적으로 자국의 것과 이국적인 것 사이에는 결코 넘어설 수 없는 차이가 있다는 사실을 받아들일 수 있어야 하는 것이다.[93)]

번역자는 완벽한 번역을 향한 꿈을 포기함으로써, 다시 말해 그 꿈을 '애도'함으로써 자신의 존재 근거를 찾는다. 리쾨르는 '애도의 작업'이라는 프로이트의 용어를 차용하여 지나치게 자국적인 것에 집착하는 태도와 완벽한 번역을 지향한 나머지 제3의 이상적 언어에 애착을 보이는 태도로부터 벗어나야 한다고 주장한다. 그리하여 "자국의 것과 이국적인 것 사이에는 결코 넘어설 수 없는 차이가 있다는 사실"을 받아들

93) 위의 책, 87면.

수 있어야 한다는 것이다. 다시 말하거니와 번역이란 이처럼 차이를 긍정하고 그 이질적인 것의 수용과 자기 안의 어떤 것의 상실을 동시에 요구하는 지적·문화적 행위이다. 그러한 행위가 자발적일 수도 있고 그렇지 않을 수도 있지만, 중요한 것은 번역이라는 행위를 통해서 비로소 인간은 자기동일성의 회로에서 벗어나 자기 안/밖의 타자(들)를 만날 수 있다는 점이다.

많은 유보 조항이 필요하겠지만 동아시아 근대사상사를 조망할 때 리쾨르가 말하는 번역에서의 '애도의 작업'을 가장 신속하게 그리고 가장 효과적으로 수행한 나라는 일본이었다. 근대 일본 사상의 전개와 굴절 나아가 파탄을 논하기란 지난한 일이지만, 번역과 관련하여 하나만 언급해 두자면, 근대 일본은 '서세동점'이라는 시세(時勢)의 흐름을 재빨리 간파하고 근대화=서구화의 길로 나아갔는데, 그 원동력이 바로 방대한 서양 지식의 번역이었다.

한편 번역 사업을 체계적으로 펼칠 수 없었던 한국의 근대는 한자어라는 언어적 동질성 때문에 일본의 서양 번역에 기댈 수밖에 없었다. 이러한 의존 상황은 근대계몽기는 물론이고 식민지로 전락한 이후 한층 심화되었다. 제국주의 일본이 유포하고 새겨 넣은 식민주의의 영향력 하에서 한국의 지식인들이 번역을 통해 자국어와 외국어의 차이를 사유할 가능성은 현저하게 줄어들었다. 조금 대담하게 표현하면 현실적으로 식민지 시기 한국의 지식인들이 근대적 사고 능력을 형성하는 과정에서 사용한 언어는 한국어가 아니라 일본어였다. 이런 상황에서 번역에 관한 깊이 있는 논의가 진행되지 못했다는 것은 그다지 놀랄 만한 일이 아니다. 그렇다고 주목할 가치가 있는 논의가 전혀 없었던 것은 아니다.

2. 1930년대 번역론의 수준

1920년대 후반 이후 '외국 문학/문화를 번역하라'는 캐치프레이즈 아래 뭉친 이른바 '해외문학파'는 한국근대문학사에서 번역의 필요성을 가장 강하게 의식하고 외국문학의 번역을 실천에 옮긴 지식인 그룹이다. 이하윤, 김진섭, 정인섭, 손우성, 함일돈, 정규창, 김한용, 이헌구, 함대훈, 김광섭, 유치진 등을 아울러 지칭하는 해외문학파는 외국문학의 번역과 소개에 심혈을 기울였으며, KAPF 계열의 문학인들과 논쟁을 거치면서 자신들의 번역에 관한 생각을 가다듬었다. 그들의 번역론/번역관이 도달한 지점을 가장 잘 보여주는 예가 김진섭이 『조선중앙일보』에 14회에 걸쳐(1935.4.17~5.5) 연재한 「번역과 문화」라는 제목의 글이다. 이 장문의 글에서 그는 조선의 번역이 처한 '기묘한 상황'과 관련하여 다음과 같이 말한다.

> 원래 문화란 인류의 공유 재산을 의미하는 것으로서 누가 이것을 자기의 소유로 하든간에 그것은 물론 모든 사람의 자유 의지에 속하는 것이지만 조선의 경우에는 공유 재산으로서의 외국 문화 특히 '아이우에오'어(語) 문화에 대한 관계가 실로 기묘한 상태에 놓여 있으니 조선에 있어서의 후자의 보편적 침투(浸透) 세력은 내용에 있어서는 과연 여하한 것을 우리 민족 속에 형성시켜 가고 있는지 알 수 없지만 현재 외면(外面)에 나타난 현상을 가지고 판단하여 보면 그것이 우리에게 부단히 문화적 영향을 제공하여 주고 있음에도 불구하고 우리 자신의 독자적 문화는 점점 퇴색하여 가는, 퇴색은 않는다 하더라도 적어도 별단(別段)의 성장을 못 보게 하고 있음이 속일 수 없는 까닭이다. 너무도 이용되기 쉬운 다른 문화 때문에 우리 자신의 문화는 이제 안색을 잃고 침상에 누워있다고나 할까. 외래적인 것을 수용함으로 의하여 내재적인 것을 잃기 쉬움은 실로 정신의 문제에 있어서는 흔히 있을 수 있는 까닭이다. 문제가 조선의 번역 문화이니 논점을 이에 한정하고 생각하면 조선의 번

역 문화를 위하여 무엇보다 중대한 것은 일본의 번역 문화를 어떻게 처리하겠느냐는 문제이다.94)

김진섭에 따르면 "세계 문화의 각 양상을 원전 그대로 볼 수 있게 하여주는" 번역은 "문화 교환(交驩)의 기조(基調)"이다. 우리는 번역이라는 문화적 교량을 통하여 문명 세계로 나아갈 수 있으며, 우리의 모어(母語)를 더욱 풍요롭게 할 수도 있다. 따라서 번역가의 사명도 중차대하지 않을 수 없다. 특히 조선처럼 문화의 수준이 낮은 사회일수록 그 중요성은 더욱 커진다. 번역가는 "자국 문화의 향상에 대하여 살이 되고 피가 될 수 있는 어떤 형성적 효가를 가져오는 바 이국의 '칼로리'"를 공급하는 자, 다시 말해 한 사회의 문화에 영양을 공급하는 충실한 담당자의 사명을 띠고 있는 것이다.

그런데 조선의 번역가가 처한 상황은 대단히 열악했다. 번역가를 자신의 사상을 직접 표현할 수 없는 자들이 항용 택하기 마련인 '편법'에 기대는 자, "번역이 그 문화적 가치를 발휘치 못함이 조선과 같은 곳은 없다 하여도 과언이 아니"라는 진술에서 볼 수 있듯, 외국의 지식과 문화를 실어다 파는 '장사꾼' 정도로 폄하하는 분위기는 그렇다 치고, 일본어로 번역된 온갖 서적들이 넘치는 상황에 어떻게 대처할 것인지가 무엇보다 심각한 문제였다. '기묘한 상태'라는 표현은 식민지 조선의 지식인들이 직면한 딜레마를 적실하게 보여준다고 할 수 있거니와, 이는 이중언어(bilingual) 상황을 어떻게 돌파할 것인가라는 문제와 긴밀하게 연결되어 있다. 문학으로 좁혀 말할 경우, 외국문학을 번역하는 '혹독한' 과정이 새로운 모국어의 발견과 제도로서의 근대문학 형성에 얼마나 중대한 영향을 미치는지는 일본근대문학의 전개가 보여주는 바와 같다. 그리고 한국의 근대문학도 일본의 근대문학을 학습하는 과정에서 그 실마리를 발견했고, 그것과의 관계 속에서 전개되었다.

94) 김진섭, 「번역과 문화－조선과 번역문화(하)」, 『조선중앙일보』, 1935.5.5.

김진섭도 이러한 사정을 충분히 알고 있었던 듯하다. 하지만 외국의 문학에 대한 이해와 음미를 전적으로 '아이우에오'에 의존하는 현실을 타개하지 않는다면 "안색을 잃고 침상에 누워있"는 조선 문화는 회복 불능의 상태로 빠져들 것이라는 위기감을 떨쳐 버릴 수는 없었다. 그렇다면 어찌해야 할 것인가. 김진섭은 번역가의 사명을 강조하면서 해외문학을 조선어로 번역해야 한다고 말한다. 그는 번역가에게 "외국 문화를 조선적으로 소화"하는 창조적인 주체가 될 것을 요구한다. "자기 부정의 번역 행동에 의하여서가 아니고 자기 긍정의 전생적(轉生的) 의지에 의하여 세계와 우리 사이에 놓인 넘기 어려운 강을 연락(連絡)하는 교량의 역할"을 수행해야 한다고 강조한다. 그래야 일본의 번역 문화에 대한 과도한 의존을 탈피할 수 있다는 것이다.

그러나 김진섭을 비롯한 해외문학파의 번역에 관한 논의는 적지 않은 '유식자'들로부터 비판을 받아야 했다. 그 대표적인 예가 김동인이다. 김동인은 1935년 8월 31일자 『매일신보』에 「번역문학」이라는 제목의 글을 싣는다. 이 글에서 그는 "문학이 발달하기 위해서는 선진 외국의 문학을 음미하여야 할 것임"을 전제하고, 이 땅에서 신문학 운동이 시작된 지 20여 년이 지났는데도 외국문학에 관한 논의, 정확히 말하자면 외국문학의 이식(利殖)=번역에 관한 논의가 활발하지 못했던 이유를 묻는다. 그리고 이렇게 대답한다.

> 조선 사람이라고 외국문학을 음미할 필요가 없다든가 필요를 느끼지 않았던 바가 아니었다. 단지 조선에서는 "조선어로 이식되지 않은 외국문학일지라도 얻어 볼 기회를 가졌었다" 하는 특수 사정이 있었기 때문에 외국문학 이식에 등한(等閒)하여 왔다.
>
> 적어도 중등교육 이상까지 받은 사람은 일문(日文)을 모르는 사람이 없을뿐더러, 조선문은 도리어 일문만치 이해하지 못하는 현상이다. 이 덕택(?)에 우리는 외국문학을 우리의 손으로 조선문으로 이식할 번거로운 의무를 면할 수가 있었다.[95)]

김동인에 따르면 조선에서 외국문학이 활발하게 번역되지 않은 이유는 일본에서 번역한 것을 읽으면 되기 때문이었다. 김동인의 이러한 진단에 외국, 정확히 말하면 서양의 선진 문학 작품을 조선어로 번역하기란 무망하다는 '현실 인식'이 깃들어 있음을 어렵지 않게 알 수 있다. 외국소설에 관심이 있는 사람은 대개 일본어를 아는 '식자층'에 속할 터이고, 그런 마당에 번거롭게 조선어로 번역할 필요가 있겠느냐는 김동인의 현실 인식은, 서양 문학을 조선어로 번역할 수 있는 인적 자원이 턱없이 부족했던 당시의 상황을 고려한다면, 충분히 근거가 있다.

또 그는 "우리의 내용이 충실되고 모든 것이 다 구비되어 세간살이에 부족이 없을만치 되고도 여력(餘力)이 있다면 혹은 장식품의 존재로서 '우리글로 이식된 외국문학'도 소유하였으면 더 좋을 것"이라고 말한다. 여기에서 '세간살이'란 조선어로 이루어진 창작품을 가리키는 듯하다. 그러니까 그는 "시급한 세간살이도 다 장만하지 못한 형세(形勢)", 문학 창작의 수준도 제대로 갖추지 못한 상황에서 '장식품적 존재'인 외국문학의 번역에 눈길을 돌리는 것은 괜한 시간 낭비에 지나지 않는다고 말하고 싶었던 것이다. 소학교와 중학교에서 일본어를 애써 배운 대가로 "외국문화를 조선문으로 이식하지 아니 하고도 흡수할 수 있는 길이 있다는 특권"을 충분히 누리고, 이를 토대로 조선문학의 내실을 기하면서 "여력이 미치는 시절"을 기다리는 것, 바로 이것이 작가 김동인의 현실 진단이었다. 이른바 '준비론'인 셈이다.

95) 김동인, 「번역문학」, 『매일신보』, 1935.8.31.

3. '중역(重譯)'이라는 그물

김진섭과 김동인, 두 사람의 번역을 둘러싼 논의에 대해서는 다양한 평가가 있을 수 있다. 놓치지 말아야 할 것은 이들의 논의가 담론장의 성격을 규정하는 식민지라는 상황으로부터 자유로울 수 없었다는 점이다. 그런 만큼 그들의 고민은 동일선상에서 출발한 것이라 할 수 있다. 일본어가 '국어'로 통용되는 상황에서, '국어'가 세계의 지(知)를 전유 유포하고 있는 상황에서 조선어와 조선문학을 포함한 조선문화의 향방을 가늠하기란 실로 지난한 일이었음에 틀림없다. 김동인과 김진섭은 물론 대부분의 지식인들이 일본어를 통해 '세계의 지=제국의 지'을 습득했다는 점을 감안하면, 일본어=제국의 언어의 중력으로부터 벗어나 조선어로 사유하는 과정 자체가 하나의 번역 과정이었다고 할 수 있을 터인데, 식민지 조선에서 번역과 관련된 논의가 생산적인 방향으로 전개되지 못했던 것도 이와 일정한 관계가 있을 것이다.

시간을 거슬러 올라가 보면 이들의 고민의 뿌리가 얼마나 깊은지를 알 수 있다. 즉, 근대계몽기 지식인들은 서양으로 대표되는 문명 세계의 언어를 조선어로 번역할 경우 발생하는 심각한 문제에 직면해야 했다. 식민지로 전락하기 이전부터 계몽주의자들을 괴롭힌 이 문제는 다름 아닌 '근대=서양'을 일본/일본어를 경유하여 학습할 수밖에 없었던 한국 근대의 '특수한 사정'에서 비롯된다. 유길준이나 서재필, 윤치호 등 직접 서양을 체험한 지식인들이 없었던 것은 아니지만 이들은 극소수에 지나지 않았고, 대부분의 지식인들은 일본이 번역한 서양을 '간접적으로' 체험해야만 했다. 일본어라는 필터를 통과한 근대=서양을 받아들인 지식인들의 내면 풍경을 읽어내기란 쉬운 일이 아니지만, 1905년을 지나면서 근대적 지식의 창구가 일본(어)로 일원화하는 사태를 걱정하는 소리를 심심찮게 들을 수 있다.

이 시기 지식인들의 글에는 1930년대 김진섭의 불만이 미칠 수 없을 정도의 조급함, 다시 말해 '문명의 언어'를 시급히 수입=번역하여 근대화의 길로 나아가야 한다는 절박한 심정이 곳곳에 배어 있다. 그런데 이 시점에서도 이미 일본이라는 경유지 또는 걸림돌이 문제였다. 잘 알려진 바와 같이 근대계몽기 일본이 한국에 미친 영향은 모든 분야를 망라하여 타의 추종을 불허한다. 청일전쟁과 러일전쟁에서 잇달아 승승장구하면서 일본은 일약 '문명개화'와 '부국강병'의 모델로 부상(浮上)한다. 근대 일본의 힘의 원천은 서양의 번역이었다. 그 힘을 바탕으로 한 일본의 제국주의 전략이 현실화하면서, 한국의 진보적 지식인들, 특히 『대한매일신보』의 필진들은 '번역' 통로가 일본으로 한정되는 것을 통렬하게 비판하고 문명을 '직접' 수입해야 한다고 말한다.

최근 한국에 일어학(日語學)의 조세(潮勢)가 더욱 높아져 일어학교가 별같이 늘어서고 일어학자가 숲같이 일어서니, 슬프다, 무성하기도 하구나. 이렇듯 일어학교가 많고 일어학자가 많음이 과연 문명의 수입을 위함이며 국가의 발전을 도모함인가. 만록총중(萬綠叢中)에 일점홍(一点紅)같이 한둘의 정의로운 일어학교와 일어학자가 없는 것은 아니나 대개 한 마디로 말하건대 노예학교(奴隷學校)며 노예학자(奴隷學者)니라. (…중략…) 대저 오늘날 한국인이 일본을 문명 수입의 유일한 길로 아는 자가 많으나 저 일본은 모방자에 불과하나니, 고로 문명의 원천을 찾고자 할진대 구미(歐美) 문명을 수입치 아니함이 불가하며, 저 일본은 저 일본은 유치시대(幼稚時代)에 상재(尙在)하나니, 고로 장실(壯實)한 문명을 모범코자 할진대 구미 문명을 수입하지 아니함이 불가하며, 저 일본은 구미 문명을 모출(模出)함에 그 국수(國粹)에 알맞고 그 국리(國利)에 적합하도록 모출한 것이 많거늘, 한국인이 이를 직수입하면 천리(千里)의 차이를 면하지 못할지니, 고로 진정한 문명을 수입하려면 구미 문명을 수입지 아니함이 불가하고, 또 금인 한인(韓人)이 문명의 성심전달(誠心傳達)을 일인(日人)에게 바랄 바 아니니, 고로 구미 문명을 수입하지 아니함이 불가한지라. 그러한데 구미 문명을 직접 수입함에 우선 그 기관을 준비할 길은 곧 구미어(歐美語)를 앎이 그것이니, 고로 금일 한국 인사(人士)가 구미 열국의

언어를 편학(遍學)함이 가하니라.[96]

'제국' 일본이 실질적인 힘을 발휘하기 시작하면서, 그리고 식민정책이 본격화하면서 조선에는 일본어 열풍이 몰아치고 있었다. 번역에 있어서도 일문(日文)을 옮긴 것이 태반이었다. 이러한 상황에서 이 논설의 필자는 과도한 일본어 편중 현상이 과연 '문명의 수입'을 위한 것인지 반문하면서, '구미문명'을 직수입할 것을 역설한다. 하지만 대세는 이미 기울고 있었다. 일본을 '서양화=근대화=문명화'의 모범으로 인식하고 있던 사람들에게 이와 같은 발언이 어느 정도 효력을 발휘했을지는 미지수이다. 그러나 문명을 수입=번역하는 창구가 일본으로 일원화되고 어학계가 일본어 일색으로 변모하고 있는 현실을 수락하기는 쉽지 않았을 것이다. 그것은 식민지적 무의식에 저항하려는 일종의 방어기제였다고 할 수 있다.

일본어가 아니라 서양 각국의 언어를 폭넓게 학습하여 직접 문명을 받아들여야 한다는 논의는 「어학의론(語學議論)」이라는 제목의 논설에서도 이어진다. 이 논설의 필자는 "외국의 문명을 수입하고자 하여도 먼저 외국의 어학을 학습한 후에야 여러 가지 문명이라는 음식(飮食)을 소화하기 쉬울 것"이라고 전제한 뒤, 법률에는 로마어, 문학에는 그리스어, 노래의 곡조에는 이탈리아어, 외교에는 프랑스어가 필수적이며, 남아메리카나 멕시코와 통상을 원하는 자는 스페인어를, 유럽 각국과 통상하기를 원하는 자는 영어를 배워야 한다고 말한다.[97] 그리고 서양 각국의 언어를 직접 학습하는 것은 서양의 문명을 직접 수입=번역하기 위한 수단이라는 점을 강조한다.

이처럼 근대계몽기의 지식인들은 일본을 경유한 중역(重譯)의 문제점을 직시하고 있었다. 문명 수입의 창구가 일본/일본어로 일원화하는

96) 「어학계(語學界)의 추세(趨勢)」, 『대한매일신보』, 1910.4.9.
97) 「어학의론(語學議論)」, 『대한매일신보』, 1909.3.2.

데 따른 이들의 불안감은 정치적 위기의식과 맞물려 더욱 고조된다. '문명의 언어'를 일본/일본어에 의존할 경우 초래될 정신 또는 사상의 식민화를 그들은 깊이 우려했던 것이다. 그들이 보기에 어학의 습득은 다양한 문명/문화를 수입=번역하기 위한 방편일 뿐, 중요한 것은 자국의 언어와 자국의 문장으로 사상을 양성하고 심지(心地)를 배양하여 자주정신과 독립정신을 주장할 수 있도록 '계몽'하는 일이었다. 사후적으로 판단하건대, 일본을 통한 일방적인 '문명의 번역'이 몰고 올 파장을 근대계몽기의 지식인들은 정확하게 파악하고 있었던 셈이다.

그러나 사태는 점차 악화되었고 급기야 식민지로 전락하면서 문명의 번역을 둘러싼 논의는 잠잠해진다. 물론 식민지 체제하에서도 번역은 이어졌다. 『설중매』 『장한몽』 등 일본의 신파극을 번역/번안한 것들이 식민지 조선인들의 감각과 감수성을 파고들었고, 김억을 비롯하여 현진건, 염상섭 등 내로라하는 작가들도 서양의 시와 소설을 번역했다. 그러나 문제는 그것이 모두 일본에서 번역한 것을 다시 번역했다는 사실이다. 뿐만 아니라 그것마저 산발적이었으며, 김동인의 예에서 보듯 대부분의 지식인들은 번역의 필요성조차 느끼기 못했다. 식민지 시대 지식인들은 일본이 번역한 개념어로 근대를 사유했고, 일본이 번역한 세계문학전집을 통해 외국문학을 이해했다. 결국 대한매일신보 논설의 필자가 주장했던 바 직접적인 문명의 번역은 더욱 요원해졌고, 더욱 촘촘하게 짜인 '중역이라는 그물'이 식민지 조선 지식인들을 사로잡고 있었던 것이다. 그리고, 앞당겨 말하자면, 이 그물은 그 후로 오랫동안 한국의 지식인들 사이에 넓게 펼쳐져 있었고 지금도 사정은 크게 나아지지 않았다.[98]

98) 이상은 정선태, 「근대계몽기 번역론과 번역의 사상」, 『근대의 어둠을 응시하는 고양이의 시선—문학·번역·사상』, 소명출판, 2006, 29~31면의 내용을 논의의 맥락에 맞춰 대폭 수정한 것이다.

4. 번역된 근대와 식민지주의

김동인이 말했던 바와 같이 "세간살이에 부족이 없을만치 되고도 여력"이 있는 시점에 이르러서야 일본에 대한 '지(知)의 종속'으로부터 벗어날 수 있다면 그때는 언제쯤일까. 이 물음은 번역에 관한 한국 지식인의 의식/인식 수준을 묻는 것이어서 피해갈 수가 없다. 식민지 상태에서 해방된 후에도 식민주의가 남긴 흔적이 쉽게 사라지지 않고 있는 것은 식민주의의 관성(慣性) 때문이라고 말할 수도 있다. 식민주의는 제도에서 언어와 일상에 이르기까지 짙은 그늘을 드리우고 있기 때문이다. 그러나 일본이 번역한 서양=근대에 '무임승차'해왔던 과거를 통렬하게 비판한 지적 공간을 확보하지 못한 지식계의 무능력 또는 무관심이 더욱 문제라고 말하는 것이 진실에 가까울지도 모른다.

근대계몽기 지식인들은 점점 강하게 옭죄어오는 식민주의의 그물망을 피하기 위해 힘겨운 지적 투쟁을 벌였다. 그들을 사로잡고 있던 식민화의 공포가 '제국' 일본이 아닌 다른 문명국을 직접 번역함으로써 사라질 리는 없었다. 그러나 적어도 이질적인 타자의 언어=문명의 언어를 다양한 경로를 통해 수입=번역해야 한다는 절박한 목소리에는 일본에 의한 조선의 식민지화에 저항하고자 하는 의지가 분명하게 포함되어 있었다. 그러나 김진섭을 비롯한 해외문학파의 견해를 일소에 부쳐버린 김동인의 예가 극명하게 보여주는 바와 같이, 식민지 조선의 지식인들은 번역에 관한 한 무관심으로 일관했다. 이것이야말로 식민주의가 피식민지인을 어떻게 장악해 들어갔는지를 보여주는 좋은 예이다.

'번역이라는 모험'을 통한 자기 발견의 기회를 박탈당했던 식민지 시대의 유산이 아직껏 그 위력을 잃지 않고 있다는 것은 식민주의가 거느린 그림자가 얼마나 깊고 넓은지를 반증한다. 제국주의 일본이 전방위적으로 유포한 식민주의라는 '유모'는 아직도 한국의 지식인들을 품에 안고 쉽게 놓아주려 하지 않는다. 아니, 해방 이후에도 많은 지식인들이 식민주의의 품에 안겨 그곳으로부터 떠나려는 의지를 보여주지 못했다고 하는 편이 옳을 것이다. 식민주의라는 유모를 애도할 의지를 상실한 지식인들의 행태는 자기 기만(self deception)의 극치를 보여준다. 그들은 겉으로는 그 유모를 부정하면서도 내심 그 품에서 떠나기를 주저한다.

예컨대 일본에서 간행한 세계문학전집을 모본(模本)으로 놓고 이를 중역하여 간행한 6, 70년대의 세계문학전집류는 말할 것도 없고, 새로운 동아시아 담론의 구축(構築)을 외치면서도 일본 근대사상사를 대표하는 저작들의 번역에는 차가운 반응을 보이는 사람들이 적지 않다는 사실은 무엇을 뜻하는가. 또 8월만 되면 일본어 잔재를 청산해야 한다며 목소리를 높이면서 우리들이 일상적으로 쓰는 수많은 개념어들이 근대 일본이 막대한 노력을 기울여 번역한 말이라는 것을 밝히는 데는 인색한 것일까. 여기에는 일본을 증오하면서도 동시에 선망하는 이율배반적인 심리학이 작동하고 있다. 일찍이 이런 문제에 관하여 신랄한 비판을 제기했던 김용옥에 따르면 번역을 경시하는 풍조가 우리 학계를 지배하는 동안 만연된 질병이 바로 '표절'이다.[99] '표절'이라는 비윤리성의

---

99) 이와 관련하여 김용옥은 다음과 같이 말한다. "일본학계에서는 한 학자를 평가하는 데 있어 번역을 제일의 업적으로 평가한다. 한국 사람들은 암암리에 이러한 일본의 학풍을 창조성을 결여한 '모방 민족'의 소치라고 경시한다. 허나 일본사람들이 번역을 제일의 업적으로 평가하는 가장 명백한 이유는 번역이 학문 활동 중에서 가장 긴 시간과 가장 수준 높은 스칼라십을 요구하기 때문이다. 정약용의 역학(易學)에 관하여 논문을 쓰는 일보다 정약용의 『주역』 해석인 『주역사전(周易四箋)』을 완역하는 일이 훨씬 더 어렵다는 사실을 아무도 부인하지 못할 것이다. '관한 논문'을 쓰는 일은 그것에 대한 철저한 지식이 없더라도 가능하다. 해석이 안 되는 부분은 슬쩍 넘어갈 수도 있고, 또 책을 다 읽지 않더라도 동초서초(東抄西抄)하여 적당히 일관된 논리의 구색만 갖추면 훌륭한 논문이 될 수도 있다. 허나 번역의 경우는 전혀 이야기가 다르다. 그 작품의 문자 그대로 '완전한' 이해가 없이는 불가능하다. 그리고 모든 인용 출전에 대한 완전한 조사를 강요당한다. 그야말로 에누리없이 그 번역자의 스칼라십이 완전히 노출된다.

이러한 '노출'을 두려워한 한국 한자들은 여태까지 창조적 '논문'이라는 표절 행각에만 분주했던 것이다. 이런 현상은 비단 동양학계에만 국한되지는 않는다고 본다. 이

이면에는 식민주의의 중력에서 탈출하려는 의지를 상실한 지식인들의 이율배반적 심리가 자리 잡고 있다.

물론 표절이 아니라 진정으로 '창조적인 논문'을 작성한 사람들도 적지 않을 것이다. 그리고 김동인의 말대로 살 만해져서인지 번역에 대한 인식도 최근 들어서는 많이 달라진 게 사실이다. 하지만 아직도 번역을 '창조적인 논문'보다 낮게 보는 경향이 강하게 남아있는 것도 사실이다. 학자라면 모름지기 '아는 사람만 아는' 논문을 써야 한다는 강박 관념으로부터 자유롭지 못한 사람이 적지 않다. 식민주의의 중력이 얼마나 강력한지를 이만큼 적절하게 보여주는 예도 드물 것이다.

5. 번역의 윤리, 번역의 미래

시를 쓰면서, 시로는 먹고살 수가 없어 번역을 부업으로 삼아야 했던 김수영은 「번역자의 고독」이라는 산문에서 다음과 같이 적고 있다.

> 번역을 부업으로 삼은 지가 어언간 10년이 넘는다. 일본의 불문학자 요세 교쇼는 제자였던 오마쓰 기요시를 보고, 번역을 하는 사람은 10년 안에는 단행본 번역에 손을 대서는 안 된다고 호령했다고 하지만 나는 분에 넘치는 단행본 번역을 여러 권 해먹었다. 물론 일본과 우리나라와는 번역만 하더라도 비교가 안 되고, 나는 무슨 영문학자도 불문학자도 아니니까 번역가라는 자격조차 없고 도대체 비난의 대상조차 되지 않을지도 모른다. 사실 나는 수지도 맞지 않는 구걸번역을 하면서 나의 파렴치를 이러한 지나친 겸허감으로 호도

런 문맥에서 해방 후 30년간의 한국학계를 넓은 의미로 '표절의 시대'라 불러 무방할 것이다. 이제 우리는 이 표절의 시대를 청산해야 할 시점에 이른 것이다(김용옥, 『동양학 어떻게 할 것인가』, 통나무, 1986, 127면)."

해왔다.[100)]

번역자로서 김수영이 느끼는 고독은, 『대한매일신보』의 필자가 일본어만이 아닌 여러 외국어로 문명의 언어를 수입=번역해야 한다고 천명한 지 50년이 훌쩍 넘은 시점, 그리고 김진섭이 일본의 번역 문화가 지배하는 현실을 두고 깊은 고민에 빠진 지 30년 가까운 시점, 출판사마저 제대로 알아주지 않는 번역의 현실에 대한 좌절에서 기인한다. 그를 더욱 고독하게 하는 것은 "아무리 보수가 적은 번역 일이라도 끝까지 정성을 잃지 말아야지"라고, 짐짓 위로하듯이 말한 '고급 속물'들이다. 아마 지금도 비정규직 번역가들을 안쓰러운 표정으로 바라볼 '고급 속물'들이 적지 않을 것이다. 이들은 번역의 필요성을 전혀 느끼지 못할 만큼 '원어'를 자유자재로 읽어내는 뛰어난 학자들이거나, 원문을 대충 '동초서초(東抄西抄)'하여 그럴싸한 글을 작성하는 '논문 복제기'거나, 번역의 가치를 전혀 인정하지 않는 강고한 학문적 주체성의 소유자이거나, 세 부류 중 하나에 속할 것이다.

이들은 식민지 시기 일본의 번역 문화에 압도되어 자국어로 번역하는 것을 시간 낭비로 치부한 김동인의 저 도도한 엘리티즘을 공유하고 있다. 그것이 자국 밖에서 생산된 지식을 번역을 통해 많은 독자들에게 전달하고자 하는 번역자들의 의욕을 낮게 평가하는 가장 중요한 이유 중 하나다. 나아가 식민지 시대를 경유하면서 '지식인들의 모국어'로 자리잡은 일본어로부터 벗어나기 위한 애도의 작업을 지연시키는 핵심적인 요인이기도 하다. 주의해야 할 것은 번역이라는 이질적인 사고의 흐름을 방해하는 자국어중심주의도 식민주의와 동전의 양면을 이루고 있다는 점이다. 이는 식민주의에 대항한 반(反)식민지주의가 쉽게 자국어중심주의로 빠져든다는 것을 생각하면 어렵지 않게 이해할 수 있다. 한

---

100) 김수영, 「번역자의 고독」, 『김수영 전집 2－산문』, 민음사, 1981, 79면.

국의 지식인들이 번역에 대해 보이는 자기 기만적 태도를 포기하지 않는 한 식민주의를 진정으로 애도할 능력을 확보할 수가 없다고 말하는 것도 이러한 맥락에서이다.

근대계몽기의 지식인들이 경험해야 했던 것은 밀려드는 문명의 언어를 자국어로 번역할 수 없다는 무력감과 일본이 번역한 근대를 무비판적으로 추종하는 번역이 야기한 불안감이었다. 그리고 1930년대 김진섭의 논의가 딜레탕티즘으로 평가절하되고 김동인의 '시기상조론'이 설득력을 얻었던 것은 식민주의가 어떻게 한국어와 이질적인 언어들 사이의 소통을 가로막았는지를 보여주는 단적인 예이다. 해방 이후에도 식민주의의 굴레를 벗어나지 못한 지식인들은 타성과 자기 기만에 빠져 번역의 사상사적 의의를 외면해왔다. 경쟁의 논리가 외국어 교육에까지 깊숙이 개입하여 심도 있는 학습 자체를 불가능하게 하는 현실을 보건대 한국에서 번역의 미래는 결코 낙관적이지 않다. 미국 중심의 '지구제국'에서 한국어가 독자적인 자존/자생 능력을 강화하기 위해서는 많은 외국어들과 번역을 통해 대결을 벌일 수 있어야 한다. 그렇지 않을 경우 한국어는 이제 거대한 '영어마을'의 보잘것없는 부속품으로 전락할 것임에 틀림없다. 이제 우리는 왜 '지금—여기'에서 식민주의가 문제인지를, 그것이 번역(론)과 어떤 점에서 관련이 있는지를, 한국 사회에서 번역이 걸어온 길을 되짚으면서 진지하게 묻고 진지하게 대답해야 할 것이다.

종군문학이 그린 '전쟁의 얼굴'

『보리와 병정』과 『전선기행』

1. '사변'의 소용돌이

작가 채만식은 '일지사변(日支事變)' 3주년을 기념하는 글에서 일본과 중국의 전쟁을 "동아(東亞)의 천지에 새로운 질서가 펴질 전주곡이요 따라서 역사의 웅장한 분류(奔流)"였다고 규정하고, "대일본제국을 맹주로 신흥 만주국과 신생 중화민국이 같이 일체가 되어 경제적으로 동일 블록을 결성하여 상부상조, 대외적으로는 구미(歐美)의 착취와 침노를 물리치고 사상적으로는 방공(防共)·배적(排赤)함으로써 공존공영의 우의적 연계 아래 새로운 질서가 동아 천지에 확립이 될 날이 바야흐로 머지 않"았다고 말한다.[101]

1937년 7월 11일 코노에 후미마로[近衛文麿]가 이끄는 일본 내각이

101) 채만식, 「나의 '꽃과 兵丁'」, 『인문평론』, 1940.7, 88~89면.

'노구교사건(蘆溝橋事件)'을 빌미로 "북지(北支) 치안의 유지가 제국 및 만주국의 입장에서 보았을 때 긴급한 일이라는 것은 여기에서 췌언(贅言)을 요하지 않으며, 지나측이 불법행위는 물론 배일모일행위(排日侮日行爲)에 대한 사죄를 하고 금후 이러한 행위가 일어나지 않도록 하기 위한 적당한 보장 등을 하는 것은 동아의 평화유지상 지극히 긴요"하다는 내용[102]의 「파병에 관한 정부 성명」을 발표하면서 전면화한 중일전쟁은 아시아 전지역, 아니 세계를 전쟁의 소용돌이로 몰아넣는 신호탄이 되었다. 일본 정부는 1937년 8월 15일, 1938년 1월 16일, 1938년 11월 3일, 1940년 7월 26일 잇달아 성명을 발표한다. 그리고 1938년 4월 1일에는 국가총동원법(國家總動員法)을 제정하여 전면적인 총력전 체제로 돌입한다. "사회의 군대화가 모든 시민을 일종의 전쟁기계로 만들어 버리는"[103] 총력전의 시대에 들어선 것이다.

중일전쟁의 명분은 물론 "동아의 영원한 평화를 위한 일지(日支) 양국의 친선과 제휴", 나아가 "일만지(日滿支) 삼국의 융화와 제휴"에 바탕을 둔 '세계평화'의 확립이었다.[104] 세계평화의 확립이라는 말로 위장한 세계지배의 욕망을 전쟁이라는 현실로 옮겨놓은 것이 바로 '지나사변'이었던 것이다. 코노에 내각에서 외무상을 지낸 아리타 하치로(有田八郎)가 1940년 6월 29일 라디오를 통해 발표한 성명에 따르면 지나사변은 새로운 동아(東亞)의 재건을 위한 '대승적(大乘的) 무력 행사'였다. 그는 이 성명에서 ① 대동아공영권의 이상은 일본 조국(肇國)의 대정신이라는 것, ② 대동아공영권의 실현 방법은 지리적・인종적・문화적・경제적으

102) 近衛文麿, 『盡忠報國の精神』, 東京 : 第一出版社, 1938, 107~109면.

103) 폴 비릴리오, 이재원 역, 『속도와 정치』, 그린비, 2004, 183면.

104) 1940년 8월 1일 발표된 코노에내각의 基本國策綱領에서는 그 근본방침을 이렇게 천명한다. "皇國의 國是는 八紘을 一宇로 하는 肇國의 大精神에 기초하여 世界平和의 확립을 招來할 것을 根本方針으로 하고, 우선 皇國을 핵심으로 하여 日滿支의 강고한 결합을 근간으로 하는 大東亞의 新秩序를 건설하는 데 있다. 이를 위해 皇國은 스스로 조속히 新事態에 卽應하는 不拔의 國家態勢를 확립하고, 국가의 總力을 다하여 위 國是의 구현에 邁進한다."

로 밀접한 제민족의 공존공영이며 이 공존공영권은 세계사와의 연관 속에서 건설되어야 한다는 것, ③ 대동아공영권의 건설은 동아신질서의 정신에 기초하는 것이며 따라서 그것은 동아신질서의 발전 형태라고 선언했다.[105)]

제국주의 일본의 지배 욕망을 고스란히 담고 있는 '선언/성명'은 의식주에서 사상까지 식민지 조선인들의 삶을 전방위적으로 규율하는 규범이 되었다. 이런 상황에서 채만식뿐만 아니라 국내에 거주하고 있던 대부분의 문인들도 '만주사변'(1931)과 '지나사변' 이후 걷잡을 수 없이 확대되는 전쟁의 소용돌이를 비켜갈 수가 없었다. 동아신질서 구축에 골몰하던 제국주의 일본은 '지나사변'(1937.7) 즉 중일전쟁을 전후하여 조선의 '불온세력'을 축출하기 위해 사상통제와 검열을 한층 강화했다. 예컨대 1920년대 중반 무렵부터 진보적 문학운동의 중심 역할을 해왔던 KAPF가 1935년 해산되면서 대부분의 문인들은 '전향'을 선언해야 했으며, 중일전쟁의 전황(戰況)이 일본 측에 유리하게 전개되던 1938년 후반 이후에는 '사실수리론(事實受理論)'이 힘을 얻으면서 '본격적으로' 시국에 영합하는 글들이 『매일신보』와 『삼천리』 『조광』 『문장』 『인문평론』 등에 모습을 보이기 시작했다.

채만식이 "동아의 천지에 새로운 질서가 펴질 전주곡이요 따라서 역사의 웅장한 분류"라 불렀던 중일전쟁이 진행되는 동안 문인들은 '전쟁문학이란 무엇인가'라는, 한국 근대문학사에서 비교적 낯선 문제와 마주해야 했다. '일본의 힘을 무시하지 말고 사실을 있는 그대로 받아들이자'는 논의가 확산되면서 '동아의 평화'를 위해 '대승적 무력'을 행사하고 있는 '대일본제국'의 '성전(聖戰)'을 '선무(宣撫)'하기 위한 문인들의 노력은 황군위문사절(皇軍慰問使節) 파견과 조선문인협회(朝鮮文人協會) 결성, '문학정신대(文學挺身隊)'의 시국강연 등등으로 이어진다. 그 한가

105) 大渡順三, 『新體制讀本』, 東京 : 新紀元社, 1940, 19~24면 참조.

운데 히노 아시헤이[火野葦平]의 『보리와 병정』의 번역, 그리고 이를 '되받아쓴' 박영희(朴英熙)의 『전선기행』이 놓여 있었다.

2. 전쟁의 시대, 문학의 향방

'요동학인(遼東學人)'이라는 필자가 쓴 「전쟁과 문예작품」에 따르면, 근대 지식인이 전쟁의 문학적 표현에 관심을 갖기 시작한 것은 제1차 세계대전 직후의 일이며, 전쟁문학은 다음과 같은 세 가지 경향으로 나누어 볼 수 있다. 즉 ① "개전 직후 이상한 충동에 혹란(惑亂)한 순간의 강렬한 감정을 그대로 투출(投出)한 문학, 적국에 대한 격렬한 저주, 전사의 애국심의 고양을 목적으로 하여 지어낸 로맨티시즘적 문학, 다시 장렬한 전투의 활사(活寫) 용감한 전사의 행동"을 그린 애국문학, ② 전쟁의 경과 및 전쟁 그 자체를 충실하게 그린 보고문학, ③ 레마르크의 『서부전선 이상 없다』로 대표되는, 전쟁의 참혹하고 음울한 장면을 그린 반전문학이 그것이다.[106]

세 번째 경향에 속하는 반전문학에 대하여 평론가 최재서는 「전쟁문학」에서 다음과 같이 비판한다.

> 종래로 우리가 구라파의 전쟁문학이라고 일컬어온 것—즉 구라파대전 직후로부터 1930년까지의 소위 20년대에 허다하게 생산된 전쟁소설이나 戰爭劇은 그 인간 취급에 있어서 대체로 陰慘하고 또 悲觀的이었다. 전장에서 있어서의 피로와 고통, 공포와 절망, 無價値와 허무 등을 특별히 강조하여 자칫하면 전쟁 기피의 관념을 誘發한다는 것이 공통된 경향이었다. 대전 직후에 일

106) 遼東學人, 「戰爭과 文藝作品」, 『삼천리』, 1938.12, 186~188면 참조.

어난 독일의 표현주의나 또 그 반동으로서 일어난 新卽物主義는 모두 다 이 경향을 대표하는 유파였고 그 중 대표작은 레마르크의 『서부전선 이상 없다』였다. (…중략…) 국제정세가 一變한 오늘에 와서 이들 反戰文學은 구라파에서도 일체로 排擊되고 있는데 그 중에서도 독일에선 나치스의 肅淸 이래 그것은 전연 자취를 감추고 말았다. 그 대신 國民主義와 戰友感情을 基調로 하는 새로운 전쟁문학이 대두하여 오늘의 독일문단을 支持하고 있다.[107]

1930년 이후 나치정권이 대대적인 '숙청(肅淸)'에 나서기 전에 생산된 반전문학은 전쟁 기피 관념을 유발한다는 이유로 배격되고 있으며 점차 국민주의와 전우감정(戰友感情)을 기조로 하는 새로운 전쟁문학이 독일 문단을 지탱하고 있다고 전하면서, 최재서는 '성전(聖戰)'이 진행 중인 현재 조선이 필요로 하는 전쟁문학은 병사들의 진중일기(陣中日記)나 그들이 후방으로 보낸 편지 등 "후세에 영구히 남을 예술적 작품보다는 차라리 생생한 전장의 체험을 그대로 전할 만한 보고적인 작품을 일컫는 경우가 많다"는 견해를 피력한다. 다시 말해 병사들이 전장에서 어떠한 고생을 겪고 있는지, 그들은 전장에서 무엇을 느끼고 무엇을 생각하고 무엇을 서로 이야기하고 있는지 등등을 아는 것이 절실하다는 것이다. 왜냐하면 "우리들이 멀리 총후에 남아서 병대들과 더불어 전쟁의 감정을 나누고 그들과 매한가지로 국민의식에 연결되려면 이러한 전쟁문학이 가장 손쉽고 또 현재 가질 수 있는 유일한 수단이 되기 때문이다."[108]

이 글에서 최재서는 『독일전몰학생(獨逸戰歿學生)의 서한(書翰)』(1918)에 실린 어느 학생의 편지를 소개하면서 이렇게 말한다. "전쟁은 무서운 것, 슬픈 것이라는 것은 틀림없는 사실이다. 그러나 일단 전쟁이 된 이상 국민된 자는 이러한 공포나 개인적인 감정을 초월하여 감연(敢然)히 조국을 위하여 일어선다는 것이 고래로 동서양을 물론하고 명예 있는

107) 최재서, 「전쟁문학」, 『인문평론』, 1940.6, 59~60면.
108) 위의 글, 54~55면.

민족이 걸어온 길이다."[109] 그에 따르면 이 서한집이 가지고 있는 문학적 가치는 보고성(報告性)에 있다. 전쟁이라는 우리의 일상생활을 초월한 생활세계에 있어서는 모든 체험이 비범할 뿐 아니라 또한 인간능력을 최대 한도로 발휘시키고 인간성을 그 최고의 경지에까지 고양시킨다는 의미에서 우선 그것은 보고될 가치가 있다는 것이다. 그리고 "이러한 엄숙한 체험에 대하여 우리는 인위적인 혹은 예술적인 가공을 하기 전에 우선 그것을 소재 그대로 받아들이는 겸허한 태도가 필요할 줄 안다. 첫째로 그것이 전쟁에 희생된 용사들에 대한 총후(銃後國民)으로서의 의무이고 둘째로 장래의 진실하고 위대한 전쟁문학을 창조하는 데도 밑바닥이 되기 때문이다."[110] 일상생활을 초월한 비범한 생활세계의 체험을 묘사하여 인간성을 최고의 경지까지 고양시키는 보고문학이야말로 '동아의 평화'를 위해 '성스러운 전쟁'을 치르고 있는 '대일본제국'이 가장 필요로 하는 문학이며, 전장(戰場)의 숭고한 모습을 있는 그대로 받아들이는 것이 '국민된 자'의 의무라는 것이다.

사실 일본의 전쟁문학은 러일전쟁을 배경으로 한 사쿠라이 타다요시[櫻井忠溫]의 『육탄(肉彈)』, 미즈노 히로노리[水野廣德]의 『차일전(此一戰)』, 나오키 산쥬고[直木三十五]의 『일본의 전율』,[111] 중일전쟁을 배경으로 한 히노 아시헤이의 『보리와 병대』 『흙과 병대』 『꽃과 병대』 삼부작을 비롯하여 우에다 히로시의 『황진(黃塵)』, 히비노 시로[日比野士郎]의 『오송(吳淞)크릭』과 『야전병원』 등 '보고문학'이 대부분이었다. 이타가키 나오코[板垣直子]는 예술적 가치가 뛰어나고, 예술적으로는 중요하지 않더라도 강한 사회성을 지닌 것, 유명한 회전(會戰)이나 격전(激戰)을 다루었다는 의미에서 기억될 만한 것 등을 '기념비적' 전쟁문학이라 규정하고,

---

109) 위의 글, 59~60면.

110) 위의 글, 63면.

111) 러일전쟁을 배경으로 한 전쟁문학에 대한 개괄은 伊藤整, 『戰爭の文學』, 大坂: 全國書房, 1944를 참조할 것.

히노 아시헤이의 '병대시리즈'와 히비노 시로의 『오송크릭』 등을 그 예로 들고 있다.[112)]

'보고문학'의 기념비적 성격 규정에 응답이라도 하듯 박영희는 히노 아시헤이의 작품을 "우리가 말하는 사색적인 것이 아니라 곧 실천의 문학", "전쟁한 것을 쓴 것이 아니라 전쟁하면서 쓰는 작품"이라 평가하면서, "그 생생한 감정이 국민들의 흉저(胸底)에 가져다주는 무엇인 있을 것"이라는 점에서 보고문학으로서 충분한 의의를 지닌다고 말한다. 단, "전쟁도 현재에 있어서 아국의 전쟁은 구주대전과는 그 의의가 아주 상이하여서 동양 영원한 평화를 위한 성전인 까닭에 그 전쟁의식은 일시적 생활현상으로 취급될 것이 아니라, 장기건설에 따르는 일본정신의 철학화한 한 개의 이념이 현재 우리들의 전쟁문학에 함유해야 될 것"이라 하여 '일본정신'을 구현하는 현장이라 할 수 있는 '지나사변'의 '철학적' 의미를 담아내지 못하고 있다는 점을 한계로 지적한다.[113)]

이처럼 중일전쟁이 발발한 이후 전쟁문학의 향방을 둘러싼 논의는 '보고문학'으로 수렴되고 있었다. 하지만 '보고문학'의 '가치'를 둘러싼 논란도 없지 않았다. '보고문학'은 '참된 전쟁문학' 또는 '본격적인 전쟁문학'이 아니라는 견해가 만만치 않게 제기되기도 했던 것이다. 그렇다면 '참된 전쟁문학', 즉 톨스토이의 『전쟁과 평화』나 레마르크의 『서부전선 이상 없다』와 같은 '본격적인' 전쟁문학이란 무엇이며, 그것이 중일전쟁 당시 시점에서 생산되지 못하는 이유는 무엇인가.

> 그러나 이 사실과 전쟁을 제재로 한 훌륭한 문학이 나올 수 있는 것과는 분리하여 생각되어지는 것이요, 또 분리될 필연성도 있는 것이다. 이것은 또한 전쟁을 제재로 하여 당대의 작가가 數多의 작품을 써낸다는 것과도 달리 생각되어야 한다. 왜 그런고 하면, 이것은 전쟁 실황, 전쟁이 빚어낸 모든 현실

112) 板垣直子, 『現代日本の戰爭文學』, 東京 : 大興商會出版社, 1943, 84~85면.
113) 박영희 · 김기진, 「'전쟁문학'과 '조선작가'－전쟁과 문학과 그 작품을 말하는 좌담회」, 『삼천리』, 1939.1, 208면.

을 생생하게 기록하고 표현하는 것은 될지언정, 전쟁을 취재한 위대한 문학은 못 되는 것임은 가령 실지 전쟁에 참가하지 아니한 모든 작가가 『일리아드』와 『삼국지』와 『전쟁과 평화』를 써냈다는 史實을 가지고 생각해 볼 일이요, 문학을 떠나 역사를 본다고 하더라도 한 전쟁의 역사는 그 전쟁이 종식되고 그 전쟁을 충분히 또 자세히 기술할 수 있는 후대의 史學家의 손에서 완성됨을 생각함으로써도 넉넉히 알 일이다. 그러므로 한 전쟁이 하나의 더 큰 문학을 이루는 것은 결국 후세의 작가의 손에 맡기지 않을 수 없는 것이다.[114]

요즈음 東京의 문인들은 집단적으로 동원을 하여 종군을 함으로써 전쟁문학의 건설을 호언하고 있으나 그것은 신뢰할 수가 없고 역시 文才를 가진 작가 중에서 직접 참전한 작가들의 손에서 기대할 작품들이 나올 것이다. 그리고 또 한 가지는 참된 전쟁문학은 전쟁 現時에는 나올 수가 없고 그 뒤의 오랜 시일을 기다려야 한다는 말도 이유가 있는 것이다. 대체 전쟁의 문학이란 전쟁이라는 전체와 개인의 관련을 필연과 자연의 모순으로써 추구하는 곳에 지금까지 그 문학의 大道가 있는 모양이다. 전쟁소설로서 본격적인 톨스토이의 대작이나 레마르크의 소설들이 나타난 것은 전후이요 또 내용이란 대개 전쟁에 대한 懷疑에서 "왜 전쟁은 일어나는가. 그것을 우리들은 알 수 없다." (『전쟁과 평화』의 終篇 中)는 것, 더구나 레마르크의 작품이 전쟁에 대하여 취한 태도는 우리들이 주지하는 바이다. 단순히 그런 의미로 봐도 참된 전쟁문학이 금일에 나타날 수 없는 것은 명백한 사실이다.[115]

먼저 이헌구는 전장(戰場) 체험을 바탕으로 한 보고문학의 가치를 충분히 인정하면서도, 위대한 전쟁문학은 충분히 시간이 흐른 뒤, 그러니까 객관적 거리를 갖고 전쟁을 바라볼 수 있는 시점에야 씌어질 수 있다는 태도를 취한다. 한편 백철은 참된 전쟁문학이란 "전체와 개인의 관련성을 필연과 자연의 모순으로써 추구하는 곳"에서 산출될 수 있으며, 이를 위해서는 역량 있는 작가가 전쟁에 대한 비판적인 거리를 확

114) 이헌구, 「전쟁과 문학」, 『문장』, 1939.10, 43~144면.
115) 백철, 「일본문학상의 전쟁」, 『조광』, 1939.2, 61면.

보할 수 있어야 한다는 점을 강조한다. 백철은 다른 글[116]에서 『야전병원』 『오송크릭』 『보리와 병대』 등 일련의 '보고문학'이 '지나사변'이라는 역사적 사건을 구체적인 형상으로 그려내지 못했다고 비판하면서 다음과 같이 지적한다. 즉, 『보리와 병대』가 당대의 걸작으로 국내외에서 추대되는 것은 추대하는 우리들 자신이 흥분된 데서 온 과장이 많다는 것, 문학적 관점에서 보아 『야전병원』과 『보리와 병대』는 모두 소설다운 작품이 아니라는 것, 『보리와 병대』는 일본출판계 이래 초유의 성적으로 실로 낙양의 지가를 폭등케 한 이유는 독자 자신의 지우(知友), 또는 친족을 직접 전장에 보낸 흥분된 감정이 다분히 기분을 조장했다는 것, 그리고 이 여세가 지나간 뒤, 50년이나 100년을 지난 후세대의 독자가 이 작품을 읽을 때는 오늘날과 같은 흥분을 느낄 수 없으리라는 것 등이 그 내용이다. 작중의 인물들을 통하여 전쟁이라는 전체의 운명과 개인적인 운명 사이에 마찰되는 여러 가지 감정과 사상을 시대적인 유형을 통하여 그려가는 것이 문학적 본도(本道)일진대, 그러한 인물들을 결여하고 있다는 점에서 일련의 '보고문학' 작품들은 본격적인 문학의 반열에 놓을 수 없다는 것이 백철의 진단이다. 그가 보기에 중요한 것은 전형적 성격의 형상화와 객관적 거리의 확보, 그리고 이를 위한 시간과 자유로운 환경이다.

> 문학 작품이 결코 신문기자의 보고문같이 즉석으로 될 것이 아닌 것은 사실이다. 그 사건이 상당한 시일을 통하여 여과되어야 한다. 그 동안 문학자도 그 사건을 연구하고 그 의미를 재음미해야 한다. 무엇보다도 그 사건에 대하여 작자 자신의 특수한 견해와 판단이 관대히 허락되는 자유로운 환경이 있어야 한다. 그리고 그 환경은 現時의 사건과 그 흥분이 지나간 적지 않은 시일이 필요한 것이다. 그 의미에서도 금일에 참된 본격적인 전쟁문학이 등장될 수는 없는 것이다.[117]

116) 백철, 「戰場文學一考」, 『인문평론』, 1939.10.
117) 위의 글, 51면.

3. '준비된 사건'으로서의 『보리와 병정』 번역

'보고문학'의 시국적 가치와 문학적 가치를 둘러싼 논란에도 불구하고 종군 체험을 바탕으로 한 작품들은 일대 센세이션을 불러일으키며 수많은 독자들을 사로잡았고, 그 가운데 단연 돋보이는 것이 히노 아시헤이(火野葦平)의 '병대시리즈'(『麥と兵隊』『土と兵隊』『花と兵隊』)였다. 『보리와 병정』은 「분뇨담(糞尿談)」이 아쿠타가와상을 수상한 것을 계기로 하여 제18사단 보병 114연대 중지파견군(中支派遣軍) 보도부에 전속(轉屬)된 히노 아시헤이가 서주회전(徐州會戰)에 종군했을 때의 수기를 바탕으로 한 전기(戰記)이다.[118] 이 작품은 일본뿐만 아니라 20개 언어로 번역되어 세계 각국에서 읽힌 일본 전쟁문학의 대표작이다. 또 활자미디어와 만화와 사진 등 시각미디어가 합작하여 빚어낸 이 작품은 전장의 다큐멘터리로서 그 효력을 유감없이 발휘했다.[119]

1938년부터 1944년까지 일세를 풍미했던 『보리와 병정』이 조선어로 번역되어 일반 대중들 사이에서 읽히기 시작한 것은 1939년 7월부터였다. 1939년 6월 4일자 『매일신보(每日新報)』는 『보리와 병정』을 '전쟁문학

118) 『麥と兵隊』가 씌어지기까지 과정에 대해서는, 火野葦平, 「解說」, 『火野葦平選集』 第2卷(東京 : 倉元社, 1958) 참조. 이 글에서 火野葦平은 "'兵隊三部作'은 나에게 있어 기념비적 작품이다. 문자 그대로 생명을 걸고 쓴 작품이며, 생애에 두 번 다시 있을 성싶지 않은 체험이기도 했기 때문에, 그 당시의 추억은 가슴 깊은 곳에 스며들어 있다"고 말하고, 이 작품을 쓰는 과정에서 다음과 같은 제한이 가해졌다고 밝힌다. 즉, ①일본군이 지고 있는 바를 써서는 안 된다. ②전쟁의 어두운 면을 써서는 안 된다. ③싸우고 있는 적은 증오스럽고 불쾌한 느낌을 갖도록 써야 한다. ④작전의 全貌를 써서는 안 된다. ⑤부대의 편성과 부대명을 써서는 안 된다. ⑥군인의 인간적인 면모를 그리는 표현을 허용하지 않는다. ⑦여성과 관련된 일을 써서는 안 된다. 火野葦平은 이러한 제약과 관련하여 ④와 ⑤는 충분히 인정하지만, 나머지에 대해서는 비판적인 태도를 취한다. 406~408면.

119) 『보리와 병정』의 번역과 그 성격에 관해서는, 河田和子, 「從軍作家における戰爭の表象－火野葦平 『麥と兵隊』論」, 『國際語文學』 제5호, 2002, 51~66면 참조.

의 최고봉'이라 극찬하면서 그 번역·간행 소식을 다음과 같이 전한다.

이번 사변을 계기로 하여 전 일본문단뿐 아니라 일반대중에게 깊은 인상을 준 전쟁문학의 최고봉인 화야위평(火野葦平)씨가 지은 『보리와 병정』이라는 책은 이것이 작년 9월에 출간이 되자 휩쓰는 듯한 인기 속에 재판 3판을 거듭하여 14판까지 증판되는 기록을 지었는데 내지문단에서도 가장 유명한 이 전쟁문학을 이번에 조선에서는 조선어 연구의 권위인 총독부 도서과 통역관 서촌진태랑(西村眞太郎)씨가 수개월 동안 조선말로 고심 번역하여 이것을 본사에서 발행하게 되었는데 내지문학의 걸작을 내지인 관리가 조선말로 번역한 일은 반도문단에 처음 있는 유쾌한 일로 각 방면에 큰 화제가 되었다. 이 책의 내용은 중지전선(中支戰線)에 참가한 한 병사가 보고 느끼고 당한 일을 아무 꾸밈없이 그대로 적어놓은 전쟁보고서(戰爭報告書)이다. 그러므로 병정의 눈을 통하여 그려진 생생한 이 보고서는 누구나 읽어가는 중에 자기 자신이 전쟁에 나아가 친히 싸움을 하고 행군을 하는 느낌을 받게 된다. 싸움이란 얼마나 어려운 것이며 말이나 붓으로는 표현할 수 없는 것인가, 황군의 용감함은 어떠한가, 일본정신이라는 것은 참으로 어떠한 것인가, 애국의 지성은 얼마나 숭고한 것인가를 누구나 절실히 느끼게 될 것이다. 필자의 불을 토하는 듯한 기백과 전쟁 장면의 '다이내믹'한 표현은 손에 식은땀을 쥐게 하는 동시에 지나의 농촌과 자연에 대한 병사들의 숨김없는 느낌은 때로는 사자와 같은 황군도 따뜻한 인간이라는 점에 저절로 눈물을 자아낼 것이다. 원래 문학작품의 번역이란 그리 쉬운 일이 아니지마는 이와 같이 뜨거울 대로 뜨거워진 인간 감정의 솔직한 고백을 문학적으로 표현한 글을 조선말로 번역한다는 것은 사실 어려운 중에도 어려운 일이다. 이것을 감연히 조선말로 번역에 착수한 서촌(西村) 통역관의 용기와 열정에는 실로 감탄할 수밖에 없거니와 서촌 통역관이 아니면 또한 엄두도 못 낼 일이다. 서촌씨의 능숙한 조선어는 새삼스럽게 말할 것도 없지마는 그는 이것을 번역하는 데 실로 작자 이상의 노력과 열정을 다하여 드디어 원작과 조금도 다름없는 번역을 내어놓게 된 것이다.[120]

---

120) 「戰爭文學의 最高峰 朝鮮版『보리와 兵丁』」, 『매일신보』, 1939.6.4.

일본인이 쓴 문학 작품을 일본인이 조선어로 번역한 예는 많지 않다. 그런 점에서 니시무라 신타로[西村眞太郎]의 『보리와 병정』 번역은 하나의 '사건'이었다. 특히 번역에 임하는 니시무라의 태도는 대단히 치밀했다. 그는 다음과 같은 원칙 아래 번역에 임했다. 즉, ①조선말이 되어버린 한문글자는 쓰지 말 것, ②'全蝎'이니 '砂糖'이니 하는 한문글자는 전갈, 사탕 등으로 쓸 것, ③술어(術語)는 전부 한자를 사용할 것, ④술어라도 그것이 두 번째 나타나는 술어인 경우에는 언문을 쓸 것, ⑤어려운 한문글자는 그 발음을 언문으로 써 넣을 것. 이러한 원칙에 입각하여 그는 같은 조선말이라도 알기 쉬운 말을 고르기에 힘썼으며, 철자법은 총독부에서 만든 교과서에서 사용하는 새 철자법을 써서 독자들의 편의를 도왔다고 밝히고 있다.[121]

이 작품의 번역 소식이 전해지자 박영희는 "이 작품 같이 전 일본국민에게 널리 읽히고 깊은 감명을 준 작품을 없을 것"이라고 말하고, "일본이 낳은 전쟁문학의 최고봉이라고 할 이 작품을 조선말로 번역하여 반도 동포에게 널리 읽힌다는 것은 때를 얻었다 할 일로 오히려 시기가 늦은 느낌이 있다"는 소감을 피력했다.[122] 그리고 홍종인(洪鍾仁)은 『보리와 병정』을 읽고 난 후 니시무라의 번역을 다음과 같이 높이 평가했다.

> 그런데 이같이 '容易치 않은 事業'임을 느꼈다는 것을 이번 『보리와 兵丁』의 譯本을 읽고 다시 생각하게 되었다. 그 容易치 않다는 것은 한 個의 문학으로서의 『보리와 병정』을 어떻게 反芻消化할 것이냐 하는 것과 朝鮮의 言語와 文章으로 이를 옮기는 데 어느 程度의 妙를 얻을 것이냐 하는 以上 아무것도 아닌 平凡한 데서 나온 느낌에 不過하였다. 대개 번역에 있어서 原作에 충실하다는 것이 名譯이라고 한다면 文章과 思想을 그대로 그릇없이 옮겼느냐가 問題 되는 듯하나 이런 것은 實相 普通 있을 노릇이고 譯이 譯으로서 卓越하려면 원작을 원작대로 살리는 동시에 譯本을 譯本대로 또한

121) 「讀者에게 便하도록 飜譯에 用意周到」, 『매일신보』, 1939.6.4.
122) 「適時의 快擧」, 『매일신보』, 1939.6.4.

살릴 길이 열려져야 할 것이다. 다시 말하면 九州 某處 出身의 軍曹 火野某가 본 大陸作戰을 朝鮮말로 옮기는 것만이 能事가 아니고 일단 火野軍曹로 하여금 朝鮮 出身으로 만들어가지고 大陸作戰을 보고 쓴 듯한 感想을 독자에게 주어야 할 것이 朝鮮譯의 目標였다. 西村氏의 『보리와 兵丁』의 譯者가 容易치 않은 事業에서 非凡한 效果를 얻었음을 나는 여기에서 발견한다. 이는 勿論 氏의 該博한 朝鮮語 智識과 文筆力에 의한 것이라 하겠지만 반드시 그것만으로가 아니라 平素 朝鮮硏究에 朝鮮生活에 깊이 젖어 있는 氏인 까닭에 能히 거둘 수 있는 收穫이었음을 새삼스럽게 느끼지 않을 수 없다. 즉 『보리와 兵丁』은 西村氏에 의하여 朝鮮의 風土와 生活 속에 깊이 깃들인 것이다.[123)]

요컨대 조선연구와 조선생활에 깊이 젖어 있는 니시무라 신타로의 번역은 조선의 문필가 어느 누구보다 깊은 애정으로 잊혀져가는 조선어를 되살려 놓고 있다는 것이다. 홍종인뿐만 아니라 박영희, 최재서, 홍효민 등도 니시무라의 번역을 높이 평가한다. 특히 홍효민은 '다박수염 얼굴을 내밀고 우렁찬 소리를 지르며', '취잡이 전술이란 이야기를 하고 있었다. 그것은 처녀를 미끼로 써서 패잔병을 얼러 꾀어내는 것이라고 한다', '여기저기서 경쟁하듯이 손으로 코를 풀고 코 묻은 손을 쓱쓱 문질러 닦고 또 모처럼 주은 전단을 이거 마침가락이라 하고 코를 풀어 내버리는 눈진물이 농부를 바라보다가 나는 그만 기막히다 못해서 웃어버렸다' 등 구체적인 예를 들면서 『보리와 병정』을 "근래 드문 명역(名譯)"이라며 칭찬을 아끼지 않는다.[124)]

매일신보사는 이처럼 비평가들과 독자들로부터 호평을 얻은 『보리와 병정』의 번역본을 "조선 독서계에 보내는 아름다운 선물"이라 하여 정가 1원보다 훨씬 싼 30전에 판매하였으며, 이 신문의 보도에 따르면 같은 해 7월 15일 출간되자마자 초판 1만 2천부가 매진되었다. "전국에 유

123) 洪鍾仁, 「朝鮮말과 西村氏」, 『조선일보』, 1939.7.22.
124) 洪曉民, 「구수한 조선말로 된 『보리와 병정』」, 『동아일보』, 1939.7.26.

례없는 염가보급판"을 발행함으로써 "전 국민의 한 사람이라도 빼놓지 않고 다 읽히겠다"는 '꿈'을 현실화하려 했던 것이다.[125)]

그런데 『보리와 병정』의 번역을 하나의 '사건'이라 했거니와 그것은 '치밀하게 준비된 사건'이었다. 번역자 니시무라 신타로도 인정하는 바와 같이 "관리가 소설을 번역하고 더구나 그것을 관청에서 발행한다는 것은 좀처럼 있을 수 없는 일"이었다. 그의 진술에 따르면 조선총독부 경무국장이 허락하고 경무국 도서과장이 "『보리와 병정』을 조선어로 번역하라고 명령했다." 경무국 도서과는 전 조선의 출판물을 검열하여 차압(差押) 또는 압수하거나 삭제, 개정을 명하는 곳이지 소설을 번역하여 발행하는 곳이 아니었다. 곧 총독부 관리가 상관의 명령에 따라 소설을 번역하고 이를 간행까지 한다는 것 자체가 '의외의 일'로 간주되었던 것이다.[126)] 그렇다면 왜 『보리와 병정』을 조선어로 번역했는가. 이 물음에 대해 니시무라 신타로는 다음과 같이 대답한다.

> 그것은 실은 작년 연말의 일인데, 銃後의 조선인이 赤誠을 보이고는 있지만 실제 전쟁이라는 것이 어떤 식으로 진행되고 있는지를 알자 못하는 자가 많다는 말이 있었고, 皇軍이 얼마나 苦勞하고 있는지를 확실히 알릴 수 있는 읽을거리가 없다는 얘기가 있었다. 그리고 그런 일들을 다소라도 널리 알리고 皇軍에 대한 감사의 念을 불러일으켜 銃後 國民으로서의 각오를 바르고 강하게 할 수 있다면 좋을 것이라는 의견이 上司들 사이에서 오고갔다. 그리하여 결국 번역하라는 명령을 받았던 것이다.[127)]

니시무라의 진술을 통해 분명히 알 수 있는 바와 같이 『보리와 병정』은 후방에 있는 조선인에게 전쟁의 진상을 알리고 더불어 '황군'의

125) 「出版界의 初紀錄」, 『매일신보』, 1939.7.15.
126) 西村眞太郎, 「麥と兵隊を朝鮮語に譯して」, 『モダン日本』 臨時增刊號, 1939.11, 146면.
127) 위의 글, 147면.

노고에 감사하는 마음을 불러일으키기 위해 이루어진 일이었다. 미츠바시[三橋] 경무국장과 후루카와[古川] 도서과장의 관심과 배려는 이만저만이 아니었다.[128] 이와 같이 총독부 당국의 전폭적인 지원 아래 '조선어 연구의 권위자' 니시무라는 『보리와 병정』을 번역할 수 있었던 것이다.

4. 『전선기행』에 이르는 길

『보리와 병정』이 번역되자 문인 중 최재서와 더불어 가장 '열렬한' 반응을 보인 사람이 박영희였다. 그는 이 책이 번역·간행된 직후 두 차례에 걸쳐 찬사로 가득 찬 독후감을 『매일신보』에 싣는다. 『보리와 병정』이라는 '아름다운 책자', '사변 2주년만의 최고의 전쟁문학'을 읽은 그의 소감은 이러했다.

> 이 책 가운데는 전투의 기록이 있는 것뿐 아니라 個別的 人間이 무엇을 생각하면서 있으며, 총소리만 있는 것이 아니라 이곳에는 아름다운 詩想이 또한 섞여 있으며, 皇軍의 苦勞만이 있는 것이 아니라 또한 聖戰의 理想이 군데군데 표현되어서 읽는 사람의 감정을 다방면으로 움직이게 한다.
>
> 실로 이러한 깊이와 넓이에서 『보리와 병정』은 戰爭記錄에서 일층 높은 단

---

128) 『보리와 병정』의 번역본에는 조선총독부 문서과장 信原聖의 다음과 같은 '序'가 맨 앞을 장식하고 있다는 것도 상징적이다. "『보리와 兵丁』은 皇軍의 徐州攻略戰에 報道班員으로 參加한 一軍曹(筆名 火野葦平君)가 軍務의 틈을 타서 著作한 報告文學으로서 비린내 나는 피로써 물들인 戰場의 實感을 그린 모든 記錄은 읽는 사람으로 하여금 측연한 마음을 느끼게 하며 事變이 낳은 戰爭文學 中에서 가장 훌륭한 것으로 널리 國民의 各層에 찬독된 것이다. 本府(朝鮮總督府-인용자)에서는 國語(日本語-인용자)를 모르는 半島同胞에게 이 책을 紹介하기 위하여 原著者의 승낙을 얻어 通譯官 西村眞太郞으로 하여금 번역케 하여 이에 普及版으로써 세상에 널리 분포케 하는 것이니 聖戰認識의 좋은 자료가 되기를 바라는 바이다."

계에 문학이라는 ○○있는 榮譽를 얻게 될 것이다.

이러한 意味에서 나는 생각하기를 열 권의 時局讀本보다 한 권의 名作品이 얼마나 가치 있는가를 주장하려는 바이다. 이번 조선총독부에서 이 책의 번역을 꾀한 것도 그 문학적 가치라는 것이 얼마나 거대한 것을 인식한 데로부터 나온 일이라고 생각한다.

우리는 日常 皇軍의 戰線에서의 苦勞를 말한다. 그러나 그 苦勞의 實相을 명확하게 알지 못하는 것이다. 그것은 戰地에 가서 그 生活을 目睹하지 못한 까닭이다. 더위와 추위를 무릅쓰고 黃塵 속에서 皇軍은 어떠한 苦生을 하고 있는가. 또는 戰爭을 하면서 그들은 무엇을 보았으며, 생각하는 바는 무엇인가. 하는 것을 나는 이 책 속에서 발견하였다.

책을 읽는 동안에 나는 병사의 한 사람이 된 듯이 그 戰況의 實感을 갖게 되었다. 國家를 위하고 東洋의 平和를 위해서 惡戰苦鬪하는 兵士들의 實相을 볼 때 皇軍에게 敬意와 感謝의 뜻을 表하지 않을 수 없게 된다.

생생하게 살아 있는 記錄이다. 나는 이 책을 읽으면서 몇 번이나 눈을 감고 넓은 支那의 戰線을 그려보았다. 그 各各 인물과 장면은 살아 있는 그대로 활동하고 있다.

그뿐만이 아니라 著者는 자기의 생각한 바를 勇敢하게, 大膽하게, 率直하게 그려 놓았다. 나는 그것에 큰 흥미를 가지고 읽었다.129)

'황군(皇軍)'의 인간적인 모습과 아름다운 시상(詩想) 그리고 '성전'의 이상이 전쟁에 나선 병사들의 고통과 함께 서술되어 있다는 것, 누런 먼지 속에서 온갖 고생을 겪고 있는 '황군'의 실상을 구체적으로 이해할 수 있다는 것, 전선의 인물과 장면을 실감 있게 그리고 있다는 것, 그리하여 이 책을 읽는 사람들은 "국가를 위하고 동양의 평화를 위해 악전고투하는 황군에게 경의와 감사를 표"하게 될 것이라는 것, 이런 점에서 『보리와 병정』은 '열 권의 시국독본(時局讀本)'보다 뛰어난 '명작'이라는 것이 박영희의 판단이다.

1939년 4월 15일에서 5월 15일까지 한 달 가량 '황군위문조선문단사

129) 박영희, 「『보리와 병정』-名著名譯의 讀後感(下)」, 『매일신보』, 1939.7.27.

절(皇軍慰問朝鮮文壇使節)'의 일원으로 김동인, 임학수와 함께 전선을 '시찰'한 경험이 있는 박영희에게 『보리와 병정』을 번역본으로 다시 읽는 감회는 남달랐을 터이다. 광막한 벌판에 펼쳐진 보리밭과 황진(黃塵)을 뚫고 행군을 하고 전쟁을 치르는 병사들의 고통과 애환을 그리고 있다는 것, 포로와 농부들을 묘사하는 곳에서 볼 수 있듯 인물을 생생하게 그리고 있다는 것, 생생한 전투장면을 눈에 잡힐 듯이 그리고 있다는 것 등은 충분히 동의할 수 있는 소감이다. 백철은 전지(戰地) 광경의 리얼한 묘사, 고전(苦戰)하는 병사들의 고통, 보리밭과 지나 농민에 대한 절실한 감상 등에서 "진실한 인도주의적인 것과 인류적인 것을 처처(處處)에서 느낀다"고 평가하면서, 인도주의적 색채가 농후한 포로에 대한 묘사와 삶의 끝을 본 '나'의 심경을 그린 부분에서 역시 인도주의적 요소가 짙게 배어난다고 말한다. 그리하여 "장래 동경 문학은 전쟁을 반영한 문학으로 일 경향을 이룰 것이나 그 경향의 중심은 인도주의에 있으리라는 것"을 '예언'하기에 이른다.130)

제2장에서 살펴본 바와 같이 백철은 『보리와 병정』의 문학적 성취도에 대해서는 비판적이다. 하지만 이 작품이 그리고 있는 '전쟁의 얼굴'에 대해서는 후한 점수를 아끼지 않는다. 사실 지나 포로를 바라보는 '나'의 시선, 특히 삶과 죽음의 경계에서 인간적인 불안과 고통을 토로하는 다음 장면은 『보리와 병정』 중에서 '전쟁의 얼굴'을 가장 리얼하게 그린 부분에 속한다.

> 생사의 경계선에 완전히 몸을 던진 바 되어버렸다. 죽기를 결심하였다. 지금까지 그저 膽大한 양으로 알았던 것이 근거 없는 것인 것처럼 흔들리고 있다. 총알쯤이야 맞지 않는 것이라고 야릇한 自信 비슷한 것을 가지고 있었다. 그런 것은 마음을 노하게 하는 데 지나지 않는다. 박격포탄은 몇 번이나 내 몸 가까이 떨어져 터진다. 그럴 적마다 여러 사람의 희생자가 생기고 붉은 피

---

130) 백철, 「일본문학상의 전쟁」, 『조광』, 1939.2, 59~60면.

> 를 보게 된다. 다만 그 폭탄이 내 머리 위에 곧바로 떨어지지 않는다는 한 가지 우연만이 내게 생명을 주고 있는 것이다. 나는 귀중한 생명이 이렇게도 하염없이 짓밟힌다고 하는 것에 대하여 격렬한 분노의 감정에 사로잡혔다. 한 생명을 지금까지 길러온 데는 筆舌로 다하지 못할 존귀한 노력이 아낌없이 들어 있는 것이다. 여기까지 길러온 이 생명은 또 하여야만 할 귀중한 장래를 가지고 있는 것이다. 게다가 여기 있는 모든 병정들은 남의 아들인 동시에 고향에는 아내가 있는 남편이요 여러 자녀를 두고 온 아버지 (…중략…) 모두 그런 사람들뿐이다. 우리나라의 가장 중요한 사람들뿐이다. 병정들은 또 향수에 잠기고 개선할 날의 몽상을 보배처럼 가슴속에 간수하고 있다. 그런데 총 한 방의 우연만이 이것을 눈 깜작일 사이에 장사해 버리는 것이다.[131)]

영국의 군대역사학자 존 키건(John Keegan)은 지휘관과 그의 기록자가 전투에 접근하는 '승리'와 '패배'의 개념은 각개 병사들이 자신들의 전투 참가를 이해하는 개념과 결코 같지 않다는 전제 아래, 위협이든 실제든 개인적으로 극단적인 위험에 직면한 모든 인간이 느끼는 것처럼 그들의 관념은 훨씬 더 단순할 것이라고 말한다. 즉, 그들의 관심은 개인의 생존이라는 문제로 귀결된다는 것이다.

> 실제로 자주 입증되듯이 지휘관의 '승패 위주의' 가치 체계는 부하들의 관심과 무관하거나 때로는 충돌하기도 한다. (…중략…) 그(지휘관－인용자)는 다시 한번 효율을 위해 그래야 하기 때문에 아주 추상적인 표현—'공격', '반격', '중화기 여단', '근위대'—으로 전투의 사건들과 부대들을 시각화한다. 그의 지휘에 따라 쉽게 파악할 수 있는 모형 병정들이 이리저리 움직이고 임무를 수행하고 실패하기도 한다. 사병에게는 그렇게 질서정연하고 뚜렷한 시야가 허용되지 않는다. 사병에게 전투는 매우 불안정한 육체적 정서적 환경에서 일어난다. 그는 약간 우려하는 구경꾼으로서 전투 시간의 상당 부분을 보낼지도 모른다. 어느 정도는 사건의 일탈로 인해 상대적으로 위험이 없는 상황에서 다른 사람들이 싸우는 것을 지켜보는 것이다. 그러다가 안전을 위해

131) 火野葦平, 西村眞太郎 譯, 『보리와 병정』, 朝鮮總督府, 1939.7, 157~158면.

뛰어든 곳에서 갑자기 흙무더기만을 보게 될지도 모른다. 이것은 예상하지 못한 상황이다. 거기서 몸을 웅크리고 몇 분 아니 몇 시간을 버텨야 한다. 그는 권태, 열광, 공포, 분노, 슬픔, 당혹감 심지어 우리가 용기라고 부르는 장엄한 감정까지도 차례로 경험할 것이다. 동료 전우들이 있는 공동체에 대한 그의 생각도 마찬가지로 요동할 것이다.[132]

존 키건의 지적처럼 『보리와 병정』의 '나'는 "총 한 방의 우연"만이 생명을 쥐고 있는 절체절명의 상황에서 불안과 공포, 원망과 탄식이 뒤섞인 분노와 안쓰러움의 감정에 사로잡힌다. 국가가 먼저냐 내가 먼저냐에 대한 판단도 혼란스러워진다. 공포가 아니라고 변명해보지만 공포임에 틀림없는 것에 직면했을 때 느끼는 당혹스러움, '전사(戰死)할 마음을 먹고 있으라'는 말에 비져나오는 뒤틀린 웃음, 죽을 때 '대일본제국 만세'라고 외치려 했지만 이것마저 무질러버리는 생명에 대한 갈구 등이 의식과 무의식 사이를 혼란스럽게 오고간다. 이것이 박영희가 말했듯 "자기가 생각한 바를 용감하게, 대담하게, 솔직하게" 그렸다고 본 대목일 것이다.

그러나 이러한 전쟁의 고통도 순간에 지나지 않는다. 지나 병사의 시체를 보고 "내가 이러한 인간의 참상에 대하여 불쌍하다는 느낌을 잠깐 도무지 느끼지 않고" 있었다는 것을 깨닫고 "나는 악마가 되었다"고 말하기도 하지만,[133] 전쟁 그 자체에 대한 회의는 그 어디에서도 내비치지 않는다. 왜 이런 전쟁을 치러야 하는지, 왜 자신이 무시무시한 죽음의 시간을 겪어야 하는지 끝까지 추궁하지는 않는다. 아니 못한다. 이것이 '보고문학'이 갖는 한계라면 한계일 것이다. 죽음의 공포에서 빠져나온 '나'는 "총알을 맞아 이 지나의 흙 속에 뼈를 묻을 날이 올 때에는 무엇보다도 사랑하는 조국의 만세를 목소리가 계속하는 동안 외치고

132) 존 키건, 정병선 역, 『전쟁의 얼굴』, 지호, 2005, 50~51면.
133) 火野葦平, 앞의 책, 232면.

죽자"고 생각한다.[134] 어느 쪽이 진실에 가까운지를 판단하기란 쉽지 않다. 『보리와 병정』만을 놓고 볼 때 히노 아시헤이는 '동양 평화를 위한 성전'이나 '일본정신의 구현'과 같은, 제국주의 일본이 유포한 구호들을 반복하지는 않는다. 전체적으로 전장의 인물과 풍경, 그리고 그 속을 떠도는 '나'의 개인적인 감상이 주를 이루고 있다.

5. '새로운 문학'의 모색과 『전선기행』의 관념성

그런데 박영희의 『전선기행』을 보면 사정은 판이해진다. 김동인·임학수와 함께 조선문인을 대표하여 '황군위문'에 나선 박영희는 조선어본 『보리와 병정』이 간행된 지 세 달쯤 뒤인 1939년 10월 『전선기행』을 간행한다. 임학수의 『전선시집』이 나온 지 20일쯤 뒤이다.[135] 1939년 4월 15일 "북경(北京) →석가장(石家莊) →유차(楡次) → 분임(汾臨) →운성(運城) → 안읍(安邑) → 태원(太原) 그리고 다시 참변으로 유명했던 저 기동정부(冀東政府) 소재지인 통주(通州)를 들러 다시 이번 지나사변 발상지인 '노구교'까지 일순"하는 여정으로, 출판사들과 문인들이 모은 돈으로 미도리 담배 천 갑, 기야라미루쿠라는 과자와 초콜릿 각 천 개를 맥주 상자 세 개에 담아 북지전선(北支戰線)의 '황군위문'에 나섰던 일행이 다시 경성에 도착한 것은 5월 15일이었다.

---

134) 위의 책, 224면.

135) '황군위문조선문단사절'의 파견 과정과 여정, 사회적 반응, 귀국보고 등에 관해서는, 김윤식, 「『전선기행』 속의 조선 문인들의 표정－김동인의 두 가지 모험」, 『한·일 근대문학의 관련 양상 신론』, 서울대 출판부, 2001, 269~293면 참조. 『전선시집』과 『전선기행』은 임학수의 서간체 기행문인 「北支見聞錄」(『문장』, 1939, 7~9월호)과 함께 전선을 시찰(또는 위문)하고 난 다음에 나온 '보고문학'의 일종이라 할 수 있을 것이다.

박영희 일행의 전선 시찰은 히노 아시헤이의 종군과 달리 전선의 기차를 타고 전선(前線)을 둘러보는 그야말로 '기행'이었다. 그들은 대포소리나 포탄소리도 그저 먼발치에서 들었을 뿐이며, 패잔병일망정 '황군의 적'을 구경하지도 못했다. 고작 '지나 포로병 17명'을 본 것에 지나지 않았다. 그런 까닭에 '귀환보고(歸還報告)'에서 밝힌 그들의 전선 체험 소감은 다음과 같이 지극히 관념적이거나 막연한 것일 수밖에 없었다.

> 임학수 : 第一戰線地에서 한 가지 충격받은 말씀을 하지요. ○○역에 도착하니 그만 前線의 사정으로 차가 不時停車하여 약 6시간을 기다렸는데 그제서 겨우 다시 차를 타고 떠날 때는 어수러한 황혼이였어요. 참으로 창밖은 萬里平原이여요. 인가도 없고 광막한 벌판이 끝없이 連하여 있는데 밤은 점점 어두워 와요. 어디에 敵兵이 숨어 있는 줄도 모르게 이렇게 寂寥한 광야에 차창에서 우연히 내다보니 그 앞 山頂에 총 끝에 칼을 꽂아 든 보초가 한 명이 우뚝 서 있었어요. 萬里胡地에서 이 광막한 벌판에서 외따로운 몸이 한 점 공포의 빛이 없이 이 陣地를 지키느라고 보초로 서고 있는구려. 나는 그만 가슴이 뜨거워오름을 느꼈어요.[136]

> 김동인 : 지나라 하여도 그 일부분인 北支—, 그 중에도 북경을 중심으로 한 수개 도시를 주마간산격으로 돌아보고 왔으나 충분한 예비지식이 없는 우리 眼識으로 본 것이 무엇이 그리 만족한 결과를 얻었으리오마는 대개로 중국이란 덩어리 큰 곳이구나 하는 느낌을 가졌어요. 거리에 나가서도 거기에는 파리, 뉴욕의 최첨단 도시에 내놓아도 부끄럽지 않을 超모던 여성이 있는가 하면 아직도 門外不出하는 四書五經 속 舊女性이 있고, 건물도 한쪽에는 빌딩 한쪽에는 삼사천년래로 고수해오던 옛 제도 그대로 있으며, 문명도 그렇지요. 歐美 列國이 수십 년을 두고 침범하는 대로 그냥 내맡겨두는 鈍感이 있는가 하면 한쪽에선 각종 운동이 일어나고—. 그저 큰 바다예요. 온갖 나라의 문명과 인종이 들어와서 그 속에서 모두 교류하고 있는 곳이 중국이더군요.[137]

136) 박영희 · 김동인 · 임학수, 「文壇使節歸還報告－皇軍慰問次 北支에 다녀와서」, 『삼천리』, 1939.7, 8~9면.
137) 위의 글, 12면.

박영희 : 현지 某處에 갔는데 전역병사의 묘가 있기에 참배하러 갔어요. 밤중인데 비어 있는 커다란 절당 같은 집 속에다가 나무 木碑에 이름을 쓴 英靈이 여럿이 안치된 것을 보고 조국의 방위에 殉한 그분들의 忠勇에 다시 한 번 더 머리가 수그러져요. 그리고 현지에서 느낀 것은 병사들이 진실로 그 책임 관념이 강하여 조금도 자기의 직무를 등한히 하지 않는 데는 탄복했어요.[138]

유감스럽게도 그들은 '전선의 생생한 현장'을 목격할 수 없었다. 결국 임학수처럼 차창 밖으로 보이는 외로운 보초병을 보고 감격하거나, 김동인처럼 그저 중국은 큰 나라라는 인상을 받거나, 박영희처럼 죽은 병사의 묘를 참배하러 갔다가 숙연해지거나 할 수밖에 없었던 것이다. 그들의 '공식적인 임무'는 그저 맥주 상자 세 개에 담긴 위문품을 각 부대에 전달하고, 부대장이나 장교들과 담소를 나누거나 회식을 하고, 시간이 허락하면 부대장의 도움을 받아 가까운 곳을 구경삼아 둘러보는 것이 전부였다. 이를 감안하면 기차 안에서 일어나는 일들이나 군인들로부터 얻어들은 '미담', 여성 포로와 조선인 여성 선무반원(宣撫班員)의 활약상 등이 『전선기행』의 중요한 부분을 차지하는 것도 충분히 이해할 수 있을 것이다.

그렇다면 새로운 단계의 문학운동인 조선의 전쟁문학에 관한 박영희 자신의 생각은 어떠했을까. 「전쟁과 조선문학」에서 그는 공리적인 성격에 비추어 보았을 때 문학은 국가에 봉사할 수 있다고 전제하고, 전쟁문학을 전쟁을 작품의 제재로 취급한 것과 애국문학으로 대별한다. 또 소련의 문학정책을 비판하면서 "당책(黨策)의 문학화, 예술화는 일시 전 세계 문학계를 동요하며 그러므로 세계문학의 위기를 만들어낸 일이 있었다. 조선문단에서도 그러한 폭풍우 시기가 지나갔다"고 '회고'하면서, 일찍이 자신이 KAPF 맹원으로 활약하면서 직간접적인 영향 아래

138) 위의 글, 12면.

있었던 소련의 문학정책을 "스탈린 1인을 위한 선전에 동원된 문학"에 불과하다고 비판한다. 이와 구별되는 "신계단의 문학운동인 전쟁문학은 결코 그러한 불순한 내용을 갖는 것이 아니다. 이것은 위정자의 독특한 선전술도 결코 아니다. 위정자나 국민이나 일치단결된 대중적 한 과정이다. 그것은 정책의 예술화가 아니라 일본정신의 예술화와 문학화인 것이다. 이 일본정신은 세계정신의 중추를 형성하면서 있으니, 이 정신 위에서 창작되는 문학적 작품은 세계문학의 이상을 만들어낼 것이다."[139] 그의 주장에 따르면 "지나사변은 전투를 위한 전투가 아니다. 동양의 영구한 평화를 위한, 일본정신의 발로다. 즉 동양정신의 선구라고도 할 만한, 이 일본정신은 예부터 조선 사람들이 귀중하게 생각하던 도덕과 정의감이나, 또는 지나인들이 생각하던 그런 것이 다 포함되어 있는 광범하고도 또 광범한 그 정신이다."[140] 그런 까닭에 이 정신을 기초로 한 전쟁은 성스러운 전쟁일 수밖에 없다. 이 성스러운 전쟁에서 피를 흘리며 쓰러지는 황군은 일본정신의 정화(精華)다! 이러한 이상과 노고가 문자로 그려져서 나타날 때 이 작품의 가치는 천추(千秋)에 길이 전할 가치를 가질 것이다.

그의 눈에 조선문단의 진로는 암담해보이기만 한다. 방황과 침체를 벗어나지 못하고 있다. 그러나 지금은 방황하고 있을 시국이 아니다. "현실 속으로 뛰어 들어가서, 그 현실의 생생한 생활면을 잡아가지고, 문학의 시대성을 충분히 발휘"해야 할 시기이다. 비상시(非常時)의 조선문학은 산만한 개성을 허용할 수 없다. '통일된 개성'이 필요하며, 자유주의 또한 극복해야 할 대상이다.

새로운 단계의 조선문학을 모색하고 있던 그에게 『보리와 병정』은 하나의 모델이었던 듯하다. 앞에서 살펴본 것처럼 그는 '열 권의 시국독본보다 뛰어난 명작' 『보리와 병정』에 아낌없는 찬사를 보냈으며, 자

139) 박영희, 「전쟁과 조선문학」, 『인문평론』, 1939.10, 39~40면.
140) 위의 글, 40면.

신도 이러한 작품을 쓰고 싶다는 견해를 피력하기도 했다. 정확히 말하자면 『보리와 병정』을 참조하되 일기체 형식의 보고문학이 아니라 자신의 전선 시찰 경험을 바탕으로 한 편의 '소설'을 구상하고 있었다.[141] 그렇다면 그에게 북지여행(北支旅行)과 『전선기행』의 간행이 갖는 의미는 무엇이었을까. 그는 『전선기행』의 「자서」에서 이렇게 쓴다.

> 朝鮮 出版業者 諸位와 朝鮮 文壇의 愛國的 熱意의 第一의 行事가, 이번 皇軍慰問으로 表現되었다. 國民된 者의 으레 해야 할 것이니, 特記할 바이 아니지마는, 이것을 契機로 해서 朝鮮 文壇의 文藝運動이 새로운 길을 開拓하게 되며, 그것이 國家를 위하고 國民을 위해서, 眞實한 精神的 糧食이 되고, 奉仕가 될 것을 自覺하고, 일으키는, 첫 번 運動이니만치 意義있는 일이라고 생각한다. (…중략…) 그래서 4월 15일, 우리는 北京을 向해서 京城을 떠났던 것이다. 이에 있어서 우리는 두 가지 重大한 任務가 있었다. 하나는 現地에서 苦勞하며 忠勇을 다하는 皇軍을 慰問하는 것이며, 둘째로는 文學의 새로운 現實性을 把握하려 함이다. 當面한 國民文學의 길로, 沈滯된 朝鮮文學의 復興을 꾀하는 것이, 그것이었다. 이것이 一朝一夕에 될 것은 아니로되, 우선 그러한 意圖 위에서 첫 出發을 實行한 것이다.[142]

박영희는 '황군위문'이 조선 문단의 문예운동이 새로운 길을 개척할 수 있는 계기가 되고, 그것이 국가와 국민을 위한 진실한 정신적 양식이 되는 첫 번째 '운동'될 것이라는 점을 표나게 강조한다. '황군위문'은 공식적인 일정이니 그렇다 하더라도, 문인으로서 그에게 중요한 임무는 문학의 '새로운 현실성'을 파악하여 침체된 조선문학의 '부흥'을 모색하는 것이었던 셈이다. 세기말의 음울한 정조(情調)에 포섭되어 「월

---

141) 박영희는 '귀환보고' 좌담회 석상에서 "이제 戰地의 감격을 총후신민에게 어떻게 전하겠느냐"는 기자의 물음에 "책 한 권 저술할까 합니다. 기행문체로 하면 좀 딱딱해지겠고 그래서 주인공도 만들어서 소설체로 한 권 써볼까고 지금 자료를 정리중이예요. 『麥과 兵隊』도 다시금 보고 있어요"라고 답한다. 박영희 · 김동인 · 임학수, 「文壇使節歸還報告-皇軍慰問次 北支에 다녀와서」, 『삼천리』, 1939.7, 10면.

142) 박영희, 『전선기행』, 박문서관, 1939, 1~2면.

광으로 짠 병실」을 노래하던 백조파 시인 박영희(1923)에서 계급문학의 기치를 내걸고 김기진과 함께 초기 KAPF를 진두지휘하던 박영희(1925)로, 「최근 문예이론의 신 전개와 그 경향」에서 "얻은 것은 이데올로기며 상실한 것은 예술 자신"이라는 유명한 말을 남기고 KAPF를 탈퇴한 박영희(1934)로, 그리고 전향자대회에 참가하여 국책문학(國策文學)으로 나아간 박영희(1938)에서 '황군위문사절'로 나선 박영희(1939)로 ……. 그의 문학적 행로는 참으로 '다사다난'해보인다. 그랬던 그가 『전선기행』을 쓰면서 다시금 '문예운동의 새로운 길'을 모색하고 있는 것이다. 그리고 그가 지향한 곳은 '제국 일본'의 국체(國體)와 정신의 고양을 목표로 하는 '국민문학'이었다.

그의 '변절'을 타박하거나 비난할 생각은 조금도 없다. 그것만큼 무력한 비판도 없기 때문이다. 중요한 것은 그가 추구한 것이 무엇이었는가라는 문제이다. 식민지 조선의 지식인 박영희에게 세기말의 데카당스와 계급해방 이념과 '국민문학'은 정확히 동등한 가치를 갖는다. 이 모두가 자신의 현실적 삶과 긴밀한 내적 관련성을 지니지 못한 일종의 '관념'이자 '환상'이기 때문이다. 관념이나 환상을 무기로 장착하는 순간 누구나 래티컬한 포즈를 취하게 마련이다. 물론 관념이나 환상이 현실적 삶과 만날 수 있는 가능성이 완전히 차단되어 있는 것은 아니다. 그것을 우리는 사상의 진정성 또는 힘이라고 부를 수 있을 것이다. 관념이나 환상이 현실적 삶의 조건들과 만나 빚어내는 내밀한 운동을 응시하고, 그 쌍방향적 운동에서 또 다시 새로운 삶과 사유의 가능성을 모색하는 과정이 진정성을 지니지 못할 때, 우리는 자신의 삶과 사유의 퇴적층을 이루고 있는 '과거'를 너무 쉽게 '현재'로부터 추방해버리곤 한다. 반성적 지성이 소중한 것은 이러한 과격성을 제어하거나 조율할 수 있기 때문이다.

박영희가 부나방처럼 새로운 관념과 환상'만'을 좇았다고 말할 수는 없다. 그러나 보다 치밀한 고구(考究)가 따라야 밝혀지겠지만, 그의 '전향들'이 너무 갑작스럽다는 생각을 지우기는 쉽지 않다. 『전선기행』만 해도 그렇다. 한갓 '위문사절' 자격으로 둘러본 북지의 전장에서 '새로운 현실성'을 포착하여 침체된 조선문학을 부흥시킬 계기로 삼고, 여기에서 '국민문학의 길'로 나아갈 단서를 마련하겠다는 그의 포부를 이해하기란 좀처럼 쉽지 않다. 이제 『전선기행』을 통해 그의 '포부'가 구체적으로 어떻게 드러나는지를 확인하는 문제가 남아 있다.

『보리와 병정』에서 히노 아시헤이가 끝없이 펼쳐진 보리밭을 지나 행군했듯이, 박영희 일행이 탄 기차 역시 끝없이 이어지는 보리밭을 가로지른다. 일행은 모두 '국민복(國民服)'에 커다란 수통과 가죽으로 만든 서류가방을 둘러매고 '국민정신총동원연맹(國民精神總動員聯盟)'이라 쓴 휘장(徽章)이 달린 전투모를 쓰고 있다. 그리고 왼팔에는 하얀 바탕에 붉은 글씨로 적은 '황군위문조선문단사절(皇軍慰問朝鮮文壇使節)'이라 쓴 완장을 차고 있다. 그는 공상을 할 때나 전적지(戰迹地)를 통과할 때마다 '감사'와 '감격'을 감추지 못한다.

> 이러한 때에 일어나는 부질없는 幻想—
> 敵軍이 오지나 않나. 敗殘兵이 이 山上에서 바윗돌을 내리굴리면 어쩔까 …… 하는 空想이다. 그러나 내가 위험하다고 생각하는 곳에는 반드시 皇軍이 서서 지키고 있다. 그의 正義의 銃劍이 번쩍이고 있는 것이다. 어찌 皇軍에게 感謝하지 아니하고 이곳을 지낼 것이랴!
> 皇軍의 그 忠勇한 精神도 結局은 日本精神의 精華이지마는 그 精神이 가는 곳마다 正義와 平和가 있게 되는 것이다.[143)]
>
> 이런 것을 먹고도, 國家를 위해서 奮鬪하는 이 皇軍에게 어찌 또한 감사하지 아니하랴. 그뿐만이 아니다. 銃後의 國民은 節約하고 儉素한 生活을 하고, 그 나머지 物財를, 이 皇軍을 위해서 쓰는 것이 마땅하다고, 나는 생각하였다. 國家를 위해서 바치는 것이 떳떳한 일이라고, 나는 생각하였다. 前線의

143) 위의 책, 12~13면.

兵丁은 이렇게 苦生을 하면서도 그 큰 功績을 내고 있는데, 그 惠澤으로 便安히 살고 있는 銃後의 國民이야 어찌 그대로만 있을 것이랴![144]

"事實上, 우리는 目前의 것보다도, 앞을 내다보아야 하며, 個人의 利害보다도 國家라는 큰 덩어리를 생각해야 합니다. 同一한 論調로 보아서, 우리가 싸우고 있는 것이 目前의 勝利를 위한 것이 아니라, 적어도 東洋의 平和를 위한 것이며 東洋 諸民族의 福利를 위해서…… 다시 말하면 東洋의 諸民族을 魔手에서 救出하기 위함이 아닙니까. 半島의 同胞들이 이런 것을 明確히 認識하고 國家를 위해서 奮起하는 것은 좋은 일입니다."

"그렇구 말구요. 더욱이 近年 朝鮮에서 內鮮一體의 實積에는 우리도 感激하고 있습니다. 이것은, 우리가 時局을 잘 認識한 것보다도, 當局에서 우리들을 잘 理解해 주시는 까닭으로 생각하고, 우리는 참으로 감사합니다."[145]

정인택은 『전선기행』을 읽고 이 책 "한 권을 꿰뚫고 있는 일맥(一脈)의 순교도(殉教徒)에도 비할 '감사의 정신'은 문학자로서가 아니라 국민으로서 가질 수 있는 최고의 지중(至重)한 정신"이라는 독후감을 쓴 바 있거니와, 그의 말대로 박영희는 이 책의 곳곳에서 "현지에 있는 황군장병 제위에 대하여, 그리고 흥아(興亞)의 성전을 수행하고 있는 일체의 기관에 대하여 저자는 실로 필설로 형용할 수 없는 감사와 감격"[146]을 억누르지 못한다. 험준한 낭자관을 지나면서, 보리떡을 먹는 병사를 보면서, 친절한 중좌(中佐)와 술을 놓고 대화를 나누면서 그들은 감사와 감격에 겨워 어찌할 줄을 모른다. 이러한 감사와 감격은 '미안한' 감정을 동반하곤 하는데, 그것은 전지(戰地)에서 동양의 여러 민족들을 '마수(魔手)'에서 구원하기 위해 애쓰는 '충용한 황군'의 '성업(聖業)'에 동참하고 있지 못하다는 자괴감에서 비롯한 것이라 할 수 있다. 그러나 그렇다고 그저 미안해하고 있을 수만은 없는 노릇, 그는 말한다, '병정의 혜택으

144) 위의 책, 74면.
145) 위의 책, 191면.
146) 정인택, 「박영희 저 『전선기행』」, 『문장』, 1939.11, 196면.

로 편안히 살고 있는 총후의 국민'은 근검절약하여 자신의 '물재(物財)'를 '황군'과 '국가'를 위해 기꺼이 바쳐야 할 것이라고. '내선일체의 실적'을 더욱 높여 국가의 은혜에 보답해야 할 것이라고.

이렇다 할 전투 한 번 경험하지 못한 '황군위문사절단' 일행은 자애로운 참모장, 친절한 부대장, 국가를 위해 기꺼이 목숨을 바칠 각오가 되어 있는 병사들의 얘기를 통해 간접적으로 전쟁을 체험할 따름이다. 그런 만큼 전쟁에 대한 『전선기행』의 작가 박영희의 진술은 관념적이고 추상적이다. 보도반원 자격으로 전쟁터에서 직접 '죽음의 얼굴'을 본 작가 히노 아시헤이가 그리고 있는 전쟁의 모습과는 거리가 멀어도 한참 멀다. 그러나 '전쟁문학의 최고봉' 『보리와 병정』을 하나의 '모델'로 삼은 이상, 어떤 식으로든 그 거리를 메우지 않을 수 없다. 기행문체가 아니라 '소설'로 써보겠다는 그의 생각은 몇몇 소설적 장치 — 시간의 재구성, 양장(洋裝=華淑)이라는 여성의 설정 등 — 를 빼고는 제대로 실현되지 못한다. 그렇다면 방법은 하나밖에 없다. 전지에서 들은 이야기에 이 전쟁의 의의와 일본을 중심으로 한 신질서 구축의 당위성을 덧붙이는 방법만이 남는다.

그리하여 박영희는 전지에서 들은 미담들, 예컨대 죽음을 두려워하지 않고 자신의 임무를 완수한 조선인 박통역(朴通譯), 장렬히 전사하겠다는 내용의 유서를 품고 싸우다 죽은 츠지군조(辻軍曹), 적군의 수류탄을 받아던지다 순사한 곤도일등병(近藤一等兵), 선무관(宣撫官)으로 활약하고 있는 '반도 여성의 선각자' 이정수(李禎洙)와 최미숙(崔美淑) 등의 이야기를 듣고 위의 인용에서 보듯 국책에 부응하는 내용의 '각주'를 다는 것이다. 성벽(城壁)에 붙어 있는 '소공산당(剿共剷黨)'이라는 표어를 보고 다음과 같은 내용의 '각주'를 덧붙인다.

> 더욱 滿洲事變 以來로 日本의 眞意를 理解하지 못하는 共産黨은 抗日을 標語로 내세웠다. 뿐만 아니라 英國, 米國, 佛國의 摩擦을 巧妙하게 避하려

는 中國共産黨은 抗日에만, 그 目標를 둔 것이다. 北支事變의 裏面 原因도 實은 共産黨의 橫暴無道한 抗日에 있는 것이지만, 國民黨은 結局 '抗日救國'이라는 데 合同하고 말았다. 말하자면 英國과 蘇聯의 合作이 强大함에, 그 壓力이 蔣介石을 無力케 한 것이다.

이리해서 그들은 抗日의 一路가 있을 뿐이었다. 그런 까닭에 支那의 참된 新建設과, 우리 日本이 理想하며, 지금 現實하고 있는 東洋平和를 위해서는 中國共産黨을 없애버리고, 國民黨을 없애버려야 할 것이다. (…중략…) 中國共産黨의 罪惡은 그뿐만은 아니다. 資産家의 資産을 掠奪하고, 地主의 土地를 私取하며, 良民을 殺戮하며, 放火하며, 婦女를 凌辱하여, 社會의 秩序를 紊亂케 하고, 人間의 人倫과 道德을 蹂躪하여, 一大亂世를 만들어냈다. 이것은 中國共産黨뿐 아니다. 共産主義가 그러한 것이다.147)

공산주의는 개인주의, 자유주의와 함께 총동원체제 하에서 진행된 사상전의 중요한 타격 대상이었다. '제국 일본'이 수행하고 있는 '정의로운 전쟁'을 지지하기 위해 그는 '반공주의'로 무장하고 '항일구국'을 내세운 중국공산당과 국민당을 악의 무리로 규정한다. 그의 주장을 보면 거의 종교적 신념에 가깝다. 그러나 정의 대 불의라는 대립구도는 박영희의 사상적 행보에서 그다지 낯선 것이 아니다. 1925년 이후 KAPF를 주도했던 그는 「전투」 「사냥개」 「지옥순례」 등 '과격한' 소설을 통해 무산자와 유산자의 대립구도를 분명히 하고 전자와 후자를 각각 선과 악으로 형상화하여 둘 사이의 극한적인 대결을 묘사한 바 있다. 그만큼 비현실적이고 추상적이었던 것이다. '성전'을 명분으로 모든 사회구성원의 정신과 육체를 국가로 회수하는 '제국 일본'의 국책을 선무하는 그의 목소리 역시 비현실적이고 공허하기는 마찬가지다.

끝없이 보리밭이 펼쳐진, '황진(黃塵)' 자욱한 북지(北支)를 배경으로 그가 그린 '전쟁의 얼굴'은 관념이라는 물감으로 덧칠한 것이어서 전쟁의 생생한 표정을 찾아볼 수가 없다. 『보리와 병정』이 삼엄한 검열에도

147) 박영희, 앞의 책, 118~120면.

불구하고 사선(死線)에 선 병사의 고통과 불안과 공포, 적군 포로와 지나 농민에 대한 애정어린 시선 등을 통해 전쟁의 얼굴을 전장 체험을 바탕으로 비교적 리얼하게 그리고 있는 것과는 대조적이다.[148] 그렇다면 '황군 위문'을 계기로 문학의 '새로운 현실성'을 파악하여 침체된 조선문학의 '부흥'을 모색하고자 했던 박영희가 발견했던 '새로운 현실성'이란 무엇이었을까. 북지의 황량한 대륙에 자라는 보리밭 물결, '국가'를 위해 죽음을 각오한 병사들의 모습, 지루한 전쟁을 지탱하는 '일본정신', '대일본제국'의 신민으로 살아가기엔 너무나 미안한 조선인의 얼굴, 악취를 풍기며 느려터지게 움직이는 지나인의 표정, 이 말고 무엇이었을까. 그리고 이러한 '생생한 현실성'의 발견이 침체된 조선문학의 부흥에 어떻게 기여할 수 있을까.

6. 마무리

『혈의루』가 상징적으로 보여주듯이 한국근대문학은 '일청전쟁 총소리'와 함께 그 막을 올렸다. 그리고 1945년 8월 15일 전까지 식민지 조선은 전쟁의 소용돌이를 통과해왔으면서도 전쟁문학에 대한 깊은 관심을 기울이지 못했다. 그런 의미에서 '지나사변'을 계기로 문단에서 비교적 활발하게 펼쳐진 전쟁문학론과 그 구체적인 성과물인 박영희의 『전선기행』은 해방 이후의 전쟁문학을 향방을 이해하는 데 하나의 시금석이 될 수 있을 것이다.

---

148) 물론 종군작가와 위문사절이라는 판이한 '조건'이 두 작품의 차이를 초래한 것이라 할 수도 있을 것이다. 이와 관련해서는 다른 종군문학을 포함한 전쟁문학 작품을 폭넓게 비교 연구해야 할 것이다.

『전선기행』을 비롯한 박영희의 일련의 글쓰기를 '친일적'이라 비난하기는 참으로 쉬운 일이다. 그러나 문제는 그렇게 간단하지가 않다. 역사의 퇴적층에서 가뿐하게 부양(浮揚)할 수 있는 사람이라면 몰라도 제국주의 일본의 조선 지배가 남긴 '역사'는 그렇게 가볍게 털어내고 갈 수 있는 것이 아니다. '과거는 낯선 나라'라고 했던가.149) '암흑기'로 규정된 일제 말기라는 '낯선 나라'가 기다리는 사람은 누구일까. 그 '낯선 나라'를 회피하거나 단지 '처단'하기 위해서만 찾아간다면, 우리는 그 '나라'에서 아무것도 발견할 수 없을 것이다. 무의미한 과거는 없다. 그리고 우리의 삶은 다양한 차이를 생성하면서 반복된다. 그 반복의 이면에 웅숭그리고 있는 과거가 지금-여기의 우리에게 타전하는 모르스 부호의 의미를 해독하는 일을 게을리해서는 새로운 삶을 구성할 근거는 오리무중이 되기 십상이다.

남한과 북한 모두 '대일본제국'이 마련한 근대국가의 이데올로기를 분유(分有)하고 있다. 한국전쟁 / 조선전쟁을 바라보는 당시 문인들도 마찬가지였다. 이제 우리는 정인택의 표현을 빌면 '조선 최초의 전쟁문학이라는 영예'를 안고 있는 『전선기행』을 좌표로 하여 한국전쟁 / 조선전쟁 당시 전쟁문학의 향방을 추적해야 한다. 그리하여 '대일본제국'의 국가이데올로기에 사로잡혀 있던 문학자 박영희의 『전선기행』과 남한과 북한의 국가이데올로기에 침윤된 문학자들의 전쟁문학이 뭐가 다르고 뭐가 같은지 물어야 할 것이다. 전쟁을 '인류문명의 창조자'라 부르든 '인류문명의 파괴자'라 부르든, '과거라는 낯선 나라'에서 진행된 전쟁에서 아무것도 배우지 못한다면 차라리 '평화'라는 단어를 사전에서 지우는 게 나을 것이다.

149) 데이비드 로웬덜, 김종원 · 한명숙 역, 『과거는 낯선 나라다』, 개마고원, 2006. 제5장 참조.

표준어의 점령, 지역어의 내부식민지화
현기영의 『순이삼촌』을 시점으로

1. '표준어'라는 일상의 상징폭력

한국어에서 표준어의 문제가 깊이 인식되기 시작한 것은 근대계몽기 한글에 의한 문자생활이 본격화하면서부터이다. 저마다의 방언을 그대로 쓰는 방식으로는 효율적인 문자생활을 할 수 없었기 때문이다. 결국 조선어학회에서 한글맞춤법통일안(1933)을 제정하면서 그 총칙에서 한글맞춤법은 표준말을 적는다는 점과 표준말은 대체로 '현재 중류사회에서 쓰는 서울말'로 한다는 점을 밝히게 되었다. 이는 다시 부분적인 손질을 거쳐 1988년에 문교부에서 공표한 '표준어 규정'으로 개정되었다. 표준어 규정은 표준어 사정 원칙과 표준 발음법으로 구성되어 있는데 표준어 사정 원칙에서 표준어를 '교양 있는 사람들이 두루 쓰는 현대 서울말'로 규정했다.

'표준어 규정' 총칙 제1항의 이 규정은 일종의 '명령'처럼 언중들을 구속한다. 예컨대 표준어를 사용하지 못하면 우리는 '교양 있는 사람' 취급을 받지 못하고, 시대에 뒤떨어진 사람이 되며, 중심=서울에서 벗어난 주변=지방 사람으로 인식된다. 그리하여 교양 있는 사람이 되고, 시대에 뒤떨어지지 않은 사람이 되기 위해서 우리는 기꺼이 우리의 모어=사투리를 뒤로하고 표준어를 학습한다. 여기에는 탈주변화하여 중심으로 진출하고자 하는 욕망이 자리하고 있다는 점은 두말할 필요가 없다. 중심에 동화되고자 하는 욕망은 배제당할지 모른다는 공포와 짝패를 이루어 우리를 억압한다. 다음과 같은 사례는 우리의 일상생활에 미치는 표준어의 영향력을 단적으로 보여준다.

① 회사원 손모(27 · 여)씨는 대구에서 20여년을 살다가 서울에서 대학생활을 하면서 심한 '사투리 스트레스'를 받았다고 털어놨다. "사투리 스트레스는 여자들한테 더 심합니다. 촌스러워 보인다고 생각하기 때문이죠. 간혹 사투리가 귀엽다는 사람도 있지만, 서울말 우아하게 쓰는 사람들 보면 얼마나 부러웠는지 몰라요." 풋풋한 대학생활을 시작하면서 여대생들의 관심사인 '미용' 말고도 손씨는 '말투'까지 관리해야 했다. "친구들이 저랑 얘기할 때 제 말투를 흉내 내더라고요. 처음엔 따라 웃었는데, 계속 그러니까 나중엔 솔직히 짜증이 났어요. 그래서 말투를 고치기 시작했죠."

② 회사원 송모(26)씨도 대학시절 입만 열면 튀어나오는 심한 전라도 사투리 때문에 촌스러워지는 자신이 부끄러웠던 적이 있었다고 말했다. (…중략…) 송씨는 이후 사투리를 쓰지 않겠다고 마음먹고 열심히 서울말 연습을 했다. 지금은 오랜 친구가 아니면 다들 자신을 서울 사람으로 착각한다고 한다. "사투리에 얽힌 추억을 말하라면 며칠 밤도 모자랄 겁니다. 지금은 옛 친구를 만날 땐 전라도 말로, 대학 친구를 만날 때 서울말을 씁니다. 2개 국어인 셈이죠."

③ 회사원 김모(28 · 여)씨는 강원도 강릉이 고향이다. 그는 자신이 서울 사람들 앞에서 사투리를 쓰지 않는 이유에 대해 "서울에 살면서 사투리를 쓴다는 건 촌스럽다, 순진하다, 멍청하다 사이를 왔다 갔다 하는 이미지를 사람들

에게 심어준다."고 말한다.

④경상도가 고향인 전모(34)씨와 그의 아내는 네 살 된 아들이 경상도 사투리를 배우지 않을까 싶어 아들 앞에서는 최대한 서울 말씨를 쓴다. 아들이 어린이집에서 말투가 이상하다는 이유로 친구들에게 놀림을 받으면 안 된다는 걱정 때문이다. 전씨는 "아들이 태어나서 두 살 때까지 대구에서 자랐기 때문에 걱정이 많았다."고 말했다.

⑤안진걸 희망제작소 사회창안팀장은 평소 걸쭉한 전라도 사투리를 쓰지만 전화를 받을 때는 언제나 또박또박 서울말을 쓴다. 그는 "특히 항의전화가 왔을 때 사투리를 쓰면 '시민운동하고 데모하는 놈들은 전부 전라도 것들이지.'라는 황당한 반응을 보이는 사람이 적지 않았다."면서 "민감한 정치적 사안일 경우 지방 출신 시민운동가들은 말을 할 때 굉장히 조심스러워 한다."고 귀띔한다.

⑥20년을 대구에서 살았던 회사원 주모(26·여)씨는 학창시절 꿈꿔 왔던 아나운서도 포기하고 대기업에 입사했다. 말끝마다 배어나오는 경상도 억양이 화근이었다. 주씨에게 완벽한 서울말을 구사해야 하는 아나운서는 넘기 힘든 강이었다. "고등학교 방송반 활동을 했을 때에는 몰랐는데, 서울에서 대학생활을 하면서 방송국 활동을 하다 보니 서울말이 어렵다는 게 뼈저리게 느껴지더라고요."

⑦고등학교 때까지 전남 순천에서 나고 자란 서울 모대학 졸업반 윤모(26)씨는 취업을 앞두고 고민이 많다. "면접 볼 때에는 깔끔한 서울 말씨를 써야지 좋은 인상을 남길 수 있잖아요. 아무리 고치려 해도 특유의 억양은 고치기 힘들더군요. 행여나 면접관들이 '저 사람은 말투하나 못 고쳐서 어디다 쓰나.' 하고 생각할까 걱정입니다."[150]

이처럼 표준어는 우리들의 일상을 감시하는 검열관 역할을 한다. 우

150) http://news.media.daum.net/society/affair/200706/26/seoul/v17216490.html

리는 흔히 표준어는 한 나라의 공통어로서 그 나라를 대표하는 언어라는 것, 표준어는 한 나라의 국민을 언어적으로 통일시켜 주는 언어이자 방언보다 품위가 있고 공적인 상황에 적합한 언어라는 것, 따라서 모든 국민들이 표준어를 널리 익혀서 정확하게 구사할 줄 아는 능력을 길러야 한다는 말을 듣는다. 언제부터 그렇게 된 것일까? 누가 표준어를 무슨 의도로 만들었을까? 왜 국민 모두가 표준어를 학습하여 사용해야 하는 것일까?

표준어는 '자연스럽게' 형성된 것이 아니라 근대 국민국가가 수행한 언어정책의 산물인 경우가 대부분이다. 따라서 표준어(standard language)가 갖는 의미를 찾기 위해서는 언제, 누가, 왜, 어떻게 표준어를 만들어냈으며, 그 효과는 어떠했는지를 고구할 필요가 있다. 표준어가 언중들의 효율적인 의사소통을 위해서 제정된 것이라는 점에는 누구나 동의할 수 있을 것이다. 그러나 표준어 제정 의도에는 의사소통의 효율성을 훌쩍 뛰어넘는, 자본=네이션=스테이트(가라타니 고진)가 행사하는 상징폭력이 내장되어 있다.

소설가 현기영은 그의 소설집 『순이삼촌』에서 사투리와 표준어(또는 서울말)라는 이질적인 언어사용이 촉발하는 효과와 그것이 담고 있는 의미가 무엇인지를 묻는다. 잘 알고 있는 바와 같이 우리는 언어를 통해서 기억을 재구성하고 또 표현한다. 그런데 과거의 기억이 국가권력에 의해 억압당할 경우, 과거의 언어=사투리로 구성된 기억은 심각하게 뒤틀린다. 뿐만 아니라 그것은 실어증과 신경쇠약증까지 동반한다. 사투리를 사용하는 주체가 표준어라는 인공언어가 지배하는 공간으로 '진출'하기 위해서 치러야 심리적 고통은, 망각을 강요당한 기억을 공공연하게 드러낼 수 없다는 강박감의 다른 이름이다. 주체의 분열증은 필연적이며, '순이삼촌'이 그랬듯, '학살의 기억'을 표준화=공론화할 수 없는 민중들은 자신들의 언어=사투리의 운명을 예감이라도 하듯 '일주도로변 옴팡진 밭'에 그 잔혹한 기억들을 묻어버린다.

2. 어느 '내부식민지인'의 분열증

그러나 묻어버린다고 묻힐 기억이라면 굳이 묻지 않아도 될지 모른다. 왜냐하면 고통의 강도가 그다지 높지 않았다는 반증일 것이기 때문이다. 현기영 소설 속의 인물들이 간직한 기억은 공공의 기억=국가의 기억으로 소환되지 않는, 기억의 당사자들의 '밀회'에서만 공유되는 금지된 기억, 그러니까 의식의 차원=공적인 차원에서는 치유할 수 없는 트라우마였다. 그 상처는 학살의 기억의 공간인 고향, 기억의 언어인 사투리와 더불어 무의식 속에 깊숙이 웅숭거리고 있다가, 검열장치가 완화되는 순간 원망과 분노와 비겁과 우울증과 더불어 되살아난다.

> 그 악몽의 현장, 그 가위눌림의 세월, 그게 그의 고향이었다. 그러니 고향은 한마디로 잊고 싶고 버리고 싶은 것의 전부였고, 행복이나 출세와는 정반대의 개념으로 이해되었다. 중호는 고향의 모든 것을 미워했다. 측간에서 똥 먹고 사는 도새기(돼지)가 싫고, 한겨울에도 반나체로 잠수질해야 하는 여편네들이 싫고, "말은 나면 제주로 보내고, 사람은 나면 서울로 보내라" 하는 속담도 싫고, 육지사람이 통 알아들을 수 없는 고향 사투리가 싫고, 석다(石多)도, 풍다(風多)도 싫고, 30년 전 그 난리로 홀어멍이 많은 여다(女多)도 싫고, 숱한 부락들이 불타 잿더미가 되고 곳곳에 까마귀 파먹은 떼송장이 늘비하게 널려 있던 고향 특유의 난리가 싫고, 그 불행이 그의 가슴속에 못 파놓은 깊은 우울증이 싫었다. 육지 중앙정부가 돌보지 않던 머나먼 벽지, 귀양을 떠난 적객(謫客)들이 수륙 이천리를 가며 천신만고 끝에 도착하던 유배지, 목민(牧民)에는 뜻이 전혀 없고 오로지 국마(國馬)를 살찌우는 목마(牧馬)에만 신경썼던 역대 육지 목사(牧使)들, 가뭄이 들어 목장의 초지(草地)가 마르면 지체없이 말을 보리밭으로 몰아 백성의 일년 양식을 먹어치우게 하던 마정(馬政). 백성을 위한 행정은 없고 말을 위한 행정만 있던 천더기의 땅. 저주받은 땅, 천형(天刑)의 땅을 버리고 싶었다. 찌든 가난과 심한 우울증밖에는 가르쳐준 것이 없는 고향, 그것은 비상(飛翔)하려는 그의 두 발을 잡아끌어당기는 깊은 함정

이었다. 그 섬 사람이 아니고 싶었다.[151](강조는 인용자)

오리엔탈리즘은 동양과 서양 사이에서만 작동하는 것이 아니다. 서양이 동양을 지배하기 위한 전략의 일환으로 열등한 동양상(東洋像)을 구성했듯이, 그리고 동양 안에서 제국주의 일본이 자신보다 열등한 식민지 아시아의 이미지를 그려냈듯이, 동일한 민족국가에 속한 정치공동체 내부에서도 열등한 또는 부정한 지역의 이미지를 생산, 유포했다. '섬것'들이라는 말 속에 깃들인 열등한 이미지와 '빨갱이'라는 말 속에 깃들인 부정한 이미지가 「해룡 이야기」의 문중호의 의식/무의식을 사로잡고 있는 것이다. 그의 고향은 '가위눌림의 세월'로 기억되며 동시에 '비상하려는 그의 두 발을 잡아끌어당기는 깊은 함정'으로 기억된다. 유배지였던 이곳의 역사가 증언하듯, '중심'을 위해 봉사하는 '변방' 출신인 그는 스스로를 주변화/타자화한다. 지독한 가난과 우울증밖에 가르쳐준 것이 없는, '저주받은 땅'이자 '천형의 땅'인 그곳을 탈출하여 서울=중심을 향하지만 그 과정 또한 녹록치 않다. '서울'이라는 중심에 입성하기 위해 그는 '육지사람들이 통 알아들을 수 없는 사투리'를 폐기처분(은폐)해야 한다.

> 그는 촌스러운 고향 사투리를 훌훌 떨쳐버리고 남다른 정열로 열심히 서울말을 읽혔다. 수년 동안 가정교사라는 남의 집 고용살이를 하면서 서울말만 배운 게 아니라 눈칫밥 먹으며 서울말로 비굴하게 아첨하는 법까지 터득했다. 대학 졸업 후 직장을 가진 다음에도 얼마간 그 집에 눌러 있었는데, 그것은 소원대로 그 집 맏딸과 결혼했기 때문이었다. 남편의 본적을 따르기를 싫어하는 아내의 비위를 맞추려고 선선히 본적까지 옮기고 나니 그는 깔축없는 서울사람이 되어버렸다. 그러나 메뚜기가 제아무리 뛰어봐야 고작 풀밭이라던가, 아무리 고치려고 해도 여전히 자기가 사는 동네 '모래내'를 '모레네'라고 하고 전에

151) 현기영, 「海龍 이야기」, 『순이삼촌』, 창작과비평사, 1979, 123~124면. 이하 작품의 인용은 이 책의 면수만을 표기한다.

살던 '갈현동'을 '갈년동'이라 하고 '확실히'를 '확실니'라고 발음하고 있는 한 고향의 올가미에서 벗어난다는 것은 가당치 않은 일이었다. 하물며 아내가 아는 2만원 돈말고도 따로 만원을 몰래 부쳐드리는 어머니가 고향에 계신데야 더 말해 무엇하랴.(125면, 강조는 인용자)

언어들 사이에 우열이 없다는 것은 두루 아는 바와 같다. 그러나 표준어와 비표준어 사이의 우열은 너무나 명확하게 문중호의 의식에 각인되어 있다. 서울에 입성하기 위해, 그러니까 중심으로 진출하기 위해 그가 치러야 하는 '통행료'는 발성기관 근육의 전면적인 재편이라는, 인간으로서 견디기 힘든 굴욕감과 등가이다. 인간의 발성기관의 근육에는 어머니의 젖을 빨면서 동시에 어머니의 말을 듣고 따라하면서 익힌 모어(母語)의 기억이 새겨져 있다. 그러한 모어의 기억을 통행료로 지불하고 난 다음에 남는 것은 무엇일까.

동화(同化)를 향한 열망과 배제에 의한 좌절이 남긴 상흔이 얼마나 고통스러운 것이었는지를 우리는 식민지 시대 문학자들의 삶에서 역력하게 읽어낼 수 있다. 유창한 일본어로 일본인의 가면을 쓰고 춤추었던, 또는 춤추고자 했던 적지 않은 식민지 조선 지식인들의 행동 양식과 문중호의 행동 양식 사이에서 발견할 수 있는 차이는 무엇일까. 일본민족이 일본어로 조선민족과 조선어를 점령하고 파괴한 역사적 사실과 '육지것들'이 그들의 언어로 '섬것들'과 섬의 언어를 파괴했다는 사실 사이의 상동성(相同性)을 간과해서는 안 된다.[152)]

또 하나 언급해 두어야 할 것은 문중호가 시달리고 있는 우울증과 강박감의 병원(病原)이다. 표준발음을 정확하게 구사할 수 있는 사람은 극소수에 지나지 않는다. 그럼에도 불구하고 문중호는 표준발음을 정확하게 구사하지 못하는 점 때문에 자신이 '고향의 올가미'로부터 벗어나지

152) 그 폭력의 발현 양상과 질적인 차이, 역사적인 의미, 제국주의와 근대국가의 상관관계 등등을 폭넓게 고려해야 할 것이지만, 여기에서는 거칠게나마 그 계기적 유사성만을 언급해 두기로 한다.

못할 것이라고 진단한다. '상상 연출'된 표준어 담론에 포획된 그는 중심과 주변의 경계 또는 현재와 과거의 경계에서 고통스러워한다. 자기타자화=자기주변화 과정에 동반하는 갈등과 고통이 우울증과 강박감으로 드러나며, 그 현상태가 표준어=서울말과 사투리=지방어 사이에 놓인 주체의 분열이다. 이러한 거짓 중심화=자기기만을 뒤흔드는 것은 '어머니=고향=모어'이며, '어머니=고향=모어'는 기억의 다른 이름이다. '원수 같은 서북군' 즉 '권력'과 동거했다는 죄의식에 시달리며, '30년 전 그 일을 가슴 갈피에다 꼬불치고' 살아가는 어머니는 자기기만에 빠져 있는 문중호를 고향의 기억으로 소환한다. 그곳은 폭력의 시공간이며, 그의 우울증과 모멸감은 그 폭력과 맞서지 못한 채 모든 잘못을 어머니=고향=모어에 전가했다는 일종의 '죄의식'과 일정한 상관성을 갖는다.

> 중호는 바삐 사무보는 중에도 문득 붉은 선혈이 뚜렷한 그 흰 저고리와 어머니를 데리러 왔던 서북 토벌군의 시푸른 군복이 서로 엇갈리며 떠오르는 수가 있는데, 그때마다 순간적으로 숨이 막혀 헐떡거리다가는 제풀에 맥이 풀려 늘어지는 버릇이 있다. 이 순간적인 호흡장애와 탈진상태는 과연 무엇을 뜻하나? 이 두루뭉수리 모호한 감정은 구체적으로 무엇일까? 수치감일까, 겁일까, 분노일까. 아마 이 셋이 뭉뚱그려진 복합된 감정이 맞을 것이다. (…중략…) 피해자일 뿐인 어머니에 대한 이 가당찮은 반감은, 실은 마땅히 가해자한테로 향해야 할 분노가 차단된 데서 생긴 엉뚱한 부작용임을 그는 잘 알고 있었다. 응당 가해자의 멱살을 붙잡고 떳떳이 분노를 터뜨려야 하는데, 도무지 그렇게 할 수가 없다. 지금도 그렇게 할 수 없다. 빨갱이로 몰릴까봐 두려운 것이다. 피해자인 섬사람들은 5만이 죽은 그 엄청난 비극을 이렇게 천재지변으로 치부해버린다. (…중략…) 천재지변과 같이 막강한 가해자들, 그들에게 분노나 증오를 품는다는 것은 마치 천둥벼락에게 적개심을 품는 것과 다를 바 없이 허망한 노릇이었다. 고향섬 해변을 수시로 침범하여 섬 여자를 약탈, 겁간, 살인을 자행하던 왜구들이 전설 속에서는 해룡으로 묘사된 것도 바로 이러한 연유가 아니었을까? 인력으로 어찌할 수 없는 초월적인 존재인 해룡. 해룡에게 먹히

는 사람들은 다 팔자소관일 뿐, 해룡에 대한 적개심은 털끝만큼도 없다. 오직 덜덜 떨리게 두려울 따름이다. 피묻은 흰 저고리와 시푸른 군복이 문득 머리에 떠오를 때마다 숨이 가빠지는 것은, 그러니까 분노도 증오도 아닌 바로 겁이었다.(126~127, 강조는 인용자)

'해룡'은 가해자=국가권력의 은유이다.[153] 국가권력이라는 막강한 가해자에게 분노나 증오를 품는다는 것은 '천둥벼락에게 적개심을 품는 것과 다를 바 없이 허망한 노릇'이다. 의식적으로든 무의식적으로든 저 가공할 해룡 아니 국가권력의 폭력에 저항할 수 없는 '비겁'이 고향=기억=모어에 대한 반감으로 전화(轉化)되었던 것이다.

물론 이러한 '비겁'은 문중호 개인 탓이 아니다. 그를 '비겁'으로 내몬 국가권력이 행사한 상징폭력의 정체가 무엇인지 물어야 하는 것은 이 때문이다. 상징폭력은 대부분의 경우 '직접적으로' 작동하지 않는다. 몇 단계를 거쳐 매개되는 상징폭력은 '간접적으로' 개인에게 영향을 미친다. 이 상징폭력을 내면화하면서 개인은 중심=권력에 비굴해지고 소심해지며, 급기야 중심화 욕망에 장애가 되는 자신의 모든 것을 '개량'하려 든다. 언어의 차원에서도 사정은 달라지지 않는다. 표준어라는 중

153) 그렇다면 가해자의 형상은 어떠한가. 현기영은 「도령마루의 까마귀」에서 권력의 대리인 '오순경'을 묘사하면서 이렇게 말한다. "까마귀 오순경이 메고 있는 총대엔 어서 점호를 끝내라고 태극기가 조급하게 펄럭인다. 흰 광목천 바탕에 청홍 색깔이 아주 뚜렷하다. 새것인 모양이다. 며칠 전만 해도 일본기 히노마루 붉은 원의 반쪽에다 검은 먹칠 바르고 네 귀엔 윷짝을 그려넣어 만든 헐어빠진 기를 달고 나오더니 어느새 새걸로 개비했나?" 그러나 깃발만 새것으로 바뀌었을 뿐 그것을 총대에 메고 다니는 국가권력의 위임자 '오순경'의 행태는 그 전에 비해 전혀 달라진 게 없다. 즉, "아이고, 쟈이들이 어떤 것들이라고 속창지를 차릴 것고. 일본놈 치질 똥고망 핥으며 해먹던 것들인디. 같은 섬 동포 갑죽 벗기기를 홍년에 송깃대 벗기듯 하던 것들이 새나라 경관 노릇을 하고 있으니, 오죽헐 거여? 일본기로 태극기를 맹그는 거나 일본순사 출신을 대한민국 경찰로 맹그는 거나 매한가지가 아니냔 말여!(76) 채만식의 「맹순사」나 「미스터 방」 등에서도 그러했듯이, 작가 현기영이 보기에 새로운 나라가 들어섰다고 해도 '주변부'에 있는 민중들의 시선으로 보면 국가권력의 폭력적 본성에는 아무런 변화가 없다.

심의 언어가 행사하는 상징폭력을 내면화한 개인이 애써 모어=사투리를 은폐하고자 하는 것은 문중호가 국가가 금기시하는 기억을 억압하는 것과 동일한 맥락에서 이해할 수 있다.

이 사실을 알아챈 문중호는 "겁낼 것이 아니라 불같이 노여워하고 무섭게 증오해야 한다. 그래야 나의 주눅든 피해의식을 극복할 수 있다. 해룡의 탈을 벗기고 그 흉측한 정체를 알아봐야겠다."고 다짐한다. 그러나 가슴속에 묵혀둔 피해의식을 떳떳한 증오로 바꿀 수 있을까. 자학의 채찍질에 시달리는 어머니의 자격지심과 '나'의 육지 콤플렉스는 극복될 수 있을까. '식민의 그늘'은 참으로 짙고 깊다. '내부식민지인' 문중호는 이렇게 말한다. "그 육지 콤플렉스라는 것은, 30년 전 그 세거릿길에서 어린 나의 뇌리에다 화인(火印)으로 뿌지직 태워놓은 상흔이었다. 그래서 나는 아부를 배운다. 육지사람의 환심을 사려고 알랑방귀를 뽕뽕 뀐다. 아니, 섬사람의 허울을 벗고 육지사람으로 탈바꿈하려고 안달복달한다. 육지여자와 결혼한다. 심지어는 본적까지 옮긴다. 그래서 과연 나는 육지사람이 되었나?"(128) 일본 제국주의의 동화정책 그물에 사로잡힌 식민지 조선의 지식인들의 모습과 문중호의 모습이 포개지는 것은 왜인가. 이것을 동화정책의 '내부식민지 버전'이라 부를 수는 없을까.

3. 학살의 기억, 유배당한 언어

문중호의 분신이라 할 수 있는 「순이삼촌」의 화자 '나'의 기억 속의 고향 제주도 역시 문중호의 그것과 크게 다르지 않다. '나'에게 고향은 "깊은 우울증과 찌든 가난밖에 남겨준 것이 없는 곳"이자 상상 속의

'죽은 마을'에 지나지 않는다. 그에게 고향은 "삼십년 전 군 소개작전에 따라 소각된 잿더미 모습 그대로 머리에 떠오르는 것"(32)에서 한 걸음도 나아가지 못하는 것처럼 보인다. 그러나 고향을 찾았을 때 그곳은 잃어버려야 했던 또는 잃어버린 체 해야 했던 제주 사투리와 더불어 아연 활기를 띠며 되살아온다.

> 잿빛 바다 안으로 날카롭게 먹어들어간 시커먼 현무암의 갑(岬), 저걸 사투리로 '코지'라 했지. 바닷가 넓은 '돌빌레'(巖盤)에 높직이 쌓여 있는 저 고동색 해초더미는 '듬북눌'이겠고, 겨울바다에 포말처럼 둥둥 떠 있는 저것들은 해녀들의 '태왁'이다. 시커먼 현무암 바위 틈바구니에 붉게 타는 조짚불, 뭍에 오른 해녀들이 불을 쬐는 저곳을 '불턱'이라 했지. 나는 잊어먹고 있던 낱말들이 심층의식 깊은 데서 하나하나 튀어나올 때마다 남 모르는 쾌재를 불렀다. 이렇게 추억의 심부(深部)로 들어가면 들어갈수록 내 머릿속은 고향의 풍물과 사투리로 그들먹해지는 것이었다.(33~34)

'순이삼촌'의 신경쇠약과 죽음의 과정을 찾아가고 있는 이 소설에서 '나'를 괴롭히는 것은 유년의 기억과 중심=서울 지향의 기만성 사이의 갈등이다. 그의 유년은 학살의 공포로 얼룩져 있다. 그 공포를 떨쳐내지 못하고 있는 고향은 유년의 다른 모습이며, 고향으로부터 탈출하기 위한 몸부림과 기억으로부터 벗어나기 위한 과정은 평행을 이룬다. 그 과정에서 표준어와 고향말=사투리가 힘겨운 싸움을 벌인다. '자발적 동의'에 의해 또는 '자기중심화 욕망의 달성'을 위해 기꺼이 사투리를 버리고 표준어에 굴복하지만, 그러나 억압당한 기억의 장소인 고향은 그를 쉽게 놓아주지 않는다. 예컨대 "평소에 순이삼촌 앞에서는 고향말을 써야지 하고 생각하던 터라 무의식중에 툭 튀어나온 서울말이 무척 민망스러웠다."(39)는 진술에서 볼 수 있듯이, 고향의 다른 이름인 '순이삼촌' 앞에서 '무의식중에 툭 튀어나온 서울말'은 그를 민망하게 한다. '민망함'이라는 심리적 반응은 그가 의식적이든 무의식적이든 일종의 분열증을 앓고 있다는 증거이며, 자신 안의 낯선 페르소나(들) 사이의 균열이 심각하다는 반증이다.

'잘 통하지 않는 사투리'를 쓰는 '순이삼촌'이 서울 구경 겸 '식모'로 일하러 왔을 때 아내가 보인 반응은 언어의 상징폭력이 얼마나 내밀하게 인간의 의식을 장악하고 있는지를 적실하게 보여준다.

> 아내의 태도가 우선 글러먹었다. 순이삼촌이 하는 사투리를 아내는 알아듣지 못했다. 이해해보려고 애쓰는 것 같지도 않았다. 저게 무슨 말이냐는 듯이 고개를 돌려 나를 바라볼 때 나는 나 자신이 무시당한 것처럼 얼굴이 붉어지는 것을 느껴야만 했다. 그건 신혼초에 아내가 무슨 일로 호적초본을 뗐다가 제 본적이 제주도로 올라 있는 당연한 사실을 가지고 무척 놀란 표정을 지었을 때 내가 느낀 수치감과 비슷한 것이었다. **이렇게 사투리를 알아듣지 못하는 아내 앞에서 순이삼촌의 처신은 어떻게 해야 옳은가? 그저 말수를 줄이고 시키는 말만 고분고분 따르는 수동적인 입장을 취할 도리밖에 더 있는가.**(40, 강조는 인용자)

위의 짤막한 에피소드에서도 언어사용에 따른 동화와 배제의 역학이 정확하게 작동한다. 표준어=서울말이 '교양 있는' 사람들의 말로 규정되어 있는 상황에서, 그리고 그 규정을 '자발적'으로 내면화한 사람들이 지배적인 상황에서, 사투리를 사용하는 순간 사투리 사용자는 수동적인 입장에 놓일 수밖에 없다.

'순이삼촌'의 등장으로 자신의 은폐된 기억을 떠올리는 '나'는 막연히 기피증 현상으로만 나타나던 고향에 대한 선입견을 대폭 수정하기로 한다. 서울생활 십오년 동안 한번도 써보지 못하고 묵혀두었던 사투리도 쓰기 시작하고, 빈틈없이 서울내기가 되어가는 아들에게도 사투리를 가르쳐준다. "아들놈마저 제 애비의 고향을 외면할 수는 없는 일이었다. 그렇다. **서울말 일변도의 내 언어생활이란 게 얼마나 가식적이고 억지춘향식이었던가.** 그건 어디까지나 표절인생이지 나 자신의 인생은 아니었다." 서울말 일변도의 언어생활이 '표절인생'이었다는 자각은 중심=서울=국가의 권력작용을 통해서 생산된 역사적 블록에 진입하기를 꿈꾸었던 자신의 욕망이 한갓 자기기만(self-deception)에 지나지 않았다는 성찰에서 나온 것이라 할 수 있다.[154]

그러한 성찰의 계기를 제공한 것이 '순이삼촌'의 죽음이다. 아니, 그 이전에 서울에서 자신의 '식모'로 생활한 '순이삼촌'=고향=기억이다. 지방=제주도에서의 기억은 중앙=서울의 기억에 굴복해야 한다는 암묵리의 명령을 전제한다. 지방은 서울의 '식모'에 지나지 않으며, 당연하게도 '식모'는 서울=주인의 말에 복종해야 옳다. 그것이 근대국가의 권력작용의 요체다. 그런데 "순이삼촌은 완강한 패각의 껍데기를 뒤집어쓰고 꼼짝도 않고 막무가내로 우리를 오해하는 것이었다. 그 오해는 증오와 같이 이글이글 타는 강렬한 감정이었다."(43) 이야말로 난감한 일이 아닐 수 없다. 하지만 이 '오해', 즉 '증오와 같이 이글이글 타는 강렬한 감정'과 직접 대면하지 않는다면 '표절인생'은 쉽게 끝나지 않을 것이다.

그렇다면 '순이삼촌'이 갖고 있는 증오의 기원은 어디인가. '순이삼촌'은 "1949년에 있었던 마을 소각 때 깊은 상처를 입어, 불에 놀란 사람 부지깽이만 봐도 질겁하고 지레 피하던 신경증세가 진작부터 있어온 터", 따라서 '순이삼촌'의 원혼(冤魂)을 위로하기 위해서는 국가권력에 의해 은폐되었던, '나' 자신도 국가권력의 으름장이 무서워 묻어두어야 했던 '1949년 학살의 기억'과 '강요된 기억'에 직접 맞서지 않을 수

154) 이와 관련하여 가스야 게이스케는 다음과 같이 말한다. "여기에서 '누가/무엇이 언어를 대표=표상하는가'라는 대단히 중요한 문제가 부각된다. 이 '대표=표상'의 힘을 만드는 것이 바로 언어 헤게모니라고 말해도 좋은 것이다. 특정한 언어변종, 특정한 담론이 '언어 전체'를 '대표=표상'하게 되는 과정이야말로, 언어에 내재하는 사회적 권력의 문제가 아니고 무엇이랴. 이렇게 말해도 된다면, '-어(語)'란 비역사적인 실체가 아니고, 사회적 권력작용을 통해서 생산된 '역사적 블록'(그람시)인 것이다." 가스야 게이스케, 「언어 헤게모니」, 미우라 노부타카·가스야 게이스케 엮음, 이연숙·고영진·조태란 역, 『언어제국주의란 무엇인가』, 돌베개, 2005, 388면.

없다. 동시에 표준어에 의해 유배당했던 고향의 언어를 회복하지 않을 수 없다. 기억을 둘러싼 국가권력과의 투쟁과 사투리의 회복은 '나'의 진정성을 복원하기 위한 전략이라는 점에서 불가분의 관계에 있다.

4. '사투리들'의 적대, 이양되는 억압

적어도 '4 · 3'을 배경으로 한 현기영 소설의 인물들이 기억하는 권력의 말은 '소개작전'을 지휘했던 '장교의 귀설은 이북 사투리'이다. 「순이삼촌」의 다음 장면은 사투리 사이의 적대감이 하나의 사건을 어떻게 기억할 것인가라는 문제와 연동하여 어떻게 드러나는지를 선명하게 보여주는 예이다.

> 그러나 길수형은 자기 주장을 꺾지 않았다.
>
> "아니우다. 이대로 그냥 놔두민 이 사건은 영영 매장되고 말 거우다. 앞으로 일이십년만 더 있어봅서. 그땐 심판받을 당사자도 죽고 없고, 아버님이나 당숙님같이 증언할 분도 돌아가시고 나민 다 허사가 아이우꽈? 마을 전설로는 남을지 몰라도."
>
> 길수형의 말에 갑자기 짜증이 났던지 고모부의 입에서 느닷없이 평안도 사투리가 튀어나왔다.
>
> "기쎄, 조캐, 지나간 걸 개지구 자꾸 들춰내선 멀하간? 전쟁이란 다 기런 거이 아니가서?"
>
> 순간 오십줄 나이의 고모부의 얼굴에서 삼십년 전의 새파란 서북청년의 모습을 힐끗 엿본 느낌이 들었다. 가슴이 섬찟했다. 야릇한 반발감이 뾰족하게 일어났다.(60~61, 강조는 인용자)

'나'의 고모부는 '겁탈당하기를 기다리느니 미리 선수를 써서 서청 출신 군인에게 시집 보낸 우리 할아버지의 처사'로 고모와 결혼해서 이제는 '이 지방 사투리를 수월수월 잘도' 말하는 사람이다. '나'는 "평안도 용강 사투리를 영 못 버리던 저분이 이젠 여축없이 제주도 사람이 되었구나. 서북청년으로 입도에서 이제 삼십년도 넘고 있으니 충분히 그럴 만도 하리라."고 생각한다. 그러나 부지불식간에 고모부는 학살자의 언어=이북 사투리를 내뱉고 만다. 아무리 '제주도 사람'처럼 제주도 사투리를 잘 구사한다 해도, 그래서 그 사람들 틈에 별탈없이 살아왔다 하더라도 '학살의 기억'과 연루된 '폭력의 언어'가 발화되는 순간 즉각 팽팽한 긴장감이 형성된다. 언어=사투리가 환기하는 기억. '고모부'의 느닷없는 이북 사투리는 좌중을 어색한 침묵 속에 가둔다. '고모부'는 그의 말투가 다른 사람들의 귀에 거슬리는 줄도 모르고 다시 이북 사투리로 자신의 과거를 변명한다. 자기의 과거=기억을 변명하는 데 등장하는 이북 사투리는 '기억의 투쟁'을 야기한다.

> 이때 큰아버지가 끙 앓는 소릴 내며 고개를 돌려 외면해버렸다. 눈썹이 발에 밟힌 송충이처럼 꿈틀거리는 것으로 보아 심기가 뒤틀린 모양이었다. 고모부는 그제서야 이북 사투리를 쓰고 있는 자신을 깨달았던지 흠칫 놀라며 말을 멈췄다. 큰당숙, 작은당숙 어른도 못마땅한 표정으로 담배만 풀썩풀썩 빨아댔다. 잠시 거북살스러운 침묵이 흘렀다. 그러나 언제나 반죽 좋은 고모부는 곧 섬사투리로 돌아와 다시 말을 꺼냈다.(63)

여기에서 우리는 국가폭력의 대리인 중 하나였던 '고모부'를 비난하기 쉽다. 그러나 중요한 것은 '고모부'의 이북 사투리가 불러일으키는 기억이다. '거북살스러운 침묵'의 진정한 원인은 폭력의 언어였던 이북 사투리가 아직껏 살아있다는 두려움에 있을 것이다. '섬것들'을 향해 무차별 총질하는 '육지것들'의 언어였던 이북 사투리는 특정 언어가 얼마나 뿌리 깊게 기억을 간직하고 있는지를 보여주는 하나의 매개이다. 잘 알려져 있다시피 사회적 정치적 권력 관계에 따라 특정 언어=사투리에 특정한 이미지(부정적이든 긍정적이든)가 부여되는 경우가 많다. 그리고 특정 언어=사투리에 각인된 이미지가 일상에서 어떤 영향을 미치는지는 이 글 맨 앞의 사례를 통해 어렵지 않게 확인할 수 있다. 이에 비해 표준어는 가치중립적인 것처럼 보인다. 그러나 사정은 그렇지 않다는 것을 우리는 「해룡 이야기」의 문중호와 「순이삼촌」의 '나'의 '분열증'을 통해 이미 보아왔다.[155)]

의사소통의 효율성을 강조하는 표준어가 그렇듯 국가권력 역시 균질화와 획일화를 거부하는 사유를 달가워하지 않는다. 예컨대 "면에서는 이 집에서 고구마 멫가마 내고 저 집에서 유채 멫가마 소출냈는지는 알아가도 그날 죽은 사람 수효는 이날 이때 한번도 통계 잡아보지 않으니, 내에참, 내 생각엔 오백 명은 넘은 것 같은디, 한 육백 명 안되까 마씸? 한번에 오륙십 명씩 열한 번에 몰아가시니까."라는 진술에서 볼 수 있듯, 국가는 '착취'를 위한 통계에는 대단히 강하지만, 구성원들의 고통스러운 삶과 기억은 애써 외면한다. 그러면서 짐짓 중립성을 가장하고서 국가 구성원들의 삶을 '심판관'의 위치에서 통제하고 규율한다.

국가권력에 의한 기억의 식민지 상태에서 벗어나지 못한 사람들은, 예컨대 '나'의 친척들은 '고모부'의 이북 사투리에 적대감을 드러낸다. 충분히 그럴 수 있다. 그러나 증오나 적대감은 상호불신의 악순환 고리를 끊기 어렵다. 왜인가. 자신이 당한 폭력을 이유로 타자를 향해 폭력을 휘두를 수 있기 때문이다. 심리적 보상의 대차대조표는 무의미하다. '억압의 이양'(마루야마 마사오)은 폭력의 고리를 끊는 데 아무런 도움이 되지 못한다. 예컨대 이러하다.

---

155) 이 지점에서 한 걸음 더 나아가 우리는 '고모부'에게, 정확하게는 '고모부'가 구사하는 이북 사투리에 투사된 적대감의 진정한 원인이 무엇인지를 따질 수 있어야 한다. 여기에서 상세하게 논할 수는 없지만 중립적인 것처럼 보이는 표준어와 사투리들의 이데올로기적 역학 관계를 추궁해야 그 전모가 들어날 것이라는 점만 지적해 두기로 한다.

그 무렵 뒤늦게 초토작전을 반성하게 된 전투사령부는 선무공작을 펴서 한라산 밑 동굴에 숨은 도피자들을 상당수 귀순시켰는데 현모형도 그중에 끼여 있었던 것이다. 때마침 6·25가 터져 해병대 모병이 있자 이 귀순자들은 너도나도 입대를 자원했다. 그야말로 빨갱이 누명을 벗을 수 있는 더없이 좋은 기회였다. 그래서 그들은 그대로 눌러 있다간 언제 개죽음당할지 모르는 이 지긋지긋한 고향을 빠져나갈 수 있었던 것이다. 그러니까 현모형은 인천상륙작전에 참가한 해병대 3기였다. '귀신 잡는 해병'이라고 용맹을 떨쳤던 초창기 해병대는 이렇게 이 섬 출신 청년 3만 명을 주축으로 이룩된 것이었다. 그러나 그 용맹이란 과연 무엇일까? 그건 따지고 보면 결국 반대급부적인 행위가 아니었을까? 빨갱이란 누명을 뒤집어쓰고 몇 번씩이나 죽을 고비를 넘긴 그들인지라 한번 여봐란 듯이 용맹을 떨쳐 누명을 벗어 보이고 싶었으리라. 아니, 그것만이 아니다. 어쩌면 거기엔 보복적인 감정이 짙게 깔려 있지 않았을까? 이북사람에게 당한 것을 이북사람에게 돌려준다는 식으로 말이다. 섬 청년들이 6·25동란 때 보인 전사에 빛나는 그 용맹은, 한때 군경측에서 섬 주민이라면 무조건 좌익시해서 때려잡던 단세포적인 사고방식이 얼마나 큰 오류를 저질렀나를 반증하는 것이 된다.(64~65)

그렇다면 이와 같은 폭력의 순환을 조종하는 것은 무엇인가. '조센징'이라는 '누명'과 '불신'을 벗기 위해 더욱 악랄하게 민중을 학대했던 식민지 권력의 말단 '순사'와, '이북사람에게 당한 것을 이북사람에게 돌려준다'는 '보복 감정'으로 '빨갱이 소탕'에 혁혁한 공을 세운 제주 출신 해병대('빨갱이란 누명을 뒤집어쓰고 몇 번씩이나 죽을 고비를 넘긴' 사람들) 사이에 놓인 거리는 얼마나 될까. 이북 사투리들을 쓰던 '고모부들'(서청단원)을 향한 증오가 '귀신 잡는 해병'의 용맹의 원천이었다면 어떻게 해야 할 것인가. '육지것들'들 향한 저 깊은 양가감정이 여기에서 분출한 것이 아닌가. 이러한 질문들을 던지지 않고서는 폭력의 악순환 고리를 끊을 수가 없을 것이며, 표준어와 사투리 사이에 놓인 골도 점점 깊어만 갈 것이다.

5. 에필로그—'사투리들'의 연대는 가능한가

아직도 수많은 '순이삼촌'들이 '일주도로변 밭'에서 고통스러운 기억에 몸부림을 치고 있을 것이다. 아니, 미래의 '순이삼촌'들이 다시 국가권력이 조성한 '후미지고 옴팡진' 주변부=식민지라는 이름의 '밭'으로 내몰릴지 모른다. 그렇다면 어떻게 해야 할 것인가?

근대 국민국가는 제국을 욕망한다. 서구 제국주의나 일본 제국주의의 역사가 우리에게 알려주듯이, 국민국가는 일정한 영역 안의 다양한 지역과 그 지역 사람들의 삶과 언어를 식민화하는 과정을 거쳐 자본의 요구에 따라 국외로 진출한다. '국민'과 '국어'를 창출하는 과정에서 발생하는 저항에 무력이라는 직접적 폭력과 교육 및 매체를 통한 간접적 폭력을 통해 국가의 의지를 내면화하도록 강요했다. 그리고 우리는 '하나의 민족', '하나의 국민'이라는 슬로건을 내세워 내부의 차별을 은폐하거나 위장한다. 결국 국내의 식민지화→국외의 식민지화는 연장선상에 놓여 있는 셈이며, 이는 오키나와와 아이누를 식민화하고 타이완과 조선으로 '진출한' 제국주의 일본의 역사가 여실하게 보여주고 있다. 여기에서 일본어는 효과적인 지배를 가능하게 하는 강력한 수단이자 상징폭력이었다.

자본=네이션=스테이트 즉 근대 국민국가는 다양한 기억들을 전유하여 '국사'라는 이름으로 획일화하고, 언어마저도 표준어라는 이름으로 획일화하여 파쇼적으로 지배한다. 이러한 상황에서 지역어의 생존을 국가권력에 기대는 것은 주인에게 자신의 남은 생명을 구걸하는 노예의 행태와 조금도 다르지 않다. 앞에서 보아온 바와 같이 표준어=중심어는 사투리만 억압하는 것이 아니라 사투리를 사용하는 사람들의 기억과 사유방식까지 지배한다. 인간의 물질적 풍요가 자연을 황폐하게 했듯이, 국가의 전일적=획일적 지배 전략은 다종다양한 인간의 기억과 사유 방식을 황폐하게 할 것이다.

이처럼 불길한 상황에서 우리는 무엇을 할 수 있는가. '유배의 섬' 제주도의 기억을 붙안고 있는 제주사투리를 민속박물관에 진열하여 화폐로 바꿀 것인가, 아니면 그 기억의 언어를 회복함으로써 우리의 언어생활을 풍요롭게 하고 나아가 사유의 자양분을 기름지게 할 것인가. 그러면 그 기억의 언어를 회복할 수 있는 방법은 무엇인가. 근대 국민국가 시스템의 작동원리에 대한 통절한 비판과 반성이 전제되지 않는 한, 우리는 중심을 꿈꾸는 주변인으로서 더욱 심각한 분열증을 앓을 뿐 아무런 대안도 마련할 수 없을 것이다. 사투리'들'=소수자들의 연대를 통한 표준어 권력의 최소화(또는 空洞化)를 치열하게 논의할 수 있어야 한다. 물론 지역어=사투리를 '관광자원'화하자는 논리를 펴는 사람들은 이와 다른 생각을 하고 있을 터이다.

제3부

사회진화론의 빛, 그 파장과 동아시아적 굴절

1. 해석과 '제3의 시간'

폴 리쾨르는 그의 저작 『해석의 갈등』에서 이렇게 말한다. "이번 주제는 해석학과 전통이다. 결국 살아가는 방식, 곧 시간을 어떻게 보내는가를 다루게 된다. 하나는 건네는 시간이고, 다른 하나는 해석의 시간이다. 그런데 이 두 가지 시간은 왠지 서로 받쳐주고 얽혀 있는 것 같은 느낌이 든다. 해석에는 역사가 들어 있고, 역사는 전통의 침전물 같은 느낌을 준다. 우리는 전통 속에서 산다. 진공에서 해석하는 것이 아니라, 전통을 밝혀내고 이어 생생하게 유지하기 위해 해석한다. 그래서 해석의 시간은 어떤 모양으로든 전통의 시간에 속한다. 그러나 아무리 전통이 건네 받은 '침전물'이라 해도 그 침전물을 계속 해석하지 않으면 그것은 죽은 전통이다. '유산'은 꽉 막힌 채 손에서 손으로 전해지는 것이 아니라, 부지런히 길어 올려야 할 보물이고, 길어 올리면서 새로워진다. 전통은 해석의 은혜로 산다. 해석 덕분에 전통은 이어지고 살아 있게 된다."

이어서 그는 제3의 시간을 말한다. "해석과 전통은 이처럼 서로에게 속해 있지만 그것이 눈에 보이지는 않는다. 해석이 전통의 시간에 어떻게 끼여드는가? 왜 전통은 해석의 시간 안에서, 해석의 시간을 통해서만 살아남는가? 나는 제3의 시간을 찾고 있다. 풍요로운 의미 속에 자리잡은 깊은 시간이며, 앞서 말한 두 가지 시간이 만날 수 있도록 하는 시간이다. 그것은 뜻의 시간이라고 할 수 있다. 뜻이 다가오며 생기는 시간인데, 침전물의 침전을 가능하게 하면서 동시에 해석을 위해 침전물을 밝혀내는 것을 가능하게 한다. 간단히 말해, 건네는 시간과 새롭게 하는 시간의 다툼을 일으키는 시간이다."(33~34면)

내가 생각하기에 모름지기 공부란, 리쾨르의 말마따나, 제3의 시간을 탐색·여행하는 과정이다. 이 시간은 갈등과 투쟁의 시간이며, 동시에 기존의 해석 관행을 추인하는 선에서 머무는 게 아니라 부단한 재해석을 통하여 '침전물'로 여겨지는 것들을 새로이 숨쉬게 하는 시간이다. 그러니까, 진부한 얘기지만, 전통과 현재 사이에서 전통을 어떻게 창조(날조)할 것인가? 이것이 공부하는 사람의 자의식을 지탱하는 버팀목이다. 전혀 다른 환경에서 생산된 지적 담론 또는 전통을 자신들이 처한 상황에 입각해 그들 식대로 해석하고 재구성했다는 점에서, 동아시아 3국의 사회진화론 수용 양상도 여기에서 크게 벗어나지 않는다.

스펜서와 헉슬리의 사회진화론이 근대계몽기 동아시아에 미친 압도적인 영향력은 새삼스레 언급할 것까지도 없다. '적자생존', '우승열패' 등 사회진화론의 문맥에서 빠져 나온 기표들은, 이를 언급한 사상가들과 그들이 처한 상황에 따라 다양한 의미를 담고서, 근대계몽기 담론 공간을 장악한다. '신(新)'자와 더불어 곳곳을 배회한다. 신문과 잡지의 논설에서, 역사서에서, 그리고 저작물에서. 이들의 의견을 일목요연하게 정리해내기란 참으로 요원해보인다. 그들 중 대표적인 사람들 몇을

골라 생각을 정리하라면 가능한 일이기도 하겠으나,[156] 사방에서 거침없이 쏟아져 나온 '사회진화론적 기표'들을 더욱 깊이 있게 해석하기에는 역부족이다.

잘 알고 있듯이, 스펜서가 사회진화론을 빌어 말하고자 했던 것은 개인과 국가 간의 새로운 관계정립의 문제였다. 즉 문명 발전의 원동력은 개인으로부터 발원하며, 그 에너지는 개인의 이해관계에 유리한 환경에서만 현실화한다는 점을 분명히 하고자 했던 것이다. 그리고 이러한 서구적 자유주의가 서구문명 발전의 원동력이라는 사실을 가토 히로유키나 량치챠오 그리고 신채호처럼 명민한 사람들이 몰랐을 리가 없다. 그럼에도 불구하고 그들은 경쟁단위를 개인에서 국가로 바꾸어버린다. 이때 개인(인민)은 '우민화'하여 계몽의 대상으로 전락하고, 개인의 윤리 내지 권리는 철저하게 국가에 종속된다. 스펜서류의 사회진화론은 후진국의 두뇌들 속에서 다시 한번 선회한다. 그야말로 '창조적 오독'이다. 창조적 오독이야말로 모든 사유의 추동력이라는 점을 인정하는 한, 이들의 재구성된 사회진화론을 부정적으로만 볼 필요는 없다. 그리고 그들이 처했던 역사적 환경을 무시하는 것도 올바른 처사는 아니다.

2. 시공간 개념의 변화와 인식론적 위기

정진배가 『중국 현대문학과 현대성 이데올로기』에서 한 말을 들어보자. "중국 5·4시기 문학에서 진보의 개념은 기존의 전근대적 세계관과 구별되는 두 가지 특수성을 전제하고 있다. 첫째는 중국이 세계의 중심

156) 이와 관련해서는 신연재, 「동아시아 3국의 사회진화론 수용에 관한 연구—加藤弘之·梁啓超·申采浩의 사상을 중심으로」, 서울대 박사논문, 1991 참조.

에서 세계의 일부분으로 재인식되는 공간 개념의 변화이고, 둘째로는 복고주의적 경향에서 탈피하여 '현재'의 시점에 특정한 의미를 부여하는 직선론적 시간관의 수용이라 할 수 있다."(127면)

공간과 시간 개념의 변화는 깊디깊은 낭떠러지와도 같은 인식론적 단절을 동반한다. 지금까지의 사유 패턴과는 전혀 다른 방식으로 세상을 바라본다는 것, 아니 바라보아야 한다는 것이야말로 시대적 상황을 응시하고 그 판도를 포착하고자 했던 사람들에게는 미증유의 사태로 다가왔을 터이다. 진보로 표상되는 문명을 향한 외경(畏敬), 누구도 피해갈 수 없을 듯 싶은 주문(呪文) 또는 거대한 유령. 그런 모습으로 서양은 '미개'와 '반개화'의 땅을 점령해갔다. 이런 상황에서 시대의 부채를 몽땅 짊어진 듯한 표정으로 세상을 바라보고 얘기해야 했던 지식인들의 사유의 거점이랄까 준거를 따지기 위해서는 그들이 현실을 사유하는 힘의 원천을 어디에서 구했는가에서 출발해야 한다.

이렇게 가정해보자. '안'에 발판을 두고 '밖'을 추측(推測)하는 사유의 행정(行程)과 '밖'에 거점을 두고 '안'을 들여다보는 사유의 행정이 있다. 나는 안과 밖을 두루 살피고 이를 함께 고려한다는, 얼핏 그럴 듯해 보이고 폼도 괜찮아 보이는 말 따위는 그다지 신뢰하지 않는다. 파천황(破天荒)에 가까운 시공간 개념의 변화를 절감해야 했던 지식인들의 현실인식 수준과 그들의 사유행로에 내 나름대로의 의미를 부여는 데에 이 두 가지 가정이 꽤 쓸모 있어 보인다. 물론 안과 밖을 넘나드는 '행정'에 유의할 필요가 있으며, 그 변형이나 전이(轉移)를 파악하는 것도 얼마든지 가능하다. 예컨대 오리엔탈리즘의 내면화나 그 변형으로서의 옥시덴탈리즘의 재구성 등을 상정할 수 있을 것이다. '자신에게 무엇이 결여되어 있는가에서 출발하여 타자의 존재를 상상적으로 재창조하는 인식적 행위'라 이름 붙일 수 있는, 이른바 오리엔탈리즘/옥시덴탈리즘에 입각한 논의들 말이다.[157]

문제의 핵심은, 그러니까, 시공간 개념의 변화에 따른 인식론적 위기를 어떻게 돌파하고자 했는가에 있다. 여기에서 굳이 사회진화론의 문제를 본격적으로 다룬 전복희나 신연재의 논문을 비판할 생각은 없다. 그런데 나의 문제 의식에서 출발할 때, 전복희의 논문은 말할 것도 없거니와 신연재의 구상도 어딘가 밋밋하다. 가토 히로유키와 량치차오 그리고 신채호를 나란히 놓은 것부터가 그러하다. 세 사람 모두 논의의 거점을 밖에다 두고 안을 들여다보았다는 점에서는 별반 다르지 않다. 그러나 사유의 과정에서 신채호가 선택한 길은 앞의 두 사람과 판이하다. 가토 히로유키와 량치차오가 이른바 '내안외경(內安外競)'론에 입각해 안(국내)에서의 개혁이나 혁명을 봉쇄해야 한다는 방향으로 사유를 전개한 반면,[158] 압도적으로 량치차오의 영향을 받았던 초기와 달리 후기에 들어 신채호는 혁명적 사유를 구체화했다는 점을 드는 것만으로 충분할 것이다. 3국의 역사적 환경이나 국제정치질서에서의 위상 변화를 고려해야 한다고 말할 것이다. 안다.

구도를 달리하면, 바꾸어 말해 동시대에 동일한 키워드로 사유를 전개한 지식인들의 배치를 달리해보면 해석의 가능성은 훨씬 풍부해진다. 이를테면, 캉유웨이(또는 량치차오)—천두슈—루쉰, 가토 히로유키—고도쿠 슈스이—나쓰메 소세키, 윤치호—(홍명희)—신채호 식으로 라인업을 구축할 경우, 진보=문명=사회진화론을 둘러싼 논의는 보다 역동성을 획득할 수 있을 것이다. 이들 가운데 진보나 문명화를 거부한 사람은

157) 이와 관련해서는 량치차오의 「新民說」을 새로운 관점에서 해석한 백지운, 「오리엔탈리즘과 옥시덴탈리즘—梁啓超의 「신민설」 해석을 위한 방법론적 접근」, 한국중국현대문학학회, 『中國現代文學』 제19호 참조.

158) 신채호의 초기 사상도 여기에서 예외는 아니다. 신연재의 말을 들어보자: 그(신채호)의 국가사상이 사실상 정치사상에 의해 지배된 것임을 포착할 수 있지만, 국가위기의 극복 전략으로 제시된 자강개혁사상은 그 부분성—지배세력의 교체 불가, 봉건적 경제질서의 전면적 개혁 불가, 정치질서의 점진적 변화—으로 말미암아 자발적 국민통합을 저해하는 요인으로 작용할 수 있었다. 그러한 자강개혁사상은 국민통합의 명분 아래 계층간의 그것에 수반되는 대내적 긴장구조를 은폐함으로써 인민의 존재가치를 국가를 위한 개인으로 축소시키고, 따라서 국민관념을 결여한 저항민족주의가 국가주의로 전환될 소지가 있는 것이다.(178면)

하나도 없다. 문명의 길로 나아가되 그 방법론에 있어 그들이 보이는 편차랄까 고뇌의 폭은 놀라울 정도로 상이하다.

3. 가토 히로유키—고토쿠 슈스이—나츠메 소세키

동아시아 3국의 근대사상 전개에서 거의 모든 사상이 일본을 거쳐 번역되었다는 것은 새삼 말할 필요조차 없다. 중국의 경우 옌푸(嚴復)가 헉슬리와 기타 서양의 저작들을 직접 번역했다는 사실은 잘 알려진 바와 같거니와, 그렇다손치더라도 일본 루트를 통과하고 나서야 비로소 현실적 파급력을 지닐 수 있었다는 점은 사회진화론이 가토 히로유키를 거쳐 량치차오에게 전수·재해석되는 과정만 보아도 분명해진다. 가토 히로유키의 경우, 스펜서를 따라 자연도태와 생존경쟁의 원리를 인간사회에 적용했으나, 자유주의가 아닌 권위주의적 국가주의를 합리화함으로써 자유민권론자들의 집중포화의 표적이 된다(신연재, 93면). 그는 스펜서가 강조한 천부인권설을 필두로 한 인간의 권리 등은 '의도적'으로 배제한다. 그에 따르면 약자는 강자에게 희생되게 마련이라는 점에서 생물계와 인간계는 하등의 차이가 없다. 국제정치질서에서도 마찬가지이다. 그렇다면 현금 국가간 약육강식의 시대에 초미의 관심사는 국가의 존립에 놓일 수밖에 없다(『强者의 權利와 競爭』). 개인의 권리나 윤리의 존재 의미마저 외면한 채 그는 국가유기체론과 제국주의로 향하는 길에 초석을 놓는 데 진력한다(민권론과 국권론의 논쟁을 사회진화론의 맥락에서 바라보는 것도 흥미롭다).

1912년 이른 바 대역사건을 계기로 내연(內燃)의 불꽃으로 돌아간 일본의 사회주의자들의 행적을 살피는 것은 가토 히로유키와 같은 국권론자 또는 제국주의 이데올로그들의 담론을 내부로부터 비판하는 데, 그리고 일본 근대사상의 다양한 측면을 바라보는 데 유효한 시사점을 제공한다. 여기에서 내가 문제삼고자 하는 사람은 나카에 초민과 고도쿠 슈스이이다. 이들의 논의는 메이지 후반기 청일전쟁과 러일전쟁을 거치면서 내구력을 갖추기 시작한 자본과 권력에 대한 저항 담론의 한 축을 형성하고 있다. 이들은 가토 히로유키를 위시한 국권론자들이 억압하고자 했던 내부의 개혁을 도모한다(『三醉人經綸問答』 및 『社會主義神髓』). 서구적 진보에 대한 맹목적인 믿음과 그 변용인 일본적 제국주의의 길에 비판을 제기했다는 점에서 이들의 논의는 사회진화론의 일본적 수용을 비판할 수 있는 적절한 근거가 될 수 있다.

그리고 나쓰메 소세키이다. 「현대일본의 개화」와 「나의 개인주의」에서 익히 보아왔듯이 그는 일본적 문명개화에 깊은 회의와 불안을 내보인다. 그 단적인 예를 하나만 보기로 한다. 단편 「취미의 유전」에서 러일전쟁을 우회적으로 비판하고 있는 부분이다. "미친 신이 덩실거리며 '피를 빨아라' 소리 치자 널름널름 내민 불꽃 같은 혓바닥들이 어두운 대지를 비춤과 동시에 끄르륵끄르륵 목구멍을 타고 넘는 핏물 소리가 천지사방을 진동쳤다. 이번에는 검은 구름장을 쿵쿵 밟아대며 '살을 먹어라' 하고 신이 벽력 치자 '살을 먹어라, 살을 먹어라!' 개떼들도 일제히 따라 짖어댄다. 이윽고 찍찍 팔목을 뜯어먹는다. 큰 입을 귀밑까지 쩍 벌려 시체 속에 머리를 처박는다. 겨우 살이 거의 없어졌는가 하는데 또 낮게 가라앉은 구름을 뚫고 무서운 신의 목소리가 들려왔다. '살 다음에는 뼈를 빨아라.'(『소세키 단편집』, 55~56면) 내가 읽은 소세키의 작품 가운데 그 어디에서도 이처럼 격한 분노의 목소리로 살풍경하게 묘사한 부분은 찾아볼 수 없다. 무엇이 그를 이토록 격노케 했을까. 껍데기 개화의 결과가, 그 찬란한 전리품인 전쟁에서의 승리가 근대 일본인에게 가져온 것은 무엇인가. 그는 전쟁에서 돌아오는 환영식장을 한 마디로 설명한다. '웃기는 일[諧謔]'이라고. 후진국 일본이 서양에 대한 지독한 콤플렉스에서 벗어나 새롭게 비상하려는 순간, 그는 픽 웃어버린다. 그 웃음은 씁쓸하다. 개인의 권리와 이에 기반한 참다운 개인주의를 말살한 채, 국가의 존립만을 내세우는 일본적 사회진화론의 망령 앞에서 그는 참담해 한다. 이러한 모습은 위의 두 강연뿐만 아니라 『나는 고양이로소이다』 이후 끈질기게 물고늘어진 근대(진보)에 회의에서 비롯한다. 이러한 회의와 불안이 있었기에 일본적 근대는 그나마 버틸 수 있었을 터이다. 근대의 음산한 그림자가 몰고 올 폭풍을, 그 그림자의 보이지 않는 파괴력을 그는 직시했던 것이다.

4. 캉유웨이(량치차오)—천두슈—루쉰

중국의 경우는 어떤가. 『대동서』에서 캉유웨이가 보여준 '우주적 비전'은 그야말로 황홀하다. 잘 알고 있듯이 그가 생각한 대동세계는 아홉 가지 한계[九界]를 제거한 세상이다. 먼저 '형체라는 한계[形界]'를 제거하는 것으로부터 시작해야 한다. 이는 남자와 여자의 신체적 구별을 없애야 한다는 것이 아니라 남녀불평등을 타파하여 각기 독립자존의 길을 가야 한다는 것을 의미한다. 그 다음으로는 가족이라는 한계[家界], 사유재산이라는 한계[產界], 계급이라는 한계[級界], 나라라는 한계[國界], 종족이라는 한계[種界], 무질서라는 한계[亂界], 인류라는 한계[類界], 그리고 마지막으로 고통이라는 한계[苦界]를 넘어 꿈의 세계에 이를 수 있다는 게 그가 그린 청사진의 대략이다. 그의 논의는 인류가 소망하는 바를 너무나 일목요연하고도 선명하게 보여주는 '진보'의 도식이다. 너무 황홀한(황당한?) 꿈을 꾸어서였을까, 『대동서』에서는 회의의 그림자를 찾아볼 수가 없다. 이 당시 젊은이들에게 대단한 설득력을 얻었다는 저간의 사정을 고려한다면 '캉유웨이의 꿈'이 전혀 무의미한 것은 아니었었던 듯하다. 꿈이야말로 현실을 살아내게 하는 가장 기본적인 자양분임을 인정하지 못할 것도 없다. 그러나 회의나 불안을 동반하지 않는 꿈이나 희망은 언제든 배반을 예비하기 마련이다. 자신이 그려 보인 청사진에 회의와 불안 그리고 공포라 일컬을 수 있을 지점들을 표기하지 않았다는 점에서, 아니 못했다는 점에서 캉유웨이의 꿈은 그 현실적인 힘을 상실할 수밖에 없었다. 따라서 그가 극단적인 보수주의자의 모습으로 되돌아가는 것은, 내가 보기에, 지극히 당연한 귀결이다.

량치차오의 경우도 여기에서 멀지 않다. 다만, 사회진화론의 수용과 변용 과정을 염두에 둘 경우 그는 스승보다 많은 고민을 했던 것처럼 보이긴 하지만(「신민설」 및 『중국학술사상변천의 대세』), 거울에 비친 자아의 모습을 투시하지 못하고 다시금 타자화하고 억압했다는 점에서 문명/야만의 이분법이라는 이름의 그물에서 탈출하는 데 실패한 것으로 보인다.

이에 비해 천두슈(陳獨秀)의 시선은 내부를 향하고 있었다. 주체를 발견하고 이를 혁신하지 않는 이상 어떤 희망도 볼 수 없다는 그의 판단은 혁명적 사유를 뚜렷하게 드러내고 있다. 직선적 시간이 지속의 제국을 침투해왔을 때, 시간을 따라잡기 위해 제시할 수 있는 방략이란 혁명을 빼고 무엇을 논하겠는가. 백날 실력양성이니 점진적 진보니 외쳐보아야 이는 서구의 우월성을 영속적으로 추인하는 데에서 한 걸음도 나아갈 수 없다는 고뇌의 흔적을 곳곳에서 발견할 수 있다(토마스 쿠오, 『陳獨秀評傳』). 진화나 진보의 이념이 천두슈에 이르러 혁명적 사유로 전회(轉回)하고 이는 리다자오(李大釗)와 마오쩌둥을 거쳐 중국혁명의 이데올로기로 나아간다.

한편 루쉰의 경우는 어떠한가. 다음과 같은 고뇌와 우수에 찬 그의 '희망론'이 루쉰의 생각을 정확하게 보여준다. "망연해진 내 눈에 멀리 해변의 초록색 모래사장이 떠올랐다. 머리 위의 짙푸른 하늘에는 둥그런 금빛 달이 걸려 있었다. 생각건대, 희망이란 본시 있는 것이라 할 수도 없고, 없는 것이라 할 수도 없다. 그것은 땅위의 길과 같은 것이다. 본래 땅 위에는 길이 없다. 걷는 사람이 많으면 그것이 길이 되는 것이다."(「고향」, 『魯迅文集』 1, 70면) 전통이라는 게 버리기로 마음먹으면 헌신짝만도 못하다는 것을 나는 잘 알고 있다. 그러나 많은 사람들에게 헌신짝만도 못한 것으로 비쳤을 그것을 끌어안고 이전투구를 벌인 그의 심사를, 조금이라도, 이해할 수 있을 때라야 사회진화론이나 문명개화론이 어떻게 중국적으로 변용되는가를 짚어볼 수 있을 것이다. 금빛 둥근 달에서 보이지 않는 길로 향하는 루쉰의 시선을 따라가다보면, 그 언저리 어디쯤에선가 깊은 신음 소리를 들을 수 있다. 인식론적 단절을 체험하고 이를 육체화(내면화)한다는 것이 얼마나 고통스러운 것인가를 통감하지 아니할 수 없다. 둥근 달과 보이지 않는 길 사이에서 방황하면서 그는 있는 것 같기도 하고 없는 것 같기도 한 길을 헤쳐나간다. 전통과 민중에 대한 그의 지독한 양가감정이나 그 틈에서의 격투는 그의 방황을 살피지 않고서는 제대로 이해할 수 없다. 여기에는 캉유웨이나 천두슈가 보여주었던 낙관적 희망이 비집고 들어설 자릴랑은 아예 존재하지도 않는다(허무와의 싸움 또는 페시미즘이 길어올리는 사유의 샘물을 들이킬 때마다 나는 참으로 미안해진다).

5. 윤치호-(홍명희)-신채호

일본과 중국 양쪽을 통해 받아들인 한국의 사회진화론의 전개는 훨씬 중층적이며 복잡한 양상을 띤다. 먼저 윤치호의 경우를 보기로 한다. 왜 윤치호인가 하면, 이른바 '서구지향적 지식인' 또는 근대계몽기의

'오리엔탈리스트' 가운데 그만큼 지속적으로 논의를 전개한 사람이 드물기 때문이다. 그리고 그의 생각은 현재도 그 빛을 찬란하게 발하고 있기 때문이다. 미국적 합리주의자 윤치호는, 해방이 된 후에도 의연하게 조선인에게는 도덕심도 논리적이고 지적인 자질도 없다, 그러므로 '한 단계씩' 나아가야 한다고 역설한다. 한 단계씩! 이처럼 그의 논리에는 비약이 없다. 그런 만큼 의연하다. 철저한 오리엔탈리즘적 시선이라 아니할 수 없다. 물론, 역사가 물 흐르듯 전개되리라는 그의 역사관에는 혁명이라는 말이 비집고 들 자리가 없다.

윤치호는 '혁명이 없는 역사'를 말한다. '혁명이 없는 역사'라, 생각해보자. 그것이 누구의 시선인지를 그리고 누구의 역사인지를. 하기야 아직도 엄밀한 의미에서 자주독립국가를 건설하지 못하고 있는 지금 우리의 모습을 그는 정확히 예언했던 것인지도 모른다. 그만큼 윤치호의 영향력이 막강하다는 반증일 수도 있을 터이다. 조선의 독립을 '잃었던 보석은 되찾은 듯한 은총의 선물'이라 파악한 그에게 역사의 동력이 무엇인지 말해달라고 주문하는 것은 아무래도 무리일 듯하다. 그가 기독교적 제국주의의 세계관의 냉혹한 논리를 알고 있었는지는 알 수 없다. 다만, 그의 찬탁론에서 보듯, 국가독립을 외면한 실력양성론과 준비론은 결국 외세지배를 긍정하는 논리로 귀결될 수밖에 없으며, 외세지배를 긍정하는 논리는 일제하에 친일협력의 논리로 이어졌음을 우리는 알고 있을 뿐이다. 안창호나 이광수의 논의도, 미세한 사항에서는 차이가 없지 않겠으나 이런 논리적 맥락에서 크게 벗어나지 않는다. 한국적 사회진화론자들이 도달한 하나의 주목해야 할 귀결점이다.

다음과 같이 말하고 있는 것을 보면 신채호 역시 사회진화론자로서의 모습을 여실히 드러낸다. "이 세계는 제국주의의 세계다. 강(强)이 약(弱)을 식(食)하여 대가 소를 병(幷)함은 원시시대에 이미 있었던 바다. 그러나 근세 이래로 이것이 일층 격렬해져 필경 제국주의의 대연(大演)이 우주를 동(動)하니, 이에 따라 구주열강이 장편(長鞭)으로 횡행하여 동으로 아시아를 략(略)하며, 남으로 아프리카를 할(割)하며, 동남으로 대양주를 점하며, 구주인의 족(足)이 도(到)하는 곳에 산하가 진(震)하고 구주인의 기(旗)가 번(飜)하는 곳에 천지가 변하도다. (…중략…) 이 세계는 민족주의의 세계다. 동족이면 합하고 이족이면 쟁(爭)함은, 역시 태고 시대부터 있어온 바다. 중고대 이래로 그 경쟁이 유다(愈多)하며 그 경쟁이 유참(愈慘)하여 승자는 위세를 유장(愈張)하고 패자는 쇠망에 영타(永墮)하는 것이다."(「20세기 신국민」) 이런 논의는 가토 히로유키나 량치차오의 견해와 크게 다를 바 없다. 사회진화론의 관점에 입각하여 생존경쟁과 우승열패를 말하고 있기 때문이다. 그런데 그가 윤치호 등과 뚜렷이 구분되는 지점은 내부에 무게중심을 두고 사유하고 있다는 점이다. 물론 그가 저항민족주의로 향하는 과정에서 내부의 개혁을 유보했다는 단서가 필요하긴 하다. 그러나 그가 영웅대망론에서 민중직접혁명론으로 선회하는 과정과 민족주의에서 아나키즘으로 향하는 과정을 검토해본다면, 그의 사유가 점차 '도착(倒錯)'된 자아상에서 벗어나는 것으로 볼 수 있다. 그의 자아(주체)는, 간헐적인 움추림에도 불구하고, 바로 세워지는 방향으로 나아간다. 바로 선 주체를 발견하고 난 다음의 행로를 우리는 「꿈하늘」과 「용과 용의 대격전」에서 볼 수 있는 바, 이 글들은 자아가 처한 현실을 직시하기까지의 과정이 결코 순탄치 않았음을 보여준다. 그의 목소리가 격렬함에도 불구하고 망설임과 떨림의 여정은 확연하다.

특히 「꿈하늘」은 단재의 역사관과 민족관을 고스란히 보여주고 있다. 그리고 그의 정신적 지향이 무엇인지를 확연하게 드러낸다. 전투적 의지로 무장하고 퇴락한 민족의식을 복원하는 것이 그가 바라는 바다. 꿈과 환상을 빌어 그의 원망(願望)을 표현할 수밖에 없었다는 사실에서 나는 켜켜이 쌓인 비애를 본다. 무엇이 이토록 그를 비애에 젖게 했을까. 어떤 이유로 한 시대를 열혈남아로 뜨겁게 살았던 그가 이런 절망에 이르렀을까. 이 민족에 대한 실망? 아니면 제국주의의 너무나 무시무시한 그림자? 그런데 비애는, 엄살이 아닌 절절한 비애는, 새로운 의식을 길어 올리는 원천(源泉)이다. 크로포트킨의 영향을 받은 그는 1920년대 중반을 거치면서 아나키스트로 급선회한다. 「용과 용의 대격전」(1928)은 이러한 전환의 산물이다. 여기에서 민족은 더 이상 등장하지 않는다. 단군도 을지문덕도 강감찬도 등장하지 않는다. 미리와 드래곤으로 대표되는 사상의 격투만이 있을 따름이다. 이 격투는 사회진화론의 미망에서 벗어나 자아의 진면목을 확인하려는 몸부림이라 해야 옳다.

6. 그림자를 거느리는 빛

이부영은 『우리 마음 속의 어두운 반려자—그림자』에서 주로 융의 견해를 빌어 이렇게 말하고 있다. "그림자는 낡은 방식들, 낡은 인격, 안일한 것들, 인격의 열등한 부분, 부정적 측면이며, 감추어진, 바람직하지 않은 성질의 총화, 잘 발전되지 못한 기능들이며, 강렬한 저항에 의해서 억압되고 있는 것으로 정의된다. 물론 융은 그림자가 예외적으로 긍정적이고 새로운 이미지로 나타날 수 있음을 시인하고 있지만 적어도 우리 꿈속에 나타나는 그림자의 모습이나 투사에 의해서 자기 밖에서 보는 그림자의 대부분은 자아의식의 눈으로는 부정적이며 열등한 성격을 띤다. 그림자가 무의식에서 긍정적인 모습으로 나타나는 경우란 대개 그 사람의 자아가 지나치게 자기의 인격을 낮추어보려는 경우뿐이다."(75면)

문명이라는 현란한 빛이 있다. 그리고 그 빛이 왜소한 실체를 투사하자 거대한 그림자가 벽면에 나타난다. 그 그림자는 강권을 장악한 자의 모습을 띠기도 하고 타기해야 할 유령의 모습을 띠기도 한다. 민족주의의 이면에 제국주의의 그림자가 늘 도사리고 있다는 것을 우리는 잘 알고 있으며 그 그림자를 실체로 확인하기 위해 매진한 사람들을 곳곳에서 만날 수 있다. 그것이 착시에서 비롯한 중대한 착각이었다는 것을 알고 황황히 되돌아섰던 사람도 보아왔다. 한편, 그림자와 왜소한 실체 사이에서 방황하며 격투를 벌여온 사람들의 모습 역시 선연하다. 다른 한편, 빛에 아예 눈이 멀어 그림자를 볼 여유마저 갖지 못한 사람들도 어렵지 않게 찾을 수 있다.

사회진화론이라는, 전가의 보도처럼 휘두를 수 있었던 무기가 어떻게 자신을 베고 또 그림자를 베어버리는지 확인하는 일, 이것이 나에게 남겨진 몫이다. 그림자 없이 살 수는 없다. 그림자야말로 '나'를 확인할 수 있는 가장 확실한 증거가 아닌가. 그림자도 없이 태양이 내리쬐는 한길을 걸어가는 자의 모습을 생각하는 것으로 충분하다. 문제는 그림자와 나의 관계를 어떻게 설정할 것인가이다. 여기에서 다시 시작해야 한다.

개념 또는 정치의 기만을 넘어 울트라 에고이즘으로

고바야시 히데오의 초기 비평

"그들의 완고하고도 유일한 신조는, 사물은 가능한 한 멀리서 바라볼수록 정확하게 보인다는 것이야. 아예 200만km 정도 떨어져서 보라지. 괴테도 돼지의 꼬리도 똑같이 보여서 꽤 심각해질 걸."

—고바야시 히데오, 「X에게 보내는 편지」

* * *

나쓰메 소세키와 모리 오가이 등 걸출한 작가를 배출했던 메이지 시대, 시가 나오야·무샤노코지 샤네아쓰·나가이 가후·아리시마 다케오 등이 주도한 시라카바파의 인도주의적 또는 귀족주의적 문학 정신이 전경화한 다이쇼 시대를 거쳐, 일본 근대문학은 아쿠다가와 류노스케의 '어렴풋한 불안'으로 인한 자살과 함께 쇼와 시대로 접어든다. 그리고 1920년대 중반을 전후한 쇼와 초기 일본 문단은 자연주의에서 사소설로 이어지는 기성 리얼리즘 문학, 신감각파문학에서 신심리주의 문학으로 이동한 모더니즘 문학, 초기 노동문학에서 공산주의 문학의 확립을 목표로 삼았던 마르크스주의 문학이 정립(鼎立)해 있었다.

이 견고해 보이는 삼각구도에 균열을 일으킨 글이 바로 고바야시 히데오(小林秀雄, 1902~1983)의 「각양각색의 의장(意匠)」이었다. 유물사관에 바탕을 둔 문학이론을 처음으로 명확하게 내세운 논문집 『무산계급의 문화』(1923)로 초기 프롤레타리아문학운동의 이론적 지주가 되었던 히라바야시 하츠노스케(平林初之輔)의 진술을 들어 보면, 고바야시의 글이 몰고 온 파장이 어느 정도였는지 추측할 수 있을 것이다.

> 공리주의에 대한 반(反) 공리주의, 내용주의에 대한 형식주의, 이는 문학의 변증법적 진화를 관통하는 핵심이라고 할 수 있다. '문학파'는 이런 의미에서 작년 이후의 형식주의의 계승이며, 형식주의는 또한 그 이전의 신감각파의 계승이다. 그리고 이들의 근간을 이루는 주장은 '예술을 위한 예술'주의이며 유미주의이다. 그리고 이 조류의 그늘에서 언제나 보였다 안 보였다 하는 것은 요코미츠 리이치의 모습이다. 그를 둘러싸고 가와바타 야스나리가 있다. 고바야시 히데오가 있다. 호리 다츠오가 있다. 이누카이 다케루가 있다. 그리고 아르튀르 랭보가 있다. 마르셀 푸르스트가 있다. 이것이 마르크스파 문학에 대한 안티테제다. 프롤레타리아문학의 내용주의와 공리주의에 대한 반발이다. 고바야시 히데오가 『개조(改造)』의 현상에 응모한 평론은 이 파의 대표적인 이론이리라. 거기에서는 주장도 이론도 모두 부정된다.(「'문학파'의 발생」)

히라바야시에 따르면, 신감각파와 형식주의의 문학적 이념을 계승하고 있는 '문학파'가 내세우는 것은 예술을 위한 예술 즉 유미주의이며, 이 밴드를 이끄는 이론적 근거는 "고바야시 히데오가 『개조』의 현상에 응모한 평론"이다. 여기에서 말하는 '『개조』에 응모한 평론'이 바로 「각양각색의 의장」인데, 이 글은 이른바 비전향파의 대표이자 전후(戰後) 일본공산당 의장을 역임하기도 했던 미야모토 겐지[宮本顯治]의 「패배의 문학」에 이어 2등으로 당선되었다. 그렇다면 "주장도 이론도 모두 부정"한, 고바야시를 일약 '문학파'의 우두머리로 만든 이 글이 담고 있는 것은 무엇인가.

그는 보들레르의 문예비평을 "취향에 따른 형식도 아니고 척도에 따른 형식도 아닌 비할 데 없는 정열이라는 형식을 취한 꿈"으로 파악하고, 비평이란 결국 "자신의 회의적인 꿈을 말하는 것, 자신의 꿈을 회의적으로 표현하는 것"이라는 전제 아래, 가장 개성적인 글이 최상의 비평이라고 단언한다. 훌륭한 예술가들의 작품은 다양한 색채와 음영을 거느린 풍부한 개성의 산물이다. "구체적인 개별성에 철저함으로써 보편적인 미를 표현"(「환경」)하는 예술가의 개성은 환경의 영향을 받을 수밖에 없으며, 특정 환경 속에 존재한다는 엄연한 진실을 '숙명'으로 여기고 창작에 임할 때 예술가의 독창성을 빛나게 마련이다. 여기에서 말하는 '숙명'이란 운명이나 체념적 정서와 뚜렷이 구별된다. 가라타니 고진이 지적하고 있는 바와 같이 고바야시가 말하는 숙명은 각자 개인의 의식에 있는 것임과 동시에 그것을 규정하는 외부적 관계성을 뜻한다.

그런데 비평계의 상황은 어떠한가. 고바야시의 진단에 의하면, 마르크스주의 문학, 예술을 위한 예술, 사실주의, 상징주의, 신감각파 문학, 대중문예 등 온갖 의장=장식으로 꾸민 논의들이 난무하고 있다. 이들 대부분은 인간은 환경 속에 존재하며 그 가운데에서 작가는 다양한 음영과 색조를 작품을 생산한다는 사실을 도외시한 채, 생생한 현실을 하나의 관념 또는 개념으로 재단하려 든다. '프롤레타리아 운동을 위하여 예술을 이용하라', '시대의식을 가져라'고 선동하는 마르크스주의 비평이 그 대표격이다. 그에게 사회적이지 않은 '자기'는 없으며 거꾸로 '자기'를 통과하지 않은 사회란 덧없는 것이다. 고바야시 히데오가 「각양각색의 의장」에서 마르크스주의 문학 비판에 심혈을 기울이는 것도 이 때문이다. 그가 보기에 독자들의 뇌리에 박힌 마르크스의 관념론은 이론으로 일관된 실천도 아니고, 실천으로 관철된 이론도 아니다. 마르크스주의는 상품이 이 세상을 지배한다고 말하지만, 그런 마르크스주의가 하나의 의장으로서 인간의 머릿속에 횡행할 때, 그것은 이미 훌륭한 상품이 되어버린다!

* * *

「각양각색의 의장」에서 말하고 있듯이 "예술이 가지는 가장 놀랄 만한 성격은 이 세상과 동떨어진 미의 나라를, 이 세상과 동떨어진 진리의 세계를 우리에게 보여주는 것이 아니라, 거기에는 항상 인간의 정열이 가장 확실한 기호로 존재하고 있다는 점이다." 인간의 정열을 표현하는 예술이 영원의 관념 따위에 포박될 리 만무하다. 예술작품은 인간미와 불가분의 관계에 있으며, 따라서 예술은 항상 "가장 인간적인 유희"이자 "인간미의 가장 역설적인 표현"이다. 이러한 예술은 인간적인 면을 갖고 있지 않은 논리를 거부한다. 그는 말한다. "나에게는 초등산술처럼 명료한 듯하면서도 불분명한 모든 비평의 척도를 신용할 용기가 없다. 어떠한 경우에도 말의 음영을 경멸할 용기가 나지 않는다"(「시가 나오야」)라고.

이처럼 고바야시는 가장 인간적인 유희이자 인간미의 가장 역설적인 표현인 예술을 도식이나 법칙 또는 개념으로 포착하고자 하는 태도를 전면적으로 부정한다. 저마다 다른 음영과 저마다 다른 모습을 지닌 언어를, 깊이를 헤아리기 어려운 인간의 정열을 도식적으로 바라보려는 자는 출발부터 이미 '불순한 의도'를 품고 있음에 틀림없다. 랭보와 발레리와 보들레르, 그리고 앙드레 지드, 모파상, 플로베르, 에드가 앨런 포 등의 후원 아래 자신의 주장을 펼치고 있는 고바야시는 예술가들을 관념의 틀에 가두려는 '지도적 비평가'들의 '불순한 의도'를 드러내는 데 많은 힘을 기울이고 있다. 문학을 정치적으로 또는 권력 유지를 위해 이용하려 드는 비평가들, 그의 말을 빌면 "인간들을 생쥐로 여기며 현 세기를 자신의 실험실인 줄 알고 세밀한 계산에 힘쓰고 있는 세상의 이론가들"(「현대 문학의 불안」)을 향한 고바야시의 비판은 향후 그의 비평에서 다양한 형태로 변주된다.

도쿄제국대학에서 불문학을 공부하면서 프랑스 문학에 심취해 랭보의 시집 『지옥에서 보낸 한 철』, 발레리의 『테스트씨』 등을 번역하기도 하고, 도스토예프스키의 삶과 문학을 재해석한 『도스토예프스키의 생활』을 펴내기도 했던 고바야시 히데오에게 문학은 과연 무엇이었을까. 그의 출세 논문 「각양각색의 의장」에서 "예술이란 인간 역사가 낳은 다양한 표현 기술의 일종"이라고 못박았던 고바야시는 도스토예프스키의 『지하생활자의 수기』를 생각나게 하는 편지 형식의 글에서 다음과 같이 적고 있다.

> 2+2=4는 청결한 추상이지. 이것을 추상이라고 형용하는 것조차 어리석을 만큼 아주 명쾌한 추상이야. 이 명쾌한 추상 위에 세워진 이론이기 때문에 과학은 어디까지나 실증을 지향할 수 있고, 또한 실증적이지. 이 추상세계와 이별하는 모든 인간의 사상은 비실증적이야. 모두가 적으나마 명쾌하지 못한 추상 위에 세워진 세계이기 때문이지. 그러므로 인간세계에서는 아무리 정확한 논리적 표현도 엄밀히 말하면 필경 문체의 문제에 지나지 않고, 수사학의 문제에 지나지 않는 거야. 간단히 말해서, 과학을 제외한 모든 인간의 사상은 문학에 지나지 않는다는 말이야. 현실에서 떠오르는 몽롱한 가능성의 연기에 콜록거리는 다양한 인간의 표정에 지나지 않지. 세상에서 말하는 시라든가 소설이라든가 기타 예술이라고 이름 붙은 모든 인간의 표현들은 이 다양한 표정 중의 하나야.
>
> —「X에게 보내는 편지」

아무리 정확한 논리적 표현이라 할지라도 그것은 수사학의 문제에 지나지 않으며, 과학을 제외한 모든 인간의 사상은 문학에 지나지 않는다. 그뿐만 아니라 예술이라는 이름이 붙은 모든 표현은 "현실에서 떠오르는 몽롱한 가능성의 연기에 콜록거리는 다양한 인간의 표정"에 지나지 않는다. 고바야시의 이러한 주장의 이면에는 불가지론 내지는 허무주의가 짙게 배어 있다. 이러한 허무주의의 성격을 파악하기 위해서는 자본주의의 발전에 따른 인간 소외의 확산, 만주사변(1931) 이후 정치적 상황의 변화, 1933년 사노 마나부와 나베야마 사다치카가 함께 발표한 전향 성명 이후 불어닥친 사상계의 지각 변동 등 다양한 변수들을 고려해야 할 터이지만, 한 가지 분명한 것은 그가 당시 일세를 풍미했던 셰스토프의 영향 아래 놓여 있었다는 점이다. 고바야시는 「셰스토프의 '비극의 철학'」에서 "톨스토이나 도스토예프스키의 소설에서 문학 이전의 거친 정열을 느끼게 되듯이 나는 셰스토프의 논문에서 철학 이전의 호흡을 느낀다"고 쓴 바 있거니와, 그에 따르면 셰스토프는 아직 철학과 문학이 분화되지 않은 세계에서 작업을 시작했던 사람이며, 그의 교양에는 전문화를 모르는 야성이 있다. 셰스토프야말로 "단지 당시의 사회 불안에 대담하게 몸을 맡긴 한 남자"라는 것이다.

그런데 1930년대 일본에서 살고 있는 문학가들의 경우는 어떠한가. 그들은 새로운 이론, 새로운 개념, 새로운 방법을 좇아 부나방처럼 헤매고 있다. 그렇게 헤매다 지친 사람의 눈에는, 불행을 느끼기보다 불행해 익숙해져 버린 현대인의 눈에는, 사물의 색채는 겹치고 윤곽은 교차되어 무엇하나 확실하게 보이는 게 없다. "잠시 틈을 내어 눈을 감고 조용히 사색하려 하면 어수선한 사색을 물결은 사색 위에서 어찌할 수 없는 모순을 초래한다."(「현대 문학의 불안」) 고바야시에 따르면 이러한 모순과 현대인의 정신 중에서 가장 드라마틱한 불안을 초래한 원인은 자타를 묵살하고 성찰하지 않는 사상 혹은 개념의 과잉에 있다. 우리가 사물의 참모습을 발견할 수 없는 것 역시 감정이 개념의 지배를 받고 있기 때문이다. 사회적 초조감에 사로잡혀 자신을 망각한 이론을 너나없이 내세우는 상황이 불안감을 확대재생산하고 있다는 말이다. 대부분의 신인 작가는 일본 문학도 제대로 이해하지 못하고 있으며, 노작가들은 19세기 서양 문학의 최대 걸작의 계보조차 모른다. 이어서 그는 이렇게 말한다.

> 아무도 자기 자신을 점검하려고 하지 않는다. 자신의 과거가 전부 무의미한데 과거의 사람들로부터 어떤 의미를 찾아낼 수 있단 말인가? 그들 앞에는 다만 흰 원고지와 펜과 이 달의 잡지 몇 권만이 놓여 있을 따름이다. 그리고 그저 남의 이론과 방법을 알고 싶어하는 무의미한 욕망이 있을 뿐이다. 왜 자신을 의심하는 일에서부터 시작하지 않는 것일까? 왜 젊은 나이에 스스로 노력도 하지 않고 인생 일반에 대한 뚜렷한 확신을 바라는 것일까? 인간이라는 게 뭔지도 제대로 모르는 나이에 이미 새로운 문학적 기법에 통달해 있다는 것은 기이한 현상이 아닌가? 어쩌면 가장 예언적인 사상이 가장 졸렬한 표현에 담기는 것인지도 모른다.
>
> —「현대 문학의 불안」

작가로서의 육체를 도외시하고 스스로 방법론의 노예가 되어 버린 일본의 작가들, 그들은 정신을 육화하는 모든 방법을 포기하고 이론가로서 아니 정치가로서 말한다, "나에게는 좀더 색다른 문학이 있노라"고. 개념에 의한 기만과 개념에 의한 허영이 횡행하고 있다. 이것이 불안의 실체다. 어찌해야 할 것인가. '독립'과 '고독'을 선택하는 길밖에 없다. 이론적 매개물의 도움 없이 현실을 응시할 수 있는 개성의 소유자만이 진정한 의미의 고독을 말할 수 있다. 이러한 고독 속에서 작가는 '이론가=정치가'들에게 휘둘리지 않기 위해서라도 모든 수단을 동원하여 자신의 숙명과 가능성과 욕망을 발견하는 데 힘을 쏟아야 한다.

* * *

고바야시 히데오는 「X에게 보내는 편지」에서 정치란 “이론의 가면을 뒤집어 쓴 일종의 도박”이라고 말한다. 이러한 정치사상이 사회의 구석구석까지 침투해 있으며, 사람들은 이것을 의심해보려고 하지도 않는다. 그는 제안한다. 잠깐이라도 시각을 바꿔서 바라보라. 그것이 우리들이 확실하게 알고 있는 유일한 현실, 수많은 요소들과 순간으로 성립된 현실세계를 조금도 언급하지 않고 있는 데 놀라게 될 것이다. 이 사상의 재료가 되는 지극히 불충분한 추상, 민족이나 계급과 같은 개념이, 스스로 아무리 자명성을 선전하더라도 또는 사람들이 이 선전에 말려들더라도, 인간은 일찍이 그런 것을 한 번도 확실하게 본 적이 없다는 사실이 훨씬 자명하다. 아울러 정치가 다루는 것은 늘 집단의 가치다. 왜일까? 개인의 가치에만 깊은 관심을 갖고서는 정치 사상이 결코 성립되지 않기 때문이다. 여기에 이 사상의 근본적인 또는 불가피한 기만이 있다.

고바야시의 논의가 마르크스주의 문학을 겨냥하고 있다는 것은 어렵지 않게 알아차릴 수 있다. 그런데 주목해야 할 것은 요코미쓰 리이치와 더불어 마르크스주의 문학에 맞선 대표적인 문학자였던 그가 마르크스주의 문학에서 사회 불안에 대처하는 ‘사상의 현실성’을 읽어내고 이를 적극적으로 이해하려 했다는 사실이다. 그는 자신의 대표적인 글 중 하나인 「사소설론」에서 다음과 같이 피력하고 있다.

> 마르크스주의 문학이 수입됨에 따라 작가들의 일상생활에 대한 반항은 비로소 결정적인 것이 되었다. 수입된 것이 문학적 기법이 아니라 사회적 사상이었다는 사실은 어찌 보면 당연한 것 같지만, 작가의 개인적 기법 속에 해소하기 어려운 절대적이고 보편적인 모습으로 사상이 문단에 수입되었다는 사

실은, 일본 근대 소설이 조우한 새로운 사건이었으며, 이 사건의 새로움을 제쳐두고는 이어서 일어난 문학계의 혼란을 설명하기가 어렵다.

마르크스주의 이전 외래사상은 작가들에게 기법적으로만 받아들여졌으며, 그들이 수용한 것은 사상이라기보다 오히려 감상이었다. 고바야시에 따르면 일본의 작가들은 서구 사상을 키울 수 있는 충분한 사회조건을 가지지는 못했지만, 그 대신에 러시아와 같은 나라와는 비교도 되지 않는 강력하고 오랜 문학전통은 가지고 있었다. 의식하든 못하든 작가들이 훌륭한 문학의 전통적 기법 속에 안주하고 있을 때, 자라날 지반이 없던 외래 사상은 그들을 움직일 만한 힘이 없었던 것이다. 완성된 심미감에 살아가던 작가들에게 새로운 사상을 기법 속에 해소시키는 일보다 즐거운 일도 또한 자연스러운 일도 없었던 것이다. 그런데 수입된 것이 문학적 기법이 아니라 사회적 사상이었을 때, 그것도 작가의 개인적 기법으로 용해하기 어려운 절대적이고 보편적인 타자의 모습으로 사상이 문단에 수입되었을 때, 문학계는 일대 혼란에 빠질 수밖에 없었다.

이 혼란을 어떻게 타고 넘느냐가 근대 일본의 문학계에 던져진 물음이었다. 고바야시의 판단에 따르면 일본의 마르크스주의 문학자들은 이 질문에 답하는 데 실패했다. 아니 작가들은 개개인의 독자적인 해석을 용납하지 않는 절대적인 양상을 띤 사상에 취해 버렸고, 비평이 작품을 능가하여 창작을 지도하는 자리에 앉았다. 고바야시는 분명하게 말한다. “이때만큼 작가들이 사상에 의지하고 이론을 믿으며 창작하려고 애쓴 적도 없었지만, 또한 이때만큼 작가들이 자기 육체를 무시한 적도 없었다. 그들은 사상의 내면화나 육체화를 잊은 게 아니다. 내면화되거나 육체화되기에는 너무나 비정한 사상의 모습에 취한 것이며, 이러한 도취가 없는 데에 이 문학 운동의 의의가 있을 리는 만무했다.” 요컨대 마르크스주의 문학 운동은 내면화=육체화되기에는 너무나 비정한 사상에 도취하는 데에서만 그 의의를 찾으려 했던 것이다. 균형감각이랄까 거리감각을 상실했을 때 문학의 육체는 사라져 버리고 앙상한 사상의 형해만 남은 형국이라 할 수 있을 것이다.

그렇다면 길은 어디에 있을까. 고바야시 히데오가 「고향을 잃어버린 문학」에서 지적하고 있는 바와 같이 일본의 근대문학이 서양의 영향 없이는 살아날 수 없었고, 그런 만큼 탐욕스럽게 서양적인 것을 흡수해왔다. 그 과정에서 문학은 고향을 잃었고, 청년은 청춘을 상실했다. 이러한 대가를 치르고 나서야 일본은 겨우 서양 문학의 전통적 성격을 왜곡하지 않고 이해하기 시작했다. 이 지점에서 일본 문학이 갈 길을 명확하게 보여준 작가가 바로 시가 나오야[志賀直哉]이다. 그는 이렇게 말한다. "시가 나오야의 문제는 일종의 울트라 에고이스트의 문제로 이 작가의 마력은 가장 개체적인 자의식의 가장 개체적인 행동에 있다. 그에게 중요한 것은 세계관의 획득이 아니라 행위의 획득이다. 그가 노래한 것은 언제나 현재였고 예조(豫兆)였으며, 적어도 본질적인 의미에서 추억이었던 예는 없었다."(「시가 나오야」)

그런데 현재의 행위에 충실한 울트라 에고이스트의 길은 1940년을 전후한 전쟁의 소용돌이 속에서 '사실수리(事實受理)'의 방향으로 선회한다. 어떤 당파의 동원에도 응하지 않는 것이 자신의 유일한 사상이라고 장담했던 그가 일본문학보국회 상임간사로 활동하면서 남긴 강연 기록들(「사변과 문학」 「문학과 자기」 「역사와 문학」 등)과 일련의 기행문들을 읽고 나서야 그 향방을 가늠할 수 있을 것이다. 그리고 문학뿐만 아니라 영화·회화·음악 등 '장르'를 가리지 않고 전방위적 글쓰기를 시도했던 고바야시 히데오의 최후 역작이 일본의 대표적인 국학자의 삶과 사상을 다룬 『모토오리 노리나가』라는 것을 이해하기 위해서 우리는 일본 근대 사상의 복잡다단한 지형도를 그릴 수 있어야 한다.

화폐―신의 세계, 파문당한 상상력

'문학위기론' 비판 서설

1. '눈에 보이는 신'의 세계

그러니까 언제였던가. 긴장과 초조와 불안과 기대가 뒤범벅이 된 마음을 간종그릴 길이 없어, 94번 시내버스를 몇 바퀴나 타고 돌며, 몇 번째 복사본인지 바래고 뭉개진 활자를 더듬던 때가 언제쯤이었던가. 나는 익명의 편집부 멤버들이 '편역'한 것들을 복사한 것을 다시 복사하고, 또 다시 복사한(우리는 그런 복사본을 손자본, 증손자본, 고손자본, 현손자본이라 불렀다!) 팸플릿의 희미한 활자들을 통해 마르크스의 목소리와 만났었다. 그때 무엇을 들었는지는 분명하지 않다. 다만, 서울 변두리를 휩쓸고 지나가는 차가운 겨울바람만큼이나 쌩그랍던 가슴 한 켠이 먹먹해진 기억만은, 마치 오래 전에 보았던 풍경의 한쪽 귀퉁이처럼 찌그러진 채, 아직껏 남아 있다. 몸의 기억력이 머리의 기억력보다 더 오래 지속된다는 '속설'을 믿어야 할 것인가.

그때 읽은 팸플릿에 셰익스피어의 다음과 같은 구절이 있었는지는 분명하지 않다. 아마도, 있었을 것이(라고 믿고 싶)다. 마르크스는 『경제학 철학 초고』(1884)에서 화폐의 본질을 탁월하게 묘사한 것이라며, 셰익스피어의 『아테네의 타이몬』 중 한 대목을 이렇게 적어 놓았다.

> 금? 귀중하고 반짝거리는 순금? 아니라네, 신들이여!
> 실없이 내가 그것을 기원하는 것은 아니라네.
> 이만큼만 있으면, 검은 것을 희게,
> 추한 것을 아름답게 만든다네.
> 나쁜 것을 좋게, 늙은 것을 젊게, 비천한 것을 고귀하게 만든다네
> 이것은 사제를 제단으로부터 …… 꾀어낸다네
> 다 나아가는 병자의 머리 밑에서 베개를 빼 가 버린다네
> 그렇다네, 이 황색의 노예는
> 성스러운 끈을 풀기도 매기도 하네,
> 저주받은 자에게 축복을 내리네
> 그것은 문둥병을 사랑스러워 보이게 하고
> 도둑을 영광스러운 자리에 앉힌다네
> 그리고 원로원 회의에서
> 도둑에게 작위와 궤배(跪拜)와 권세를 부여한다네, 또 이 노예는
> 늙어 빠진 과부에게 청혼자를 데리고 온다네.
> 양로원에서 상처로 인해 심하게 곪고 있던 그 과부가
> 매스꺼운 모습을 떨쳐 버리고 오월의 청춘으로 되어서
> 청혼한 남자에게 간다네. 에이. 빌어먹을 금속아,
> 너는, 국민들을 모욕하는 인간 공동의 창녀로다.[159)]

셰익스피어에 따르면, '인간 공동의 창녀'인 화폐는 "불가능한 일들을 친숙한 일들로 만들고, 억지로 입맞추게 하"는 '눈에 보이는 신(神)'

---

159) 칼 마르크스, 최인호 역, 「1844년의 경제학 철학 수고」, 『칼 마르크스 프리드리히 엥겔스 저작 선집』 1, 박종철출판사, 1991, 87~88면.

이다. 이 '신'은 인간의 마음을 시험하는 자이며, 인간을 노예로 만들고 파괴하는 자이다. 그뿐인가. 화폐는 자신의 소유자를 '전지전능한' 능력의 소유자로 바꾼다. 마르크스는 단언한다. "화폐를 통하여 나에게 존재하는 것, 내가 그 대가를 지불하는 것, 즉 화폐가 구매할 수 있는 것, 그것이 나, 즉 화폐 소유자 자신이다. 화폐의 힘이 크면 클수록 나의 힘도 크다. 화폐의 속성들은 나의—화폐 소유자의—속성들이요 본질적인 힘들이다. 따라서 내가 무엇이고 내가 무엇을 할 수 있는가는 결코 나의 개성에 의해서 규정되지 않는다." 다시 말해 화폐는 만물의 '현실적인 정신'인 까닭에 똑똑하지 못한 사람을 똑똑한 사람으로, 비열한 사람을 존경받을 만한 사람으로 만든다. 화폐는 인간의 '외화된 능력'이며, '진정한 창조적 힘'이다.

나는 마르크스가 『경제학 철학 수고』에서 말하고 있는 화폐의 두 가지 속성, 즉 "화폐는 눈에 보이는 신이며, 모든 인간적 속성의 그 반대의 것으로의 전환이요, 사물의 보편적 혼동과 전도"라는 것과 "화폐는 인간과 국민들의 보편적인 창녀요 보편적 뚜쟁이"라는 것만큼 자본주의 세계의 특징을 명료하게 보여주는 것을 달리 알지 못한다. 자본주의가 지배하는 세계에 살고 있는 우리는 화폐의 후광을 거느린 '목사님'들의 설교에 깊이 공감을 표하면서 인간이 최소한 지녀야 할 자존감마저 기꺼이 제단에 봉헌한다. 그렇게 하지 않고서는 도무지 '인간'으로 살아갈 수가 없다. 화폐-신이 내리는 축복의 손길을 하염없이 기다리며 자신의 삶을 죽음이 기다리는 시간까지 유예한다. 일상에서부터 정신적 활동에 이르기까지 예외가 없다. 당연하게도 이 신을 조금이라도 모독하는 자는 가차없이 파문당한다. 화폐를 품에 안는 순간, 아니 화폐의 품에 안기는 순간, 지금과 전혀 다른 '나'가 지금의 '나'를 대체할 것이라는 복음이 화폐-종교 신도들의 눈과 귀를, 마음을 온통 사로잡고 있다. 이들을 삐딱한 시선으로 바라보는 자는 자신의 무능력을 은폐하기 위해 술책을 부리는 비열한 사기꾼으로 매도당한다. 종교와 예술과

학문은 다투어 화폐—종교로 귀의한다. "절름발이에게 24개의 다리를 만들어주는" 전능한 유일신의 목소리를 경건한 마음으로 경청한다. 마침내 이 유일신은 자신의 신성(神性)을 주장한 지 삼백여 년만에 전 세계의 '인민'들을 신도로 거느리게 되었으며, 그 복음의 실현가능성은 점점 높아만 가고 있다.

2. 발자크의 '지하 작업장'

화폐—신의 세계 지배를 정확하게 예언한 마르크스와 그의 친구 엥겔스는 이 신의 '본성'과 그것이 지배하는 세계의 문제를 파헤쳐야겠다는 '야심차고도 무모한' 계획을 세우고 구체적인 행동에 돌입한다. 이론과 실천을 넘나드는 그들의 행동은 실로 전방위적이었으며, 그들의 분석과 비판에서 문학예술도 자유롭지 않았다. 자본주의의 전일적 지배가 가시권으로 들어온 지금은 뜸한 듯하지만, 내가 문학 공부를 시작할 무렵, 아직 시민권을 획득하지 못한 마르크스와 엥겔스의 글은 문학을 바라보는 가장 영향력 있는 준거였다. 그 가운데 하나가 엥겔스가 영국의 소설가 마가렛 하크네스에게 보낸 편지였다. 엥겔스는 이렇게 쓴다.

> 나는 당신이, 저자의 사회 및 정치적 견해를 찬양하기 위하여 우리 독일인들이 칭하는 바의 '경향소설(Tendenzroman)', 즉 진짜배기 사회주의적 소설을 쓰지 않는 것에 대해 비난하고자 하는 것은 아닙니다. 그것은 결코 내가 의도하는 것이 아닙니다. 저자의 견해가 숨겨지면 숨겨질수록, 예술작품을 위해서는 더 낫습니다. 내가 논하고 있는 리얼리즘은 심지어는 저자의 의견과는 상관없이 뻗어나갈 수 있습니다. 한 가지 예를 들어 보겠습니다. 제가 졸라의 『과거, 현재, 미래』보다 훨씬 더 위대한 리얼리즘의 대가로 간주하는 발자크

는 『인간희극』에서 1815년 이후에 재건되었던 옛 프랑스의 생활양식의 기치를 내걸었던 귀족사회 위에서 부상하는 부르주아의 공세를 편년체로, 1816년에서 1848년까지 거의 매년 묘사하여 가장 놀라운 정도의 리얼리즘적 프랑스 '사회'의 역사를, 특히 '파리사교계'의 역사를 우리에게 보여 주었습니다. 그는 그에게 이것의 최후의 잔재인 모범사회가 어떻게 속된 벼락부자의 돌진 앞에서 점차적으로 항복하거나 혹은 그에 의해 부패되는지를 묘사합니다. (…중략…) 그리고 이 중심 화면 주위로 그는 프랑스 사회의 완전한 역사를 보았으며, 그로부터 경제적 세부 사실(가령 혁명 이후의 동산과 부동산의 재분배)에서조차 나는 그 시기의 모든 전문적 역사가, 경제학자 및 통계학자로부터보다 더 많은 것을 배웠습니다. 실제로 발자크는 정치적으로 부르봉 왕당파였습니다. 그의 위대한 작품은 훌륭한 사회의 되돌릴 수 없는 몰락에 대한 끊임없는 비가입니다. 그의 동정은 모두 몰락의 판결을 받은 계급에 대한 것입니다. (…중략…) 그리하여 발자크는 자기 자신의 계급적 공감과 정치적 편견에 역행할 수밖에 없었고, 그는 그 자신이 애호하는 귀족들의 몰락의 필연성을 보았으며, 그들은 더 나은 운명을 받을 가치가 없는 사람들로 묘사합니다. 그리고 그는 다가올 미래에 홀로 발견될, 미래의 실제적 인간을 보았습니다. 저는 이러한 점을 리얼리즘의 가장 위대한 승리의 하나로, 발자크옹의 가장 위대한 행적의 하나로 보고 있습니다.[160)]

엥겔스의 이 글은 이른바 '리얼리즘의 승리'라는 말과 함께 한국에서도 한 시대를 풍미했다. 식민지시대의 '진보적=계급적' 문학의 특징과 성격을 구명하는 자리에서 하나의 사례로 거론된 엥겔스의 발자크 평가는 도식적인 규준으로 사용된 경우도 없지 않았다. 문학이 혁명을 위한 하나의 수단이 될 수 있다는 믿음이 적잖은 비판에도 불구하고 통용되던 시절, 엥겔스의 생각을 무모하고도 투박하게 전가의 보도처럼 휘둘렀다는 인상을 지우기 어렵다. 그러나 작가의 정치적 지향이나 계급적 위치에도 불구하고 리얼리즘적 방법을 택하는 순간 지배계급의 몰락의 필연성을 묘사하지 않을 수 없다는 엥겔스의 진술은 창작방법이

160) 마르크스 · 엥겔스, 김영기 역, 『문학예술론』, 논장, 1989, 89~90면.

갖는 의의를 설명하기에 모자람이 없었다.

혁명과 반혁명의 소용돌이 속에서 문학 여정에 발을 들여놓았던 발자크는, 엥겔스가 평가한 바와 같이, 1816년에서 1848년에 이르는 시기의 프랑스 사회를 『인간희극』이라는 장대한 스케일의 문학적 파노라마를 통해 펼쳐 보인다. 농부의 손자이자 인색하기 짝이 없는 시민의 자식이었던 그가 정치적으로 왕당파였는지 여부는, 내가 보기에, 확실하지도 않으며 또 중요하지도 않다. 슈테판 츠바이크가 『인간 발자크』에서 그리고 있는 바와 같이 발자크는 자본주의적 가치가 인간의 삶과 영혼에 '본격적으로' 침투하기 시작한 시기, 다시 말해 화폐–신의 권능이 프랑스 사회에 구석구석에 스며들기 시작 시기의 인간과 풍속을 그리고 있다. 이는 내가 한국어로 읽을 수 있는 발자크의 소설들, 즉 『고리오영감』『사촌누이 베트』『잃어버린 환상』『골짜기의 백합』『외제니 그랑데』 등을 보면 어렵지 않게 알 수 있다. 그리고 엥겔스가 그랬던 것처럼 나 역시 이러한 소설들을 통해서, 19세기 전반 프랑스 사회의 다양한 갈등과 모순의 국면을 그 어떤 학자들의 책에서보다 구체적이고도 풍요롭게 읽어낼 수 있다. 나는 소설이 역사보다 인간과 사회에 대한 훨씬 많은 것을 얘기해준다는 말의 진실성을 발자크를 읽으면서 새삼스럽게 확인하곤 한다.

츠바이크가 전해주는 발자크의 모습은 천방지축 허풍쟁이이자 공상가였고, 빚쟁이에다 끊임없이 여성을 갈망하는 애정결핍증 환자였다. 그러나 누가 뭐래도 그는 갈데없는 소설가였다. 호사가가 아닌지라 나는 그의 여성편력이나 사생활에 별다른 관심이 없다. 현실의 표면 아래로 깊숙이 내려가 이면에 가려진 끔찍하고도 경이로운 인간의 모습을 묘사하는 소설가로서의 면모만이 의미가 있을 따름이다. 하지만 그렇다고는 해도, 발자크가 들으면 가소롭다고 하겠지만, 돈 때문에 그가 겪어야 했던 간난신고에는 동정을 표하지 않을 수 없다. 돈을 벌기 위해 '소설공장'을 차리고 통속소설을 거침없이 '찍어내는' 그의 모습도 충분히 이해할 수 있다. 왜 그런가? 그는 소설가이기 전에 먹고사는 일에서 자유로울 수 없는 인간임에 틀림없지만, 그 범속한 인간의 범위를 넘어 진실한 태도로 자신의 내면과 시대의 이면을 소설로 형상화한 작가이기 때문이다. '발자크주의자'임을 자처하는 츠바이크의 말마따나 진실과 진실한 태도 없이 예술이란 성립하지 않으며, 문학작품의 허구적인 것들은 직접적인 주변환경인 땅 · 경치 · 환경 그리고 그 시대의 특수한 공기와 관련되어 있다는 것이 드러나지 않으면 결코 사실적인 효과를 낼 수 없다. 츠바이크는 향락주의자의 꿈을, 벼락부자의 꿈을 버리지 않았던 발자크를 뛰어난 작가로 만든 것은 그의 내적 욕구를 허용하는 않은 '현명한 운명'이었다고 말한다.

> 운명은 들소처럼 인정사정없이 천성적인 향락주의자를, 사랑과 권력, 자유를 무한히 갈망하는 자를 매번 그의 지하 작업장으로 돌려보냈다. 운명은 그가 실패를 할 때마다 좌절하게 하고, 그가 도주를 시도할 때마다 더욱더 강하게 사슬로 그를 옥죄었다. 처음으로 유명해졌을 때조차도, 그가 이 사명으로 얼마나 큰 짐을 또 얼마나 사람을 지치게 만들 큰일을 지게 될지에 대한 막연한 예감이 발자크를 덮쳤음에 틀림없다. 그는 그것에 반항하고, 그것으로부터 벗어나고자 노력한다. 그는 언제나 단번에 그를 이 감옥에 탈출시킬 기적이 오기를 기대하며, 언제나 큰 투자를, 부유한 여자를, 그 어떤 마술적인 운명의 대전환을 꿈꾸었다. 그러나 그에게는 이런 도주의 행운이 따르지 않았기에, 창작의 의무가 부여되었기에, 거대한 잠재력은 지금까지 문학에 전혀 알려지지 않았던 세력의 차원을 창조해내야만 할 것이다.[161]

인간 발자크가 이 운명을 고분고분 받아들였을 리 만무하다. 그러나 그에게는 '운명의 대리인' 카로 부인이 있었다. 그녀는 발자크의 연인이자 그의 작가적 재능을 진심으로 존중하고 아낀 매서운 비평가였다. 살롱가에서의 속물적인 성공과 출판사로부터 받는 원고료가 그의 재능뿐

161) 슈테판 츠바이크, 이온화 역, 『인간 발자크』, 리브로, 1998, 135~136면.

만 아니라 성격까지 위험하게 만들 것이라는 그녀의 성실한 비판에 발자크는 깊은 감사를 표한다. 하지만 귀족부인들의 찬양과 출판업자들의 유혹을 떨쳐버리기란 쉽지 않았던 모양이다. 그는 상류층과 어울리기 위해서 평생 비굴해지고, 사치스런 생활을 하기 위해서 노예선에 매달리고, 우아하게 보이기 위해서 자신을 우습게 만들면서, 그 자신에 의해서 수백 배로 강화된 법칙, 즉 한 영역에서 대가인 자가 자기에게 어울리지 않는 다른 영역에 입성하려고 하면 바보가 된다는 법칙을 무의식적으로 증명해보였다. 츠바이크는 이를 두고 '이해할 수 없는 패러독스'라고 말한다.

자신을 '지하 작업장'으로 내몬 운명에 맞서 발자크가 어떤 고투를 벌였는지 우리는 알고 있다. 거대한 잠재력을 발휘하여 지하 작업장에서 생산한 그의 소설들이 고난에 찬 과정을 증명하고 있지 않은가. 츠바이크의 표현에 따르면, 자신들의 세상이 아닌 지상에서 오직 한 시간만 떠돌 수 있는 허가를 받은 동화 속의 유령들처럼, 작가 발자크는 오직 잠깐 자유를 호흡하고는 곧장 일의 감옥 속으로 돌아가곤 했다. 우리가 발자크라는 위대한 작가에게 경의의 화환을 바쳐야 하는 이유도 바로 여기에 있다. 최악의 곤경에 처할 때 진정한 용기를 발견하고, 인생의 가장 절망적인 파국을 겪으면서 가장 개성적이고 위대한 작품을 창조한 그는, 자신을 길들이려는 돈과 명성으로 무장한 '조련사'들의 유혹과 '인간을 움직이는 힘에 대한 연구'를 쓰고 싶다는 욕망 사이에서 위태로운 행보를 보이기도 한다. 그러나 조련사들의 요구에 순응하다보면 작가로서의 자신의 삶이 파열되고 말 것이라는 것을 그는 본능적으로 알고 있었던 듯하다. 그렇지 않고서야 침침한 지하 작업장에서 가혹한 글쓰기 노동을 어떻게 감당할 수 있었겠는가. 이것만으로도 우리는 그를, 아니 그의 후배인 소설가들을 존중해야 마땅하다.

무엇보다 발자크는 화폐-신의 위력을 정확하게 인식하고 있었고, 그가 창조한 인물들을 통해 그 위력을 증명해보였다. 그러나 이와 함께 잊지 말아야 할 것은 인간과 인간의 진정한 관계 형성에서 화폐-신이 얼마나 무력한지를 보여주었다는 사실이다. 여기에서 상세하게 논할 수는 없지만, 돈으로 딸의 사랑을 비끄러매려 했던 '고리오영감'의 꿈이 얼마나 허망한 것이었는지를 상기하는 것만으로도 충분할 것이다. 바라보는 시점에 따라 화폐의 전능성은 무력감으로 쉽게 뒤바뀔 수 있다. 이를 직감적으로 알아채고 현실 속을 떠도는 군상들의 이면에 도사린 화폐-신의 능력=무능력을 소설로 형상화했다는 점에서 발자크는 그 어떤 철학자보다 삶과 사회의 본질을 적실하게 표현했다고 할 수 있다. 엥겔스의 '리얼리즘의 승리' 운운하지 않더라도 '발자크들'의 소설은 지금-여기의 삶과 다른 삶을 꿈꾸는 사람들에게 현실의 기만성을 내파할 '폭약'일 수 있다.

3. 상상력의 빈곤과 '문학의 위기'

발자크를 예로 들긴 했지만, 자신의 '지하 작업장'에서 상상력을 발휘하여 현실을 재구성하고 아직 오지 않은 시간을 그려 보이는 작가들은 지금도 얼마든지 있을 것이다. 문학의 힘을 믿고, 그 믿음에 기대 화폐-신의 무능력을 증명하는 데 골몰하고 있는 사람들도 얼마든지 있을 것이다. 그런데 어디서 튀어나왔는지 알 길이 없는 '문학의 위기'이라는 이름의 유령이 어느 사이에 그 영역을 확대하여 마침내 '문학의 죽음'을 선언하는 지점에까지 이르러 버린 듯하다. 누가, 왜 이 시점에서 문학의 위기와 문학의 죽음을 말하는가. 수많은 '문학들'이 넘쳐나고 있는데 도대체 어떤 문학이 죽었다는 말인가. 살아야 할 또는 부활해야 할 문학이 있다면 그것은 어떤 것인가. 문학의 위기와 죽음을 말하려면 당연히 묻고 대답해야 할 질문이다.

내가 아는 한 '문학의 위기'라는 유령이 한국에서 거침없이 활보하기 시작한 것은 가라타니 고진의 「근대문학의 종언」이라는 강연이 알려지면서부터이다. 그 전에도 산발적으로 문학의 위기를 말하는 사람들이 없지는 않았으나, 가라타니 고진의 '종언 선언'이 전해지면서 이 유령은 마치 실체인 것처럼 비평가들의 입에 오르내렸다. 그렇다면 가라타니 고진은 도대체 뭐라고 말했는가.

> 오늘은 '근대문학의 종언'에 대해 이야기하겠습니다. 이는 근대문학 이후 예를 들어 포스트모던 문학이 있다는 말도 아니고, 또 문학이 완전히 사라진다는 말도 아닙니다. 내가 말하고 싶은 것은 문학이 근대에 특별한 의미를 부여받았고, 그 때문에 특별한 중요성, 특별한 가치가 있었지만, 그런 것이 이젠 사라졌다는 것입니다.[162]

가라타니 고진은 '근대문학' 특히 근대에 특별한 의미를 부여받은 '소설'은 끝났다고 말한다. 문학은 정치운동과 나란히 가는 것인데 정치운동이 그 힘을 상실하면서 문학도 무력해졌다는 것이다. 그에 따르면 소설은 '공감'의 공동체, 즉 상상의 공동체인 네이션의 기반이 되며, 소설이 지식인과 대중 또는 다양한 사회적 계층을 '공감'을 통해 하나로 만들어 네이션을 형성했다. 이는 베네딕트 앤더슨이 이미 『상상의 공동체』에서 면밀하게 구명하고 있는 것이어서 그다지 새로울 게 없는 말이다. 고진이 말하고자 하는 것의 핵심은 네이션을 상상하고 운동을 추동해온 "근대문학이 만든 소설이라는 형식은 역사적인 것이어서 이젠 그 역할을 이미 다했다"는 진술에 있다. 요컨대 고진은 역사적 형식으로서의 소설로 대표되는 '근대문학'의 죽음을 말하고자 했던 것이며, '문학'의 죽음을 선언한 것은 아니다. 그가 말하는 것처럼 문학은 근대 이전

162) 가라타니 고진, 조영일 역, 『근대문학의 종언』, 도서출판b, 2006, 43면.

에도 있었고 앞으로도 사라지지 않을 것이다. 다시 말해 윤리적 · 지적인 과제를 짊어지고 영향력을 행사해온 '근대문학'의 역할은 기본적으로 끝장났다는 얘기다.

> 마지막으로 말하지만, 오늘날의 상황에서 문학(소설)이 일찍이 가졌던 것과 같은 역할을 다하는 일은 있을 수 없다고 생각합니다. 다만 근대문학이 끝났다고 해도 우리를 움직이고 있는 자본주의와 국가의 운동은 끝난 것이 아닙니다. 그것은 모든 인간적 환경을 파괴하더라도 계속될 것입니다. 우리는 그 한복판에서 대항해 갈 필요가 있습니다. 그러나 그 점에 관해 나는 더 이상 문학에 아무것도 기대하고 있지 않습니다.[163)]

가라타니 고진이 '자본주의와 국가의 운동'에 대항하는 운동을 구상하고 또 실천에 옮겨 왔다는 것은 잘 알려진 바와 같다. 그러한 운동 과정에 문학이 아무런 영향력을 발휘할 수 없다는 것이 그의 진단이다. 강연을 기초로 하여 씌어진 이 글에서 고진이 말하고자 하는 것은 여기까지이다. 앞으로 문학이 어떻게 될지에 대해서 그는 별반 관심을 기울이지 않는 것처럼 보인다.

그러나 과연 그럴까. 내가 보기엔 한국문학에 대한 기대와 실망을 피력하는 대목에서 발견할 수 있듯이 가라타니 고진은 아직도 문학에 미련을 버리지 못하고 있다. '자율적인 주체'와 '의미'를 조소하고 형식적인 언어유희에 몰두하는 작가들과 이를 충동질하는 비평가와 출판자본에 대한 깊은 회의와 불신이 그로 하여금 '근대문학의 종언'을 선언하게 한 동기였다고 할 수 있다. 그렇기 때문에 나는 고진의 이 글이 역설적인 의미를 내포하고 있다고 생각한다. 마르크스와 엥겔스의 표현을 빌면, 비현실적인 상상력의 거미줄로 짜고 "아름답기 그지없는 말의 꽃들로 수를 놓아 끈적끈적한 사랑 타령처럼 감상의 이슬이 배인" 소설들

163) 위의 책, 86면.

이 사이비 비평가들이 지원하는 출판업자들의 매상을 올려주고 있는 오늘날의 문학의 현실, "부르주아의 가슴과 돈주머니의 박애에 호소하지 않을 수 없는"[164] 참담한 문학의 현실을 우회적으로 비판하고자 하는 의도를 내포하고 있는 것으로 읽힌다. 모든 인간적 환경을 파괴할 때까지 지속될 자본주의와 국가의 운동에 대항해나가는 과정에서 문학은 더 이상 동반자가 될 수 없을 것이라는 판단이 고진의 '근대문학의 종언'을 뒷받침하는 주조음이다. 내가 가라타니 고진의 「근대문학의 종언」이라는 글을 지금－여기 한국의 문학판에 전하는 애정어린 비판으로 독해해야 한다고 주장하는 것도 이러한 맥락에서이다. 요컨대 고진의 '종언' 선언은 화폐－신의 전일적인 지배가 강화되고 있는 시점, 그러니까 신자유주의 물결이 하루가 다르게 거세지고 있는 시점에서 해방의 역사적 조건을 탐색할 수 없다면, 문학은 자본의 충직한 노예로 전락하고 말 것이라는 경고인 셈이다.

인쇄자본주의의 발달과 함께 전면에 그 모습을 드러낸 근대문학은 역사적 산물이며, 한국 근대문학도 예외가 아니다. 특히 소설은 신문과 잡지가 만들어낸 문화콘텐츠의 총아였다. 예컨대 조선시대의 비판적 사상가 이덕무는 「세정석담(歲精惜譚)」에서 "사람의 심술(心術)을 무너뜨리는 것이므로 자제들에게 보지 못하도록 하여야 한다"고 말하면서, "하루 바삐 새로운 영을 온 천하에 내려 그 옛글은 소각하도록 하고 새 글은 금제하며, 혹여 이 영을 범하는 자는 그 법률을 엄격히 하여 인류로 취급하지 않는다면 이 폐습이 거의 바로잡혀질 것"이라고 주장한 바 있거니와, 바로 그 소설(문학)이 이광수에 이르러서는 다음과 같이 다시 자리매김된다.

원래 문학은 다만 정적(情的) 만족, 즉 유희로 생겨났음이며 또 다년간 여차

164) 칼 마르크스 · 프리드리히 엥겔스, 김태호 역, 『공산주의 선언』, 박종철출판사, 1998, 47 · 54면.

히 알아왔으나, 점차 이것이 진보·발전함에 이르러서는 이성이 첨가하여 오인(吾人)의 사상과 이상을 지배하는 주권자가 되며, 인생 문제 해결의 담임자(擔任者)가 된지라.[165]

1910년에 나온 이광수의 이 '선언' 이후 적어도 1990년을 전후한 시기까지 근대문학은 '사상과 이상의 주권자'이자 '인생 문제 해결의 담임자'로서의 역할을 자임해왔다. 즉, 문학은 계몽의 열정을 전파하는 학교로서, 민족주의운동과 계급운동의 대리물로서, 통일운동과 노동운동의 견인차로서 자신의 존재를 확인해왔다. 『인간문제』 『고향』에서 『광장』 『난장이가 쏘아올린 작은공』 『태백산맥』에 이르기까지 많은 소설들은 현실의 억압에 균열을 일으키고 운동을 견인하는 상상력의 공급원이었다. 그런데 문학이 죽음의 위기에 처해 있다니! 현실의 억압이 사라지기라도 했단 말인가. 정녕 자본=화폐—신의 전능성에 전면적으로 항복하고 말았단 말인가. 하여 새로운 삶과 사회를 상상할 가능성이 아예 차단되어 버렸단 말인가.

문학의 위기는 상상력의 빈곤을 반증한다. 그렇다면 상상력의 빈곤은 어디에서 비롯하며, 그것을 부채질하는 자는 누구인가. 마르크스와 엥겔스에 따르면 '관념' 속에서 개인들은 부르주아지 지배 아래에서 이전보다 더 자유롭지만 '현실' 속에서 그들은 당연히 더 자유롭지 못하다. 왜 그런가. 개인들은 사물적 힘 아래에 이전보다 더 많이 포섭되기 때문이다.[166] 지금—여기의 우리도 '관념' 속에서는 얼마든지 자유로울 수 있다. 그러나 '현실' 속에서 자유의 영역은 극단적으로 협소해지고 있다. 그럼에도 불구하고 사람들은 이념의 공동화(空洞化)를 들먹이며 화폐—신의 품속에서 우리는 도저히 벗어날 길이 없노라며, 차라리 현실을 기

165) 이광수, 「문학의 가치」, 『이광수전집』 1, 삼중당, 1962, 505면.
166) 칼 마르크스·프리드리히 엥겔스, 최인호 역, 「독일 이데올로기」, 『칼 마르크스 프리드리히 엥겔스 저작 선집』 1, 박종철출판사, 1991, 247~248면 참조.

꺼이 받아들이자고, 제법 근사한 표정으로 우리에게 손을 내민다.

문학의 경우 상상력의 빈곤을 조장하는 이들은 문화자본에 기생하는 이른바 비평가들이다. 그들은 위조된 상상력으로 포장한 작품을 온갖 수사를 동원하여 상찬한다. 짐짓 근엄한 표정으로 문학의 앞날을 근심하는 척하지만, 그들의 이면을 조금만 깊이 들여다보면 근심의 초점은 어떻게 잘 팔릴 작품을 제조하도록 '문학노동자들'을 다그칠 것인가라는 문제로 귀결된다. 어디엔가 있을지도 모르지만 그들에게서 발자크의 친구 카로 부인 모습을 발견하기란 참으로 어렵다. 한편 악어를 조종하는 악어새들의 현란한 날개짓(=수사학)에 많은 작가들은 무력하게 굴복한다. 무라카미 하루키와 요시모토 바나나와 코엘료처럼 교환가치가 충분한 상품을 생산하지 못하는 자신들의 무능력을 한탄하면서. 원고료와 문학상 상금으로 자신들을 길들이는 노련한 조련사들의 눈치를 살피면서. 화폐―신의 자비와 원조가 자신에게 이르기를 기대하면서. 문화자본과 자신을 연결하는 '뚜쟁이'들의 눈길을 받지 못한다면 이 마당에서 살아남을 수 없다는 것을 절감하는 그들에게 파문당할 위기에 처한 상상력을 복권시키라고 요구할 수 있는 사람은 누구인가. 내 말을 듣지 않으면 위기에 처한 문학은 머지않아 죽음에 이를 것이고, 그 순간 너희들의 생명도 끝장난다는 위협에서 자유로울 수 있는 사람은 누구인가. 그들을 누가 발자크의 '지하 작업장'으로 보낼 수 있을 것인가.

4. '황금시대', 문학의 꿈

가라타니 고진의 말대로 '근대문학'은 종언을 고했는지 모른다. 그러나 오랜 역사가 증명하듯이 '문학'은 그 생명의 끈을 쉽게 놓지는 않을 것이다. 그 이름을 뭐라 부르든 지금 우리가 '문학'이라고 일컫는 것은 다양한 방식으로 갱신을 모색할 것이며 또 그래야 할 것이다. 문학의 위기나 문학의 죽음이란 문화자본과 공모한 '뚜쟁이' 비평가들이 자신들의 무능력을 은폐하기 위해 유포한 것에 지나지 않는다. 그들은 누구보다 문학이 죽지 않을 것이라는 것을 잘 알고 있다. 인내와 끈기를 필요로 하는 긴 호흡의 소설들을 견디지 못하는 독자들을 질타하는 일에 앞장서는 사람들 자신이 정작 가볍고 쉽게 읽히는 작품의 생산과 유통을 주도하는 이들이라는 점은 깊이 되새겨 보아야 한다. 생각난 김에 말하자면, '주례사비평'이니 '문학권력'이니 말하지만, 그것은 차라리 지극히 온건한 표현에 지나지 않는다.

저주받은 자에게 축복을 내리고, 문둥병을 사랑스러워 보이게 하며, 도둑을 영광스러운 자리에 앉히는 '보이는 신'의 전횡, 아니 은총이 인간의 삶과 정신을 지배하고 있는 지금-여기의 현실에 적극적으로 개입하여 새로운 욕망을 창출할 수 없을 때, 그때야 우리는 비로소 문학의 죽음을 목도할 수 있을 것이다. 그렇다면 그때가 언제일까. 프랜시스 후쿠야마는 현실 사회주의가 붕괴하자 성급하게도 '역사의 종말'을 선언했으나, 그것이 '그들'만의 환상이었다는 것은 그 '선언문'의 잉크가 마르기도 전에 증명되었다. "자신의 생활을 나날이 새롭게 만드는 인간이 다른 인간을 만들고 번식하기 시작한다."167) 지구가 공중분해되지 않는 한 인간의 역사를 지속될 것이며, 지금보다 나은 세계를 위한 싸움도 멈추지 않을 것이다. 그 속에서 문학도 예외일 수 없다.

일본의 식민지 정책학자 야나이하라 타다오가 중일전쟁(1937.7) 직후에 발표한 「국가의 이상」(1937.9)라는 글에서 다음과 같이 말한다.

> 현실국가의 행동과 태도가 혼미할 때 국가의 이상을 생각하고, 현실국가가 광란할 때 이상의 국가를 생각한다. 이것은 현실로부터의 도피가 아니고, 도리

167) 위의 책, 209면.

어 현실에 대하여 가장 강력한 비판적 접근을 하는 데 필요한 비약이다. 현실을 비판하기 위해서는 현실 속에 있어야 하지만, 현실에 집착하는 자는 현실을 비판할 수가 없다. 현실을 비판하는 것은 이상이다. 마치 지상의 물건을 폭격하기 위해서는 비행기가 이륙하지 않으면 안 되는 것과 같이, 또 적의 비행기를 떨어뜨리기 위해서는 그것보다 더 높이 날아올라 갈 필요가 있는 것과 같이, 현실을 비판하고 지도하기 위해서는 이상을 밝히고 이상의 세계에 발판을 두지 않으면 안 된다. 이상의 고도가 높을수록 현실 비판은 강력할 수 있는 것이다.

야나이하라에 따르면 이상은 현실로부터의 도피가 아니라 현실에 비판적으로 접근하기 위한 비약이다. 현실에 집착하는 자는 현실을 비판할 수 없으며, 이상의 고도가 높을수록 현실 비판은 강력할 수 있다! 이 글 때문에 그는 동경제국대학 교수직을 그만두어야 했으며, 전쟁이 끝날 때까지 기독교 신앙에 입각한 평화주의를 전파하기 위해 강연과 집필에 온힘을 쏟았다. 그야말로 '광란의 시대'을 양심적으로 살아온 지식인의 전형적인 예라 할 수 있을 것이다. 물론 야나이하라 타다오는 문학자가 아니다. 그러나 이상이라는 말을 상상력이라는 말로 바꿔 읽으면 그의 현실 비판의 힘이 어디에서 기인하는 것인지 어렵지 않게 파악할 수 있다. 많은 지식인들이 전쟁의 광풍이 조성한 소용돌이 속으로 빨려 들어갔을 때, 그로 하여금 그러한 현실을 비판적으로 바라볼 수 있게 한 것은 다름 아닌 이상=상상력이었다.

그때처럼 국가나 자본의 폭력은 직접적이지 않다. 그런 만큼 폭력의 실체를 포착하기란 쉬운 일이 아니며, 고도의 상징폭력이 조장한 온갖 부조리와 모순과 불합리와 불평등은 '자연스러운 것'으로 받아들여지곤 한다. 이때 필요한 것이 상상력이다. 현실을 조망할 수 있는 고도를 확보하지 못한 상상력=이상은 순식간에 자본에 포획되어 버리고 만다. 지식인=비평가가 화폐와 이에 기댄 권력으로부터 자유로운 상상력을 확보하지 못할 때, 그는 현실 개입 능력을 상실하고 말 것이다. 작가도 다르지 않다. 지금도 화폐-신으로부터 얼굴을 돌리고 '지하 작업장'에서 외로운 싸움을 벌이고 있는 우리 시대의 발자크들은 얼마든지 있을 것이다. 전지전능한 것처럼 보이는 화폐-신의 폭력성과 무능력을 밝히기 위해 휘황찬란한 현실의 어두운 뒷골목을 헤집고 다니는 우리 시대의 발자크들에게 '악어의 힘'을 돌려주어야 한다. 악어새의 깜냥으로 '자본의 인큐베이터'로 악어를 이끌려고 해서는 곤란하다.

그렇다면 화폐-신의 세계에서 파문당한 상상력의 복원은 어떻게 가능할까. '지하 작업장'의 발자크들에게 '도스토예프스키의 꿈'은 무슨 의미로 다가올까. 도스토예프스키는 그의 대작 『미성년』에서 베르실로프의 입을 빌어 저 유명한 '황금시대의 꿈'을 펼쳐보인 바 있다. 기차를 갈아타야 할 역을 지나쳐 버리고 자신이 가려는 방향과는 다른 지선(支線)으로 들어선 후, 독일의 어느 초라한 여관에서 꾸었던 꿈, 드레스덴에 있는 화랑에서 보았던, 스스로가 '황금시대'라고 이름지었던 끌로드 로랭의 「아시스와 갈라테아」와 꿈이 포개진다. 이 꿈은 『악령』에서 자기기만에 지친 스타브로긴이 꿈속에서 보았던 풍경과 일치한다. 온갖 고난과 풍상을 겪은 순례자 베르실로프는 그의 아들 아르카지에게 황금시대의 광경을 이렇게 그려 보인다.

> 그곳은 그리스 다도해의 한구석이었고, 시간도 3천 년 전으로 거슬러 올라간 것 같았단다. 고요한 정적이 쌓인 푸른 바다, 수없이 많은 섬과 바위, 꽃이 만발한 해안, 멀리 펼쳐지는 매혹적인 정경들, 그리고 사람을 부르며 저물어 가는 태양 등 참으로 뭐라 표현할 수 없는 감동적인 광경이었지. 바로 이 시공간을 유럽인들은 자신들의 정신적 요람으로 가슴에 새겨두고 있는 것이라는 생각이 들었다. 그런 생각에 잠기자 내 마음도 어느새 혈육 같은 애정으로 가득 차는 것을 느꼈다. 그곳이 바로 인류가 꿈꾸는 지상천국이었지. 그 시공간에서 신들은 하늘에서 내려와 인간들과 평화롭게 지내고 있었던 것이지 ……. 아, 그곳에는 참으로 고귀한 영혼을 지닌 사람들이 살고 있었지! 그들은 이곳에서 진정한 행복을 누리며 순수한 기쁨을 만끽했던 거야. 들과 숲에는 그들의 행복에 겨운 노랫소리로 가득 차 있고, 흘러넘치는 위대한 열정이 모든 사랑과 진정한 평화

의 원천을 이루어내고 있었지. 순진무구한 아이들의 아름다운 모습을 보며 태양은 그들에게 한없는 따스함과 빛을 뿌려주었고……, 바로 그러한 정경이야말로 인간의 이념이 지향했던 모습 아니겠니! 황금시대, 이것은 인류의 꿈 중에서도 가장 실현불가능한 꿈이지. 하지만 사람들은 바로 그 꿈을 위해서 온 생애와 모든 열정을 바쳐왔고, 또한 그것을 위해 예언자들은 기꺼이 죽었고 계속해서 죽음을 당했다. 인간은 그런 이념 없이 살기를 원치 않았고, 또 그대로 죽을 수도 없었지! 나도 그런 모든 인식을 그 꿈속에서 직접 체험했다. 꿈에서 깨어나 눈물에 젖은 눈을 떴을 때 바위와 바다, 그리고 사라져 가는 태양의 여명, 그러한 모든 것이 마치 눈앞에 보이는 것 같았다. 그때 느꼈던 그 벅찬 감동을 나는 지금도 기억하고 있어. 지금까지 한번도 느껴보지 못했던 행복감이 내 가슴 한쪽을 뚫고 지나가, 나는 서늘한 아픔을 느낄 정도였다. 바로 그 감동은 인류에 대한 사랑에서 비롯된 것이었어. 일어나 보니 이미 저녁때가 되어 있었다.[168]

실현불가능한 황금시대의 꿈, 이것 없이 인간은 살아갈 의욕도 지닐 수 없으며 그 꿈 없이는 죽을 수조차 없다. 인간의 이념이 궁극적인 도달점으로 상정하고 그곳에 도달하기 위해 온 생애와 모든 열정을 바쳤던 황홀한 세계. 도스토예프스키의 황금시대는, 내가 보기에 야나이하라 타다오의 이상이나 자본의 폭력성과 화폐－신의 전능성을 비판하면서 얻은 마르크스의 꿈과 크게 다르지 않다. 유토피아라 부르든 이상세계라 부르든, 그것을 향한 꿈=상상력이 없이는 우리는 살아갈 자격도 죽을 자격도 없다. 그것이 인간이다. 그 꿈에 이르지 못할 것이라는 것을 뻔히 알면서도 지금과 다른 세계를 상상하는 것, 그리고 그 무정형의 타원을 향해 점근선을 그어가는 것, 그것이 발자크들을 '지하 작업장'으로 내모는 운명이 아닐까. 우리가 살고 있는 현실과 그 퇴적층인 역사에서 길어올린 꿈=이상=상상력이 고갈되지 않는 한, '문학의 위기' 또는 '문학의 죽음'이라는 이름의 유령은 문학의 생명력에 길을 내주지 않을 수 없을 것이다.

168) 도스토예프스키, 이상룡 역, 『미성년』, 열린책들, 2000, 1028~1029면.

『죄와 벌』, 선악의 경계에 선 자의 비극

내 사상의 어떤 부분이 천지개벽 이후로 세상을 휘저으며
서로 부딪치고 있는 서로 다른 사상과 이론들보다 더 어리석단 말인가?
흔해 빠진 영향에서 벗어나, 완전히 독립적이고 폭넓은 시각으로
사건을 바라볼 필요가 있다. 그렇게만 된다면 물론, 나의 사상도
전혀 그렇게 …… 이상한 것만은 아닌 것으로 판명될 것이다.
오! 5꼬뻬이까 은화의 값어치밖에 나가지 않는 허무주의자들과 현인들이여,
그대들은 어째서 길을 가다가 멈추어 섰는가! 나의 행동의 어디가
그들에게는 그렇게 추악하게 여겨지는 것일까?

1. 범죄-인간의 자유와 그 한계

1867년 2월 도스토예프스키는 안나와 결혼함으로써 그의 삶에서 새

로운 전기를 마련한다. 안나 그리고리예브나의 도스토예프스키에 대한 태도에는 남편의 천재성에 대한 소녀적인 숭배와 언제나 무력하고 무분별한 아이에 대한 모성적인 배려가 뒤섞여 있었다. 그리고 도스토예프스키는 '신이 자신에게 보내준 수호천사' 안나를 다정한 부성적인 쾌감을 갖고 대했다. 그러나 그들의 결혼이 그렇게 평탄한 것만은 아니었다. 가족들과의 불화가 끊임없이 그들을 괴롭혔으며 여기에 경제적인 문제가 가세하여 고통은 쉽게 수그러들지 않았다.[169] 도스토예프스키는 '악착 같은 친척들의 집요한 요구'를 피하기 위해 같은 해 4월, 젊은 아내와 함께 베를린행 기차를 탄다. 그로서는 세 번째 유럽여행이었으며, 그 후 4년 3개월 간 뻬쩨르부르그로 돌아오지 않는다.

이번 여행은 그가 수슬로바와의 '지독한 사랑'과 룰렛 게임에 빠져 있던 2년 전의 여행과는 달랐다. 물론 젊은 아내와 여행하는 중에도 도박을 그만두지 못한다. 도박꾼들의 맹세란 연인들의 그것처럼 가볍기 마련이다. E. H. 카의 말을 빌면 도스토예프스키를 도박장으로 몰고간 중요한 충동은 경제적인 이익에 대한 합리적인 계산이 아니라 강렬한 정서와 비정상적인 흥분, 때때로 자기 작품의 인물들에게 전가하곤 하는, 깊은 도덕적 타락에 빠지고 싶은 욕망의 추구였다.[170] 그런 도박은 마치 악몽처럼 도스토예프스키를 놓아주지 않았다. 세 번째 여행 기간에도 도스토예프스키는 도박장을 들락거린다. 그러나 젊은 아내의 '현명한' 대처와 1872년 독일연방 당국의 도박장 폐쇄조치로 말미암아 도스토예프스키는 마침내 도박장을 떠난다. 운명과의 대결이 일단락 지어진 셈이다.

이 기간 동안 그는 1865년 허름한 골방에서 구상했던 『죄와 벌』을 탈고하며, 『백치』와 『악령』까지 매듭짓는다. 1871년 7월 그들이 다시 뻬

169) 안나 그리고리예브나 도스토예프스키, 최호정 역, 『도스토예프스키와 함께한 나날들』, 그린비, 2003 참조.
170) E. H. 카, 김병익 · 권영빈 역, 『도스또예프스키』, 기린원, 1989, 166면.

쩨르부르그로 돌아왔을 때, 도스토예프스키는 러시아 문학의 거물이 되어 있었다. 그를 대작가로 만드는 데 기폭제 역할을 한 것이 바로 『죄와 벌』이다. 이 작품에서는 그는 '범죄의 철학'을 구체화하며 인간 심리의 이중성을 극단적인 한계까지 몰고 나간다.

잘 알려져 있듯이 『죄와 벌』은 자신의 '이성적인 판단'에 따라 살인을 행하는 라스꼴리니꼬프라는 휴학 중인 대학생의 이야기다. 그는 스스로도 분석하기 힘든 복합적인 동기에 의해 고리대금업자인 노파와 현장에 불쑥 뛰어든 노파의 이복 여동생을 살해한다. 살인 후 그는 자기가 훔친 돈과 보석을 숨긴다. 이 범죄에 그를 연결시킬 물적 증거는 없다. 그러나 그의 마음은 걷잡을 수 없이 산란해지며, 그의 기이한 행동은 이 사건을 맡은 예심판사 뽀르피리의 의심을 산다. 그의 죄가 확인되기 전 그는 자백을 하며 시베리아에서의 8년형을 언도 받는다. 가족을 부양하기 위해 창녀 생활을 하는 소냐가 그의 뒤를 따른다. 그는 자기 죄를 후회하는 게 아니라 '끝내' 견디지 못한 것을 후회하며 시베리아로 간다. 그러나 감옥에서 병을 앓고 난 후 소냐의 영향으로 '개심'에 이른다. 그러나 이마저 잠정적이다.

E. H. 카가 말한 대로 이 소설의 주제는 살인의 동기와 살인자의 반응에 대한 분석이다. 그리고 이 주제에서 도스토예프스키는 자아와 외부세계, 개인과 사회와의 관계라는 문제를 형상화하는데, 실상 그것은 '윤리와 형이상학의 문제'라 할 수 있다. 이 문제는 개인의 힘을 강조하는 낭만주의의 영향권 하에 놓여 있으며 동시에 근원적인 윤리란 무엇인가라는 질문과 맞닿아 있다. 즉, '라스꼴리니꼬프는 단순히 약하기 때문에 실패했을까 아니면 부도덕한 초인의 입장에서 궁극적인 만족을 찾을 수 없게끔 만드는 인간의 어떤 영혼의 본질 때문일까'라는 문제와 이어져 있는 것이다.

도스토예프스키는 라스꼴리니꼬프를 내세워 이 문제를 파고든다. 낭만적 개인주의가 라스꼴리니꼬프 철학의 근거이다. 자기 개성의 발전과 성취를 최고의 사명으로 간주하는 라스꼴리니꼬프는 스스로가 초인임을 입증하고 도덕적 관습을 뛰어넘는 자기 권리를 주장하기 위해 범죄를 저지른다. 그러니까 범죄의 이면에는 자아의 자유를 극대화하고자 하는 의지가 관류하고 있는 셈인데, 이와 관련하여 라스꼴리니꼬프는 소냐에게 “나는 그냥 죽였어. 나 자신, 나 한 사람을 위해서 죽인 거야. 내가 그 뒤에 어떤 은인이 되건, 아니면 평생토록 거미처럼 거미집에서 모든 것을 잡아, 살아 있는 생명들의 즙을 빨아먹게 되든 말든, 그건 그 순간 내게 아무 상관도 없었어……! (…중략…) 나는 그때 알고 싶었던 거야. 어서 알고 싶었어. 다른 사람들처럼 내가 ‘이’인가, 아니면 인간인가를 말이야. 내가 선을 뛰어넘을 수 있는가, 아니면 넘지 못하는가! 나는 벌벌 떠는 피조물인가 아니면 권리를 가지고 있는가”171)라고 고백한다. 개인주의 또는 에고의 과잉이라 아니할 수 없다.

그러나 라스꼴리니꼬프의 사상을 개인주의로 단정하기에는 많은 무리가 따른다. 도스토예프스키의 인물들에게서 논리적 일관성을 발견하기가 쉽지 않다는 것은 많은 사람들이 얘기하는 바와 같다. 마찬가지로 라스꼴리니꼬프의 사상을 일목요연하게 정리하기란 참으로 요원하다. 윤리마저 넘어서고자 하는 강렬한 에고이즘의 이면에는 다음과 같은 이타주의가 자리잡고 있다. 사람의 피를 흘리게 했다는 두냐의 절망적인 목소리에 라스꼴리니꼬프는 그것은 모든 사람들이 흘리고 있는 피라며 다음과 같이 덧붙인다: “지금도 흐르고 있고, 언제나 세상에서 폭포수처럼 흘렀던 피, 샴페인처럼 흐르고 있는 피, 덕분에 까삐똘리 신전에서 월계관을 쓰고, 훗날 인류의 은인으로 칭송 받게 한 그 피야. 그래, 똑바로 쳐다봐, 잘 들여다 보란 말이야! 난 사람들을 위해서 선을 원했던 거야. 나 자신은 이 어리석은 일, 아니 어리석다기보다는 그냥 적절하지 못했던 이 일 대신에 수백, 수천 가지의 착한 일을 할 수 있었을지도 몰

171) 도스토예프스키, 홍대화 역, 『죄와 벌』, 열린책들, 2000, 808~809면. 이하 『죄와 벌』의 인용은 이 책의 면수만을 표기한다.

라. 왜냐하면 내 사상은 실패한 지금에 와서 생각되듯이 그렇게 어리석은 것만은 전혀 아니니까 ……. (실패했을 경우에는 모든 것이 어리석게 보이지!) 그 어리석은 행위를 통해 난 다만 나 자신을 독립적인 위치에 올려놓을 수 있는 자금을 얻기 위한 첫걸음을 떼고 싶었던 것뿐이야. 그렇게 되었더라면 모든 일은 그와는 비교될 수 없을 정도로 무한한 이로움을 안겨주어서 모든 것을 상쇄할 수 있었을지도 몰라 ……. 그런데 난, 난 그 첫걸음을 견뎌낼 수 없었던 거야. 왜냐하면 난 비열한 녀석이니까! 바로 이게 문제의 전부야! 어쨌든 너희들의 생각대로 세상을 보지는 않을 거야. 만일 내가 성공했더라면, 내게 월계관을 씌워 주었을지도 몰라. 그런데 난 지금 함정에 빠져 있으니!"(1,001~1,002면, 강조는 인용자. 이하 동일) 라스꼴리니꼬프의 의식은 이처럼 분열되어 있다. 그리고 이러한 분열을 극단까지 밀고 간다는 점에서 도스토예프스키의 '잔인성'은 빛을 발한다. 그에게 있어 화해는 순간적인 포즈일 따름이다. 허용된 것의 한계를 밟고 넘어서는 인간은 어떤 운명에 부딪칠 것인가, 그리하여 인간의 본성은 어떻게 변할 것인가. 이 질문에 답하기 위해 도스토예프스키는 인간의 자유의지를 그 한계까지 밀고 간다. 자유로운 존재인 인간은 본질적으로 악을 지닐 수밖에 없다. 베르자예프가 명확히 지적했듯이 악은 인간이 내면적인 깊이를 가지고 있다는 증거이다.[172] 따라서 인간은 악에 대해서, 악에서 비롯된 죄에 대해서 책임을 져야 한다. 책임을 지지 못한다면 그는 이미 자유로운 존재가 아니다. 관념에 신들린 라스꼴리니꼬프는 살인이라는 범죄를 통해서 자신과 인간의 본성이 지닌 한계를 시험하고자 한다.

---

172) 이와 관련하여 베르자예프는 이렇게 말한다. "악은 인간의 길이다. 인간의 비극적인 길이며 자유인이 보다 높은 단계로 나아갈 수 있는 경험이다. 그리고 악은 내재적인 인식이다. 노예가 아닌 자유로운 아들들은 악을 체험할 수밖에 없다. 악의 내재적인 경험은 악의 덧없음을 파헤친다. 이러한 경험을 통해 악은 타버리고 인간은 빛에 도달하는 것이다." 니콜라이 베르자예프, 이경식 역, 『러시아지성사』, 종로서적, 1980, 89면.

2. 범죄의 시공간과 심리적 계기

『죄와 벌』 곳곳에서 볼 수 있는 시공간적 배경은 인물들의 심리적 대응물 또는 상관물이다. 이 소설의 시공간적인 배경은 주인공의 삶과 긴밀히 연결되면서 사건의 사회적인 배경 역할을 할 뿐만 아니라 '그 공간에 존재하고 있는 사람의 정신적인 세계를 상징'하는 역할을 하기도 한다. '7월 초 찌는 듯이 무더운 여름날'의 후텁지근한 공기, 혼잡, 여기저기에 놓인 석회석, 목재와 벽돌, 먼지, 독특한 여름의 악취, 이 모든 것들이 한꺼번에 그렇지 않아도 혼란스러운 청년의 신경을 뒤흔들어 놓는다. 더구나 "이 지역에 특히 많은 선술집에서 풍기는 역겨운 냄새와 대낮인데도 끊임없이 쏟아져 나오는 술 취한 사람들이 거리의 모습을 더욱 혐오스럽고 음울하게 만들고 있었다."(13면)

도시와 그 거리뿐만 아니다. 인물들이 기거하는 방 역시 심리의 적확한 표상이다. 예컨대 라스꼴리니꼬프의 작은 방은 높은 5층 건물의 지붕 바로 아래에 있었는데, 방이라기보다는 벽장 같은 곳이다. 즉, "여섯 걸음 정도밖에 되지 않는 작은 새장 같은 방은 먼지 때문에 누렇게 퇴색한 벽지가 그나마 여기저기 떨어져 있어서 보기에도 초라했다. 천장은 너무 낮아서 약간 키가 큰 사람인 경우 그 안에 들어오면 숨이 막히고, 머리를 천장에 부딪힐까봐 걱정할 정도였다."(58면) 그 안에서 라스꼴리니꼬프는 더 이상 '게으르고 불결한 생활을 하기란 힘들' 정도의 생활을 하고 있다. 루쥔에게 그의 방은 '비좁고 낮은 선실'처럼 보인다. 또한 그의 어머니는 '나는 네가 우울증 환자가 된 이유의 절반이 이 방에 있다'고 확신한다. 이러한 숨막히는 공간에서 라스꼴리니꼬프는 하숙비를 내지 못해 '병적인 두려움'에 사로잡혀 있다.

고리대금업자 노파의 전당포가 있는 곳도 사정은 마찬가지이다. 그곳은 한쪽 벽면이 시궁창을 향해 있고 다른 벽면은 거리를 향해 나 있는 아주 거대한 건물은 셋방으로 이루어져 있다. 이곳에는 재봉사, 철공 기술자, 요리사, 잡다한 일에 종사하는 독일 사람들, 몸을 파는 여자들, 하급 관리들이 거주하고 있다. 비좁고 어두운 계단 끝에 '작달막하고 말라빠진 노파'의 전당포가 있다. 소냐의 가족이 살고 있는 집은 마르멜라도프의 말대로 '소돔과 같은 곳'이다.

재봉사 까뻬르나우모프의 집에 살고 있는 소냐의 방은 어떤가. "소냐의 방은 어쩐지 창고처럼 보였고, 심하게 일그러진 네모꼴을 하고 있어서, 무언가 기형적인 느낌이 들었다. 운하를 향해 세 개의 창을 낸 벽은 방을 비스듬히 가로지르고 있었으므로, 이로 인해 방의 한쪽 구석은 지독할 정도로 예각을 이루면서 안으로 깊숙이 들어가 있었다. 그래서 약한 불빛 아래에서는 그 구석에 무엇이 놓여 있는지 잘 알아볼 수가 없을 정도였다. 또 다른 한쪽 구석은 지나칠 정도로 흉한 둔각을 이루고 있었다. (…중략…) 낡아서 누렇게 된 너덜너덜한 벽지가 사방에 우중충하게 발라져 있었다. 겨울에는 습기가 많고 탄산가스 냄새가 날 게 분명했다. 옹색함이 이곳 저곳에서 역력히 모습을 드러내고 있었다. 침대는 가리는 천마저도 없을 정도였다."(605면) 이러한 공간 묘사는 내면의 은유다. 소냐가 처한 '기형적인' 상황을 공간 묘사를 빌어 간접적으로 드러내고 있는 것이다.

라스꼴리니꼬프를 범죄로 몰고 간 또다른 계기는 소냐와 두냐의 '불합리한 희생'이라 할 수 있다. 가족을 부양하기 위해 창녀가 된 소냐와 오빠를 위해 '정략 결혼'을 합리화하는 두냐는 줄곧 라스꼴리니꼬프의 심리를 지배한다. 라스꼴리니꼬프의 생각에 두냐는 '흑빵과 물 하나로 연명해야 한다고 할지라도, 결코 자신의 영혼을 팔 사람이 아니'며, '일신의 안락을 위해서 자신의 도덕적 자유를 팔 아이가 아니'다. 그렇다면 왜 굳이 루쥔과 결혼하려 하는가. 라스꼴리니꼬프는 이렇게 단정짓는다. "자신을 위해서, 자신의 안락을 위해서, 아니 자신을 죽음에서 건지기 위해서라면 너는 자신을 팔지 않을 테지만, 다른 사람을 위해서는 판다는 거다! 사랑하고 숭배하는 사람을 위해서 판다는 거다! 바로 여기에 이유가 있었던 거다. 오빠와 어머니를 위해서 판다는 거다! 모든 것을 판다는 것이다! 오, 이런 때 우리는 우리 자신의 도덕적 감정도 짓눌러 버리지, 자유, 평화, 양심, 모든 것, 모든 것을 고물시장에 내다 파는 거야! 인생은 날아가 버려라."(87면) 라스꼴리니꼬프의 냉소는 이어진다. "이런 맏아들을 위해서는 설사 딸이라도 어떻게 희생시키지 않을 수 있겠나! 오, 사랑스럽고 어리석은 이들이여! 왜 우리는 소냐가 당한 운명을 거부하지 못하는 걸까! 소냐, 소냐 마르멜라도바, 세상이 존재하는 한, 소냐는 영원하리라! 그들 두 사람은 자신들이 치러야만 할 희생을, 그 희생이라는 것을 충분히 계산해본 것일까? 그랬을까? 할 만했다는 말인가? 이익이 있다는 판단이 섰단 말인가? 현명하다고 생각했단 말인가? 너, 알겠느냐, 두냐. 소냐의 운명이 루쥔씨와 함께하는 너의 운명에 비해 더 추악할 것도 없다는 것을…….”(88면) 그리고 확신한다. 어머니와 두냐를 희생양으로 삼고 싶지 않다고, 그런 일은 절대 용납하지 않을 거라고. 그에게 소냐와 두냐는 정확히 등가이며 따라서 두냐의 결혼은 '비열한 짓'이다.

이러한 상황이 그의 범죄를 충동질한다. "그가 지금 느끼고 있는 온갖 종류의 슬픔들은 이미 오래 전부터 그의 마음속에서 싹 튼 후 자꾸자라고 쌓여 요즘에 와서는 거부할 수 없이 해결을 요구하는 무시무시하고 강렬하고 환상적인 질문들의 형태로 집결되고 성숙해서 그의 마음과 이성을 괴롭혔다. (…중략…) 이제 더 이상 비탄에 잠긴 채, 이 문제들을 해결할 수 없다고 생각하며 수동적으로 괴로워만 할 수는 없었다. 반드시 지금 당장, 될 수 있으면 빨리 무슨 일이든 행동으로 옮겨야만 했다. 어떤 일이 생기든 상관없이 무엇이든 결행해야만 했다."(91면) 결국 심리적 대응물로서의 시공간, 아니 근대 러시아의 모순이 응집된 도시 뻬쩨르부르그의 현실과 두 여성의 불합리한 희생이 범죄를 결행하는 데 있어 중요한 계기가 된다.

3. 살인의 필연성과 우연성

자신의 자유의지를 실험하기 위해, 자신이 구상한 관념을 구체화하기 위해 라스꼴리니꼬프는 범행을 구체화한다. 그러나 '현장답사'를 하고 나온 후에도 그의 살인 계획은 그다지 확고하지 않았다. 그는 이렇게 중얼거린다. "오, 맙소사! 이 모든 게 얼마나 혐오스러운 짓인가! 정녕, 정녕 나는 …… 아냐, 이건 말도 안 되는 어리석은 짓이야!" "정말로 내 머릿속에서 그렇게 무서운 생각이 떠올랐단 말인가? 내 마음이 그렇게 더러운 일을 생각해낼 수 있다니! 무엇보다도 더럽다. 불쾌하고, 추악하다, 추악하다……!"(23면) "그럼 정말 '그 일'을 할 것인가? 정말 그럴 것이란 말인가?"(105~106면) 방황 끝에 이른 뻬뜨로프스키 섬의 관목 숲에서 '허약한 갈색 말'에 관한 꿈을 꾼 후에 그의 망설임은 최고조에 이른다. '그 일'을 결행할 수 없다고 다짐한 후, 그의 마음은 '오랫동안 그를 짓누르고 있던 무거운 짐이 그의 어깨에서 내려진 것같이' 가볍고 평안해 진다. 그리고 기도한다. "주여! 제게 갈 길을 보여주소서, 전 그 저주스런…… 몽상을 버리겠나이다……!"(119면)

하지만 '쓸데없이' 센나야 광장을 지나 우회해서 집으로 돌아오는 길에 '우연히' 내일 저녁 일곱 시에 '노파가 혼자 집에 있을 거라는 사실'을 알고 나서는 다시 몽상은 현실로 치닫기에 이른다. 우연의 연속이다. 급기야 그는 "이번 사건 전체에서도 언제나 어떤 기괴함과 신비스러움을 느끼게 되었고, 무언가 특별한 힘과 우연의 일치 같은 것이 존재한다고 생각하게끔 되었다."(124면) 라스꼴리니꼬프는 술집에서 장교와 대학생의 대화를 우연히 '엿듣고서' 자신의 계획을 구체화한다. 특히 대학생의 말은 일종의 '숙명과 계시'처럼 다가온다.

"난 그 저주스런 노파를 죽이고 도둑질을 한다고 해도, 단언하지만, 결코 양

> 심의 가책을 느끼지 않을 것 같아."
>
> "한편으로는 어리석고, 의미 없고, 하찮고, 못됐고, 아무짝에도 쓸모 없는, 아니 모든 사람에게 해만 끼치는 그런 병든 노파가 있어. 그 노파는 자기가 왜 사는지도 모르고, 또 그렇지 않아도 얼마 안 있으면 저절로 죽게 될 거야."
>
> "다른 한편으로는 도움을 받지 못하면 좌절하고 말 싱싱한 젊은이가 있단 말이야. 그런 젊은이는 도처에 있어. 그리고 수도원으로 가게 될 노파의 돈으로 이루어지고 고쳐질 수 있는 수백, 수천 가지의 선한 사업과 계획들이 있단 말이야! 어쩌면 수천, 수백의 사람들이 올바른 길로 갈 수도 있고, 수십 가정들이 극빈과 분열, 파멸, 타락, 성병 치료원으로부터 구원을 받을 수도 있어. 이 모든 일들이 노파의 돈으로 이루어질 수 있단 말이야. 그래서 빼앗은 돈의 도움을 받아 훗날 전 인류와 공공의 사업을 위해 자신을 헌신하겠다는 결심을 가지고, 노파를 죽이고 돈을 빼앗는다면, 너는 어떻게 생각하니? 그 작은 범죄 하나가 수천 가지의 선한 일로 보상될 수는 없는 걸까? 한 사람의 생명 덕분에 수천 명의 삶이 파멸과 분열로부터 구원을 얻게 되고, 한 사람의 죽음과 수백 명의 생명이 교환되는 셈인데, 이건 간단한 계산 아닌가! 그 허약하고 어리석고 사악한 노파의 삶이 사회 전체의 무게에 비해 얼마만큼의 가치를 지닐 수 있을까? 그 노파의 삶은 바퀴벌레와 이의 삶보다 더 나을 것이 없고, 어쩌면 그보다 더 못하다고도 할 수 있어. 왜냐하면 그 노파는 해로운 존재니까. 그 노파는 다른 사람의 인생을 갉아먹고 있잖아."(128~129면)

함께 얘기를 하던 장교는 '자연의 법칙'을 들어 노파를 죽일 권리가 없다고 하지만 대학생은 물러서지 않는다. "자연을 변화시키고 조정하는 것은 인간이야. 그렇지 않았다면 사람들은 아마도 편견 속에서 허우적거리다가 죽어버렸을 거야. 사람들은 '의무니 양심'에 대해서 말을 하지. 난 의무와 양심에 반하는 말을 하고 싶은 게 아냐. 다만 우리가 그 의무와 양심에 대해 어떻게 이해하느냐 하는 문제를 말하는 거지."(129면) 대학생의 발언은 라스꼴리니꼬프가 구상한 관념을 대변한다. 이 목소리는 외부에서 들리는 게 아니라 내면(관념)의 울림이자 호소이다. 정의를 위해서라면 양심도 접어둘 수 있다. 정의가 먼저냐 양심이 먼저냐는 문제는 인간은 왜 사느냐는 문제만큼이나 심각하다. 라스꼴리니꼬프는 짐짓 '우연적인' 또는 '미신적인' 힘에 의지하여 양심을 접고 정의를 선택하기로 한다. 선과 악이라는 도덕률을 비집고 들 틈이 없다. 정의가 있을 따름이며 그는 정의를 구현하는 '강자'가 되기를 자처한다.

이렇듯 우연한 상황을 만나기 전까지 그의 계획은 "그저 한번 시험해 본 것에 불과할 뿐 정말 결행할 마음은 없었다." 그러나 장교와 대학생을 대화를 엿듣고 난 후 그의 "궤변은 면도날처럼 날카로워져서 자기 내부에서 이미 논리적인 반박을 발견할 수 없"게 된다. 아무리 반박의 논리를 찾으려 해도 찾을 수 없다. 결국 그는 초자연적인 힘에 의해 '기계적으로' 움직이고 마는 형국으로 빠져든다. 그러나 범죄 자체가 일종의 병을 동반하는지 여부는 정확하게 알 수 없지만 그는 '이성과 의지'는 계획한 일을 실행하는 동안 사라지지 않고 남아 있을 거라 생각한다. 또 자신의 계획은 '범죄가 아니라'고 확신한다. 하지만 갈등은 쉴새없이 그를 괴롭힌다. 나스따시야가 일하는 부엌이 아니라 경비실 근처에서 도끼를 '우연히' 발견했을 때에도 그는 기묘한 웃음을 띠며 '이건 이성이 시키는 짓이 아니라 악마의 짓'이라 생각한다.

드디어 라스꼴리니꼬프는 노파 알료나 이바노브나와 리자베따를 살해한다. 공포심과 혐오감, 어떤 방심 상태와 명상과도 같은 상태가 교차한다. "정말 모든 것이 꿈만 같았다."(158면) 범죄를 저지른 후 라스꼴리니꼬프는 심각한 심리적 갈등을 겪지만 그럼에도 불구하고 살인의 정당성을 쉽사리 포기하지 않는다. 아니 승리감에 빠지기까지 한다. "신기루 같은 것은 꺼져버려라. 괜한 공포도 환영도 썩 꺼져버려라……! 내겐 인생이 있다! 내가 지금 살아 있는 것이 아니란 말인가? 그 늙은 할망구와 함께 나도 죽은 것은 아니다! 천당에서 고이 잠드시길. 그걸로 된 거다. 노파도 이제 평안히 쉬셔야지! 이성과 빛의 왕국이 도래했다……. 의지와 힘의 왕국이 온 거야……. 어디 두고 보자! 한번 겨뤄 보자고!"(359면) 그는 어떤 힘에 도전하듯 이렇듯 오만하게 말한다. 그리고 덧붙인다. "힘, 힘이 필요하다. 힘이 없이는 아무 것도 할 수가 없다. 힘은 힘으로 얻어야 하는데, 사람들은 이것을 모른다."(359면) 그러나 소냐의 집에서 장례비를 지불하고 돌아오는 길에 느낀 이와 같은 '기쁨'은 잠정적이다.

공포와 환영은 쉽게 사라지지 않는다. 현실에서는 '질병과도 같은 존재'인 노파를 죽인 게 확실하지만, 몽상에 이어지는 꿈을 빌어 섬뜩하게 표현되고 있듯, 노파는 환영으로 살아 그를 고문한다. 분명히 도끼로 내려쳤는데도 노파는 '앉아서 웃고 있다.' "그가 듣지 못하도록 온 힘을 다해 자제하면서 조용히 소리를 죽여 웃고 있었던 것이다."(531면) 꿈과 현실의 경계는 흐려진다. 스스로가 라스꼴리니꼬프와 닮았다고 말하는 스비드리가일로프를 만나면서 이 경계는 더욱 모호해진다. 그는 '이 모든 게 환상'이라는 생각을 떨쳐버릴 수가 없다.

두냐에게 라스꼴리니꼬프가 살인범이라는 사실을 말한 후 스비리드가일로프는 이렇게 덧붙인다.

> (이 살인사건에는—인용자) 일종의 이론이 개재되어 있는데, 내가 알아낸 바에 따르면, 예를 들어 본질적인 목적만 정당하다면 한 번의 악행은 허용될 수 있다는 그런 식의 이론입니다. 단 한 번의 악과 수백 가지의 선행이라는 거지요! 그야 물론 긍지와 자존심이 무한히 강한 젊은이가, 고작 3천 루블만 있으면 출세도 인생에서의 장래의 목적도 전혀 다르게 구현할 수 있는데, 그 3천 루블이란 돈이 없다는 것을 깨달았을 때 굴욕감을 느끼지 않을 수는 없겠지요. 거기다 굶주림과 좁아터진 방, 누더기 같은 옷, 자기의 사회적 위치에 대한 선명한 자각, 그와 동시에 어머니와 누이동생이 처한 상황, 이런 것들에서 오는 초조감을 덧붙여 보십시오. 그러나 무엇보다도 중요한 것은 허영심입니다. 자존심과 허영심이지요. (…중략…) 당신의 오빠는 나폴레옹에게 몹시 심취해 있더군요. 즉 수많은 천재들이 개개의 악을 개의치 않고, 고민할 것도 없이 그 악을 밟고 앞으로 나갔다는 데, 마음이 끌린 겁니다. 당신의 오빠는 자기가 천재적인 사람이라고 상상했던 것 같아요. 말하자면 한때는 그렇게 믿었

던 것 같습니다. 그는 자기가 이론을 만들어낼 줄만 알았지, 아무 생각 없이 한계를 뛰어넘을 줄 몰랐기 때문에 자기가 천재적인 인물이 아니라는 생각이 들어 몹시 괴로워했고, 지금도 괴로워하고 있습니다. 이건 자존심이 강한 젊은 사람에게는 몹시도 굴욕적인 일이지요. 특이 우리의 시대에는 말입니다…….(948~949면)

라스꼴리니꼬프가 구상한 관념의 허구성에 대한 신랄한 비판이다. 그의 관념은 스비드리가일로프 앞에서 여지없이 무너지고 만다. 도스토예프스키는 극단적으로 개인적인 욕망과 이익을 우선시하는 루쥔과 스비드리가일로프 역시 '모든 것이 허용되는' 비범인이라는 사실을 명확히 한다. 루쥔과 스비드리가일로프의 행위가 그렇듯이 그의 범죄는 신의 세계에 대한 도전이며, 믿음에 대한 배신이고, 그것은 곧 그의 존재가 신의 세계에서 악마의 세계로 넘어갔음을 의미하는 것이며, 그 안에서 인간은 맹목적인 운명의 꼭두각시로 전락하고 마는 것이다. 그렇다면 도스토예프스키가 『죄와 벌』에서 보여주는 비범인의 모습은 어떠한가.

4. 도스토예프스키적 초인과 그의 사상

범죄란 무엇인가. 라주미힌은 사회주의자들의 범죄관, 즉 범죄란 비정상적인 사회질서에 대한 항의라는 견해를 조목조목 비판한다.

그들에게 모든 것은 '환경이 나쁘기' 때문이야. 그 외에 다른 것은 없어! 그들이 좋아하는 문구지! 이런 논지에서 보면, 만약 사회가 정상적으로 건설되면, 단번에 모든 범죄들도 사라지게 된다는 결론이 나오게 돼. 왜냐하면 항의할 만한 그 무엇이 없어지니까. 모든 이들이 단 한순간에 정의로워진다는 거야. 본성은 고려의 대상이 되지 않아. 인간의 본성은 배제되어서 상정되지도 않아! (…중략…) 사회적인 체계가 어떤 수학적인 머리의 산물로 세상에 나와 즉각 모든 인류를 정비하고, 한순간에 인류를 정의롭고 죄 없는 존재로 만든다는 거야. (…중략…) 살아 있는 영혼이 필요 없다는 거지! 살아 있는 영혼은 삶을 요구하고, 살아 있는 영혼은 기계학에 순종하지 않으며, 살아 있는 영혼은 의심이 많고, 살아 있는 영혼은 반동적이야! 반면 이쪽 인간은 송장 냄새가 나기는 하지만 고무로라도 만들어낼 수 있어. 그렇지만 그 인간은 살아 있는 것이 아냐. 의지도 없고, 노예근성 때문에 반역을 일으키지도 않아! 결과적으로 모든 것은 벽돌 토대와 공동숙사의 방과 복도를 배치하는 일에 귀결되고 마는 거야! 그런데 공동숙사는 만들어졌지만, 그 공동숙사에 살게 될 인간의 본성은 아직 준비되지 않았어. 본성은 삶을 원하고, 삶의 과정은 아직 완료되지 않았으니, 아직 무덤에 가기는 이르지! 단 하나의 논리로는 인간의 본성을 뛰어넘을 수 없는 일이야! 논리는 세 가지의 경우만 예측하지만, 실제로 그 경우라는 것은 수백만 가지나 되거든! 수백만의 경우들을 모두 잘라내고, 모든 것을 안락이라는 한 가지 명제로 귀결시키다니! 과제를 너무 쉽게 해결하려는 거야! 그런 논리는 유혹적일 만큼 분명해서 생각할 것도 없어! 중요한 것은 생각할 필요가 없다는 거야! 모든 인생의 비밀이 단 두 페이지의 종이에 들어가 버리니까!(488~490면)

범죄는 외부적 환경에 의해서만 촉발되는 것은 아니다. 그것은 인간의 본성에 내재되어 있는 것이며, 인간이 자유롭다는 것의 방증이기도 하다. 자유의지에 따라 살고자 하는 인간은 범죄를 저지르지 않을 수 없다. 그 극단적인 상황을 실험하려 드는 인물이 바로 라스꼴리니꼬프이며, 그를 통해 도스토예프스키가 말하고자 한 비범인 즉 초인의 모습을 파악할 수 있다.

비범인 즉 초인에 관한 논의는 라스꼴리니꼬프가 쓴 논문 「범죄에 관하여」를 둘러싼 뽀르피리와의 논쟁에서 구체적으로 드러난다. 누가 폭력과 범죄를 행할 완전한 권리를 지니는가에 대해 예심판사 뽀르피리는 이렇게 진단한다. "문제는 이분의 논문에서 모든 사람들이 '평범한' 사람과 '비범한' 사람으로 나뉘어지고 있는 것 같다는 거야. 평범한 사람들은 순종하며 살아야만 하고, 법률을 어길 권리를 지니고 있지 않아. 왜냐하면 그들은 평범한 사람들이니까. 비범한 사람들은 모든 종류의 범죄를 저지를 수 있는 권리와 법률을 위반할 수 있는 권리를 지니고 있는데, 이는 그들이 비범하기 때문이라는 거야."(494면) 라스꼴리니꼬프의 대답은 이러하다. "비범한 사람들이 반드시 모든 종류의 폭력을 써야만 하고, 그래야만 할 의무가 있다고 주장하지는 않았습니다. (…중략…) 저는 다만 '비범한' 사람은 권리를 가지고 있다……. 즉 공식적인 권리가 아니라, 스스로 자신의 양심상…… 모든 장애를 제거할 수 있는 권리를 가졌다고 말한 것뿐입니다. 그것도 만일 그의 신념(때로는 모든 인류를 위해서 구원적인 신념일 수도 있지요)을 실행에 옮기기 위해서 그렇게 하는 것이 요구되는 경우에 한해서만 말입니다."(495면) 라스꼴리니꼬프의 의견에 따르면 리쿠르고스, 솔로몬, 마호메트, 나폴레옹 등은 '사회에서 성스러운 추앙을 받은 낡은 법률을 파괴했고, 만약 유혈만이 그들을 도울 수 있었다면 피 앞에서도 멈추지 않았다는 점만 보더라도' 그들은 하나 같이 범죄자들이었다. 그리고 그는 인간을 두 부류로 나눈다.

> 하나는 저급한(평범한) 부류로서 자기와 비슷한 사람들을 출산하기 위해서 존재하는 사람들이고, 다른 하나는 자기가 처한 환경 속에서 '새로운 말'을 할 줄 하는 재능 혹은 천분을 부여받은 사람들입니다. (…중략…) 첫 번째 부류, 즉 재료는, 대체로 말해서 자기 천성상 보수적이고 체면을 차리는 사람들로 복종 속에서 살아가면서 순종하기를 좋아합니다. 제 생각에 그들은 반드시 복종을 해야 하는데, 그 이유는 그것이 그들의 사명이고, 그렇게 하는 게 그들에게는 전혀 굴욕적으로 여겨지지 않기 때문입니다. 두 번째 부류의 사람들 모두는 그 능력에 따라서 법률을 어기는 파괴자들이거나, 그럴 경향이 있는 사람들입니다. 이 사람들의 범죄는 물론 상대적이고 다양합니다. 그들 대부분은 다양한 분야에서 더 좋은 것의 이름으로 현재의 것을 파괴할 것을 요구합니다. 그러나 그는 자기 사상을 위해 시체와 피를 건너뛰어야만 한다면, 자기 내

> 면의 양심에 따라서 피를 뛰어넘는 걸 스스로에게 용납할 수 있습니다. (…중략…) 첫 번째 부류는 항상 현재의 사람들이고, 두 번째 부류는 미래의 사람들입니다. 전자는 세계를 보존하고 그 수를 늘립니다. 후자는 세계를 움직여서 그 목적으로 인도하지요.(497~498면)

이 두 부류는 모두 동등하게 존재할 권리를 갖는다. 둘 사이에는 '끝없는 전쟁'이 계속될 수밖에 없다. '새로운 예루살렘'이 도래하지 전까지는. '새로운 예루살렘'을 믿느냐는, 그리고 신과 라자로의 부활을 믿느냐는 뽀르피리의 물음에 라스꼴리니꼬프는 그렇다고 대답한다. 그렇다면 평범한 사람과 비범한 사람은 어떻게 구별할 수 있는가. 그들은 무슨 표지라도 갖고 태어난단 말인가. 그리고 비범한 사람들의 숫자는 얼마나 되는가. 라스꼴리니꼬프는 이러한 질문에 대해 이 모든 것은 '자연의 법칙' 또는 '본성의 법칙'에 따른다고 말한다. 그에 따르면 비범한 사람은 '스스로를 처단할 수 있는' 사람이며, 위대한 천재 즉 인류의 완성자는 어쩌면 지구상에서 수억이라는 사람들이 살다가 죽어 간 이후에야 나올지도 모른다.

여기에 광인 라스꼴리니꼬프가 주장하는 '인간의 법칙'이 더해진다. "만일 모든 사람들이 똑똑해지길 기다린다면, 굉장히 오랜 시간이 걸릴 거야……. 어쩌면 그런 일을 절대로 없을지도 모르지. 사람들은 변하지 않을 것이며, 그들을 개조할 사람은 누구도 없다고, 그러니 애쓸 가치조차 없다는 것을 깨달았어! 그래, 바로 맞아! 그게 인간의 법칙이야…… 법칙. 그리고 난 알아, 소냐. 머리가 견고하고 강한 사람이라야만 사람들의 주권자가 된다는 사실을 말이야! 더 많이 용기를 내어 일을 감행하는 사람만이 사람들 눈에는 옳아 보이는 거야. 보다 많은 것을 무시하는 자만이 그들의 입법자가 되고, 더 많은 일을 해치울 수 있는 사람이 그 누구보다도 옳은 사람이 되는 거야! 지금까지도 그래 왔고, 앞으로도 그럴 거야! 눈 먼 사람들만이 그것을 모를 뿐이지!"(805~806면) 라스꼴리니꼬프와 뽀르피리의 논쟁을 지켜보고 있던 라주미힌은 이렇게 말한다. "네가 한 모든 말 중에서 정말로 '독창적인' 것은, 그러니까 너 자신만의 의견은, 내 생각에는 무서운 일이지만, 어쨌거나 네가 '양심상' 유혈을 허용한다는 점이야. 이런 말을 해서 미안하지만, 그것도 광신적일 정도로 말이야……. 바로 이 점이 네 생각에 있어서 가장 중요한 부분이야. '양심상' 유혈을 허용한다는 것, 그것은…… 그것은 내 생각에 유혈을 공식적으로, 그리고 합법적으로 허용하는 것보다도 더 무서운 일이야……."(503면) 뽀르피리 뻬뜨로비치와 라스꼴리니꼬프의 게임은 계속된다. 예의 라스꼴리니꼬프의 논문을 두고 그는 이렇게 말한다.

> 당신은 대담하고 거만하고 진지하고…… 감수성이 풍부한 분입니다. 저는 오래 전부터 알고 있었어요. 그런 느낌은 내게 익숙한 것이고, 그래서 나는 당신의 논문을 친근하게 읽었던 거지요. 잠이 오지 않는 밤에 극도로 흥분된 상태에서 그 논문은 구상된 것이더군요. 터질 것같이 고동치는 심장과 억눌린 열정으로 쓰여진 논문입니다. 젊은 사람들에게 그런 억눌린 오만한 열정은 위험한 것이지요! 난 그때 당신을 조롱했습니다만, 지금은 당신에게 말하겠습니다. 나는 대체로 젊은이의 열정적인 처녀작을 좋아하는 사람, 정말 그런 것을 지독할 정도로 사랑하는 사람입니다. 그건 뿌연 연기와 안개, 그 속에서 울리는 현악기의 소리와 같은 것입니다. 당신의 논문은 불합리하고 공상적이지만, 그 속에는 진실성이 담겨 있습니다. 그 속에는 청년의 청렴결백한 기상과 절망적인 용기가 담겨 있습니다. 그 논문은 암울한 것입니다. 그러나 그 암울함도 훌륭합니다.(872~873면)

결국 라스꼴리니꼬프가 구상한 관념은 '오만한 열정'의 표현에 지나지 않는다. 누구도 그에게 '모든 것을 넘어설 권리'를 제공하지 않았다.

뽀르피리는 집요한 정도로 라스꼴리니꼬프를 심문한다. 그는 라스꼴리니꼬프의 말 한 마디 한 마디가 이중적인 의미를 띠고 있다는 것을 알고 있다. 그리고 그는 노파 살인사건을 이렇게 정의한다. "로지온 로

마노비치, 이건 니꼴라이의 짓이 아닙니다! 이건 환상적이고 암울한 사건, 현대적인 사건, 인간의 마음이 혼미해진 시대, 피가 '맑아진다'느니 하는 말이 인용되고, 편안함이야말로 인생의 전부라고 선전되는 우리 시대의 사건입니다. 이 사건에는 탁상공론, 이론에 자극 받은 심리가 보입니다." 그는 라스꼴리니꼬프의 심리를 투시하고 있다. 냉혹한 시선이다. 그는 단도직입적으로 라스꼴리니꼬프에게 자수를 권한다. "자수를 하십시오. 이건 당신에게 상당히 유리한 선택일 뿐 아니라, 내게도 마찬가지입니다. 자, 어떻습니까, 나로서는 무척 솔직한 말이 아닐까요?"(885면) 뽀리피리의 설득은 계속된다. 감형이 필요 없다는 라스꼴리니꼬프의 말에 그는 인생을 혐오하지 말라고 말한다. 라스꼴리니꼬프는 상관없다며 냉소에 부쳐버린다. 이어지는 뽀르피리의 질타는 매섭다.

> 이론을 만들어 놓았는데, 모든 것이 깨지고 나니까, 즉 너무 평범한 결과가 되고 나니까, 부끄러워진 거로군요! 비열한 결과가 나왔지요. 그건 사실입니다. 하지만 당신은 어쨌든 구제불능의 파렴치한은 아닙니다. 전혀 그런 파렴치한이 아니에요! 적어도 오랫동안 자신을 속일 수가 없었기 때문에 단숨에 막다른 골목까지 이른 겁니다. 내가 당신을 어떻게 생각하는지 아십니까? 만일 당신이 신앙이나 신을 발견하게 된다면, 당신은 창자를 찢긴다 해도 꿋꿋이 서서 자신을 괴롭히는 사람의 얼굴을 미소를 띠고 바라볼 수 있는 그런 사람입니다. 자, 이제 발견도 하고, 찾기도 하십시오. 우선 당신은 진작 공기를 바꿔야 했어요. 어떨까요? 고난도 역시 좋은 일이겠지요. 고난을 받으십시오. (889면)

뽀르피리에 따르면 고난은 위대하며 고난 속에 위대한 사상이 있다. 즉, "모든 일은 사람의 손에 달린 거다. 다만 겁이 나서 사람들은 모든 일을 망치는 것이다. 이건 명제와 다름없지. 사람들이 제일 두려워하는 것은 무엇일까? 새로운 한 걸음, 자신의 새로운 말, 이것을 제일 두려워한다"(12~13면)는 것이다. 이와 관련하여 라스꼴리니꼬프는 소냐에게 말한다. "자유와 권력, 그 중에서도 중요한 것은 권력이야! 떨고 있는 모든 피조물들과 모든 개미군단들에 대한 권력 ……!"(635면)이라고. 거짓말하는 것은 다른 유기체가 지니지 못한 인간의 유일한 특권이라고 믿는 라주미힌은 "독창적인 생각을 가지고 거짓말을 하는 것이 다른 사람의 생각에 따라서 한 가지의 진리에 도달하는 것보다 훨씬 낫지요. 첫 번째 경우에는 사람이지만, 두 번째 경우에는 앵무새밖에는 되지 않으니까요. 진리는 온전히 남겠지만, 삶은 질식되는 것"(383면)이라고 주장한다. 그는 열광적인 어조로 권력은 용기를 내서 몸을 굽혀 그것을 줍는 자에게만 주어진다는 사실을 알게 되었다고 말한다. 그가 어둠 속에 누워 있을 때 계속해서 하나의 생각이, 즉 지금까지 이 불합리한 세상을 헤쳐 나가면서 꼬리를 붙잡아 던져버릴 사람이 단 한 명도 없었으며 왜 지금도 그러지 못하는가라는 생각이 '태양처럼 명백하게' 떠올랐다고 소냐에게 고백한다. 그러나 신을 모독하는 듯한 이러한 '궤변'이 소냐를 설득하지는 못한다. 악마가 그를 유혹했기 때문이다. 악마의 유혹이 아니고서야 어찌 인간이 인간을 죽일 수 있단 말인가. 그 인간이 아무리 기생충 같은 존재라 할지라도.

라스꼴리니꼬프의 격렬하고도 끈질긴 몽상은 계속된다. "노파는 실수였다고 치자. 그러나 문제는 거기 있는 것이 아니다! 노파는 질병에 불과한 존재이다……. 나는 어서 뛰어넘고 싶었다……. 나는 사람을 죽인 것이 아니라, 원칙을 죽인 것이다! 나는 원칙을 죽였지만, 도저히 그것을 뛰어넘을 수가 없어서, 아직 이쪽에 남아 있는 것이다. (…중략…) 어째서 아까 그 바보 같은 라주미힌은 사회주의자들을 욕했을까? 그들은 일을 좋아하는 사업가들로 '보편적인 행복'을 위해서 일하고 있지 않은가……. 아니, 삶은 내게 단 한 번만 주어질 뿐, 그 이상은 주어지지 않는다. 나는 '전인류의 행복'을 기다리고 싶지 않다. 나는 나 자신의 삶도 살고 싶다. 그렇지 않으면 차라리 살지 않는 편이 더 낫다."(525면) 나폴레옹을 숭배하는 라스꼴리니꼬프는 이기주의자인가. 이기주의는 인간의 가장 본질적인 속성이 아닐까. 누가 나폴레옹을 이기주의자가 아니라고 말할 것인가. 자신을 '미적인 취향을 지닌 이'라 자학함으로써 쾌감을 얻는 그는 비범인과 범인의 사이에서 존재의 의미를 극단까지 밀고 간다. 그는 스스로를 '살해당한 이보다도 더 추악하고 더러운 놈인지 모른다'고 생각하면서, '선지자'로서의 정당성을 의심하지 않는다. 초인의 모습을 현실에서 구현하고자 할 경우 필연적으로 따르는 착종과 뒤틀림 그리고 광기라 아니 할 수 없다.

스비드리가일로프의 말을 빌자면 광인은 유령에 들린 사람이며 동시에 '병자'들이다. "이렇게 생각해보면 어떨까요? '유령은, 이것은 말하자면 내세의 작은 조각과 파편들이고, 그것들의 시작이다. 물론 건강한 사람에게는 그들이 보일 이유가 없다. 왜냐하면 건강한 사람은 가장 현세적인 사람이므로 완전과 질서를 위해 반드시 지상에서의 현세적인 삶을 살아야 하기 때문이다. 그런데 조금이라도 병이 나서, 유기체 속의 정상적인 지상의 질서가 조금이라도 파괴되면, 다른 세계의 가능성이 나타나기 시작한다. 병이 깊어지면 깊어질수록 다른 세계와의 접촉이 더욱 빈번해지고, 그러다가 완전히 죽게 되면 그는 곧바로 다른 세계로 가게 되는 것이다.' 나는 오랫동안 이렇게 생각해왔소이다."(555면) 초인은 광인이자 비정상인일 수밖에 없다. 결국 라스꼴리니꼬프는 모출스키의 말대로 휴머니스트를 가장한 악마인지도 모른다. 그가 초인으로서 그 자신의 도덕적 법칙을 창안하여 어떤 외적 규준에도 따르지 않는다는 이론에 근거를 두고 살인을 행했든, 또는 윤리는 오직 합리적이고 공리적이며 '비천하고 더러운 해충'을 죽이는 것이 덕성의 행위하는 이론에 근거해서 범죄를 행했건 간에, 결과적으로 그 이론적 허구가 드러난다. 이 소설의 결론은 상처받은 양심의 파탄이 아니다. 인간의 본질에 모순되는 신념을 유지하려는 강렬한 지성의 비극적이며 보람 없는 투쟁을 우리에게 보여준다.173) 이와 관련하여 베르자예프는 『도스또예프스키의 세계관』에서 이렇게 말한다. "도스또예프스키는 초인에 대한 요구가 거짓임을 폭로한다. 초인이라는 잘못된 관념은 인간을 멸망시키며, 무제한의 요구를 구하는 요구도 또한 그러하다. 이와 같은 초인적인 힘을 구하는 동시대인들의 지향은 모두가 부질없고 모두가 비참한 것이어서 결국은 인간이 인간 상실과 무력감에 쓰러지고 만다. 그리고 도덕적이고 종교적인 의식의 본성은 영원하다는 것이 실증된다. 양심의 괴로움은 인간에게 그 죄를 인정하게 할 뿐만 아니라 권력을 구하는 인간의 요구도 무력하다는 것을 인정하게 한다. 라스꼴리니꼬프의 고뇌는 단지 그가 허용된 것의 한계를 넘어선 것뿐만 아니라 그의 무력과 무가치함도 증명한다."[174]

5. 양심과 자기 처벌의 문제

『죽음의 집의 기록』에서 보았듯이 인간에게 있어 양심의 괴로움은 어떠한 외적 법률에 의한 형벌보다 강력하다. 악은 외면적으로는 처벌되지 않으며 회피하기 힘든 내면적인 결과를 초래한다. 그것이 바로 양심이다. 이와 관련하여 베르자예프는 '양심의 괴로움에 힘겨워하는 인간은 스스로의 고뇌를 경감하여 주는 것으로서 처형을 기다리고 받아들일 따름'이라고 말한다. 인간의 혼은 국법이라는 '냉혹한 괴물'에 의해서 측정할 수 없는 성질의 것이다. 라스꼴리니꼬프가 이론적으로 구상한 범죄는 무엇보다 양심에 의해 처벌을 받는다. 그리고 양심의 괴로움을 극명하게 보여줌으로써 그가 구상한 관념의 허구성을 드러낸다. 양심의 가책이나 내면에 자리한 혼의 요구인 도덕적 감정은 이성이나

173) E. H. 카, 앞의 책, 199면.
174) 니콜라이 베르자예프, 이경식 역, 『도스토예프스키의 세계관』, 현대사상사, 1975, 95면.

합리적 판단에 의해 제어되지 않는다. 『죄와 벌』을 범죄에 그에 따른 양심에 의한 처벌의 드라마를 그린 작품이라 할 수 있는 것도 이런 의미에서이다.

그렇다면 '비범인'으로서 기존의 도덕률을 파기할 '권리'를 가진 자의 양심은 어떻게 되는가. 뽀르피리의 질문에 라스꼴리니꼬프는 이렇게 대답한다. "양심이 있는 사람이라면, 괴로워하라고 하지요. 혹여 자신의 실수를 인식하게 될지도 모르지요. 그러면 그것이 그에게 강제노역과는 전혀 다른 차원의 벌이 될 것입니다."(505면) 그러니까 양심을 갖고 있다는 것 자체가 처벌이 되는 셈이다. 『죽음의 집의 기록』에서 볼 수 있듯이 어떠한 제도적인 장치도 죄수들을 완전히 처벌할 수는 없다. 오로지 양심만이 그렇게 할 수 있다. 라주미힌과 라스꼴리니꼬프의 대화를 보기로 하자.

> "그렇다면 정말로 천재적인 사람들은, 사람을 베어 죽여도 되는 권리를 가진 사람들은 자신이 초래한 유혈에 고통스러워하지 말아야 한다는 거야?"
>
> "'그래야만 한다'니, 그건 또 무슨 말이야? 여기에는 어떠한 허락도 금지도 없어. 만일 희생자들이 불쌍하다면 괴로워하라고 해. 폭넓은 의식과 깊은 마음 속에는 언제나 고뇌와 고통이 있기 마련이니까. 내가 보기에 진정으로 위대한 사람들은 이 세상에서 위대한 슬픔을 느껴야 한다고 생각해."(505~506면)

양심의 움직임에 어떠한 허락이나 금지도 있을 수 없다. 그것은 강제노역에 처한다거나 독방에 가둔다고 해서 드러나는 성질의 것이 아니다. 이 지점에서 우리는 이성과 의지에 의해 노파를 살해한 라스꼴리니꼬프의 내면 또는 슬픔의 일단을 엿볼 수 있다. 위대한 슬픔은 자유의지에 의한 행위가 양심에 의해 처벌받는 지점에서 파생한다. 이 악순환의 고리를 벗어날 수 없는 한 인간의 슬픔은 계속될 수밖에 없다. 이제 라스꼴리니꼬프가 겪는 양심에 의한 처벌의 행로를 따라가 보기로 한다.

살인을 단행한 후 차용증서 건으로 경찰에 호출을 받았을 때 라스꼴리니꼬프는 일순 긴장한다. 그러나 그것이 살인과 아무런 관련이 없다는 것을 알고는 '순전히 동물적인 기쁨'을 맛본다. 그러나 이러한 기쁨도 잠시뿐이다. 그는 다시금 극심한 외로움에 빠져들며 혼자가 되겠다는 결심을 굳힌다. 그리고 비애에 젖는다. "그가 아직 진짜 열병에 걸려 쓰러지지 않은 것은 아마도 그 끊임없는 내적인 불안이 그의 두 다리를 지탱해주고, 일정 시간까지 그의 의식을 억지로라도 붙들어주었기 때문인지도 모른다."(823) 방황과 비애가 그의 의식을 점령해버린다. "요즘 들어서 그는 이상한 비애를 느끼기 시작했다. 그 비애 속에 무언가 특별히 자극적이고 강렬한 것이라곤 없었다. 그러나 그 비애로부터 무언가 지속적이고 영원한 것이 배어 나왔으며, 죽음처럼 차가운 우수로 가득한 출구 없는 나날들과 '1아르신의 공간'에서 영원히 살아가야 할 운명이 예감되는 것이었다. 저물어 갈수록 이런 감각은 평소보다 훨씬 더 강하게 그를 괴롭히기 시작했다."(823~824면)

아무리 위장하려 해도 끝없이 밀려드는 괴로움과 고독감 그리고 소외감을 어찌 할 수가 없다. 정체 모를 공허감이 짙게 자리잡는다. 이러한 공허감은 격렬한 증오와 발작으로 이어진다. 양심과의 투쟁 또는 운명과의 투쟁이 또다른 형태로 시작된 것이다. "그래, 시작되었단 말이지, 이렇게 시작되었단 말이지. 노파니, 새로운 삶이니 하는 것은 다 악마에게나 잡혀가라고 해! 맙소사! 이 모든 일이 얼마나 추악한가……!"(210면) 그리고 모든 것은 '병' 때문이라고 생각한다. 그리하여 건강을 회복하면 자기를 더 이상 학대하지 않을 거라고 결론짓는다. 하지만 환각과 열병 상태에서 쉽사리 벗어날 수가 없다. "어떤 때는 사람들이 그의 주변에 잔뜩 모여서 그를 어디론가 데려가려고 하다가, 그에 관한 일로 심하게 다투고 싸우는 것처럼 보일 때도 있었다. 그런가 하면 문득 그를 방안에 혼자 남겨 두고 모두들 나가서는, 그를 두려워하며 가끔씩 문을 빠끔히 열고 관찰하기도 하고, 그를 위협하면서 자기들끼리 무언가를 상의하고 웃으면서 그를 조롱하는 것 같기도 했다." "그는 '그 일', 바로 '그 일에 대해서는' 잊어버리고 있었다. 하지만 매순간 무언가 절대로 잊어서는 안 될 일을 잊은 것 같다는 생각에 그것을 생각해내려고 몸부림치며 신음하고 괴로워하다가, 광란 혹은 무섭고 견딜 수 없는 공포에 빠져들기도 했다. 그럴 때면 그는 자리에서 벌떡 일어나 뛰쳐나가려고 했지만, 언제나 누군가 완력으로 그를 제지했고, 그러면 또다시 무기력과 의식불명 상태로 빠져들곤 했다."(225면)

고통스런 의구심이 멈추지 않는다. "주여! 한 가지만 말씀해주소서. 그들이 모든 것을 알고 있습니까? 아니면 아직 모르고 있나요? 다 알고 있으면서 모른 척하고, 내가 누워있는 동안 나를 실컷 놀리다가 갑자기 들어와서는 모든 것을 다 알고 있는데, 나를 조롱하려고 그러는 거라고 할지도 몰라……."(242면) 이러한 불안과 초조는 자신에 대한 증오심과 경멸로 이어지기도 한다. "증오심은 자기 자신을 향하고 있었다. 그는 자신의 '소심함'을 상기하고는 경멸감과 수치심을 느꼈다."(692면) 양심의 명령에 따라 그는 스스로 유폐된다. 아무도 그를 가두지 않았는데도 말이다. 도스토예프스키적 초인 라스꼴리니꼬프와 짜라투스트라가 구별되는 지점이다.

양심의 처벌에 의해 야기된 고뇌는 삶에 대한 애착으로 이어진다. 자신의 '선실' 또는 '관'과도 같은 방에 갇혀 지내다 외출을 나온 라스꼴리니꼬프는 '악취와 먼지로 가득 찬 도시의 공기를 탐욕스럽게 들이마시며' 사람들과 이야기를 하고 싶어한다. 그리고는 중얼거린다. "사형선고를 받은 어떤 사람이 죽기 한 시간 전에 이런 말을 했다던가, 생각했다던가. 겨우 자기 두 발을 디딜 수 있는 높은 절벽 위의 좁은 장소에서 심연, 대양, 영원한 암흑, 영원한 고독과 영원한 폭풍에 둘러싸여 살아야 한다고 할지라도, 그리고 평생, 천 년 동안, 아니 영원히 1아르신밖에 안 되는 공간에 서 있어야 한다고 할지라도, 그래도 지금 죽는 것보다는 사는 편이 낫다고 했다지! 살 수만 있다면, 살 수만, 살 수만 있다면! 어떻게 살든, 살 수 있기만 하다면……!"(301면) 죽음에 대한 공포가 간헐적으로 그를 휩싼다. 새로운 진실을 발견하기라도 한 듯 그는 삶에 대한 강한 애착을 보이기도 한다. 그리고 이렇게 '변명'하기도 한다. "내가 과연 노파를 죽인 걸까? 나는 나 자신을 죽였어, 노파가 아니라! 그렇게 단칼에 나는 나 자신을 영원히 죽여 버린 거야……! 그 노파를 죽인 것은 악마이지, 내가 아냐…….."(810면) 그랬는지도 모른다. 그의 영혼에 깃든 악마가 그에게 명령한 걸 수행했을 따름이라고 한다면 그만이다. 하지만 악마의 정체는 무엇이란 말인가. 그것도 이미 인간의 일부가 아닌가. 누구의 명령을 따라야 할 것인가. 범죄현장을 재차 방문하여 상황을 엿본 뒤 라스꼴리니꼬프는 '교차로'엔 선다. "'가야 하나, 말아야 하나!' 라스꼴리니꼬프는 생각했다. 그는 교차로 복판에서 마치 누군가로부터 마지막 명령을 기다리기라도 하듯이 주위를 둘러보았다. 그러나 그 어느 곳으로부터도 응답은 들리지 않았다. 모든 것이 그가 딛고 있는 돌처럼 말없이 죽어 있었다. 그에게만은 모든 것이 죽어 있었다."(332면) '모든 것이 죽어 있었다'라는 표현은 새로운 영혼의 명령을 기다리는 자를 엄습하는 침묵의 시간이라 할 수 있을 터이다.

그런데 라스꼴리니꼬프의 '분신'인 스비드리가일로프가 등장하면서부터 그의 불안감과 공포는 더욱 고조된다. 그리하여 예전의 공포와는 전혀 다른 완전한 무력감이 그를 사로잡는다. '죽어가는 사람의 병적인 무관심 상태와 흡사한 무력감'에서 헤어나지 못한다. 그에게 스비드리가일로프는 수수께끼와 같은 존재인 동시에 싸워야 할 대상이다. 라스꼴리니꼬프의 심리적 갈등과 혼돈을 꿰뚫어 보는 시선, 스비드리가일로프는 말한다. "당신 속에서 끊임없이 실러가 혼동을 일으키고 있어요. 그래서 지금 문 옆에서 엿듣지 말라는 둥의 이야기를 하는 겁니다. 정 그러시다면, 어서 경찰에 출두해서 모든 걸 자백하십시오. 일이 이러이러하게 되어서 이런 일을 저질렀다, 그런데 이론상 사소한 실수가 생겼다, 하고 말입니다. 그렇지 않고 문에서 엿 듣는 건 안 되지만, 자기 만족을 위해서 아무거나 손에 잡히는 물건으로 노파를 죽이는 건 된다고 확신한다면, 어서 어디든 미국으로라도 떠나십시오! 도망을 치세요, 젊은이! 아직 시간적 여유가 있을지 모르니까요. 진심에서 하는 말입니다. 돈이 없습니까? 내가 여비를 드리지요."(937면) 나아가 그는 권총자살을 권하기까지 한다. 하지만 스비드리가일로프가 두냐에게 사랑을 거부당한 후 권총자살을 감행한 것과는 달리, 라스꼴리니꼬프는 삶을 끝낼 결심을 하지 못한다. 결국 '비범인' 라스꼴리니꼬프의 양심은 신을 기다리고 있었는지 모른다. 그리고 신성을 구현하고 있는 소냐가 그의 고뇌에 응답한다.

6. 소냐의 이름으로－라스꼴리니꼬프의 부활은 가능한가

라스꼴리니꼬프의 시선에 잡힌 소냐의 모습은 이러하다. "무척 마르고 창백한 그녀의 얼굴은 썩 균형잡혔다고는 볼 수 없었는데, 특히 작고 뾰족한 턱이 왠지 날카로운 인상을 주었다. 미인이라고는 도저히 부를 수 없는 얼굴이었으나, 그녀의 눈동자는 대단히 맑아서 생기가 돌 때면 얼굴에 아주 순박하고 선한 인상을 만들어 주었다. 이것이 어쩔 수 없이 사람들의 눈길을 끄는 것이었다."(454면) 열여덟 살이라는 나이에도 불구하고 어린아이와도 같은 소냐의 모습이다. 라스꼴리니꼬프의 방을 찾아 그와 만난 후 소냐는 '그녀는 아직까지 한번도 이런 감정을 느껴 본 적이 없었'으며 '뜻밖에도 전혀 새로운 세계가 혼미한 모습으로 그녀의 영혼 속에 들어와 버렸다'는 것을 직감한다.

소냐는 보이지 않는 힘으로 라스꼴리니꼬프를 붙든다. 그의 영혼 속에 깃든 신의 모습이 조금씩 그 모습을 드러내기 시작하는 것이다. "그의 불타는 듯한 시선은 냉정하고도 날카로웠으며, 그의 입술은 심하게 떨리고 있었다……. 그는 갑자기 온몸을 굽혀 땅에 엎드리더니 그녀의 발에 키스했다."(618면) 미친 사람과도 같은 행동을 하고 난 후 라스꼴리니꼬프는 '나는 당신에게 절한 것이 아니라, 온 인류의 고통에 절을 한' 것이라 말한다. 그가 보기에 소냐가 겪고 있는 고통은 '위대한 고통'이다. 하지만 회의주의자 라스꼴리니꼬프는 의심을 멈추지 않는다. "어떻게 당신의 내면에는 그런 치욕과 저급함이 그와는 정반대인 성스러운 다른 감정들과 함께 섞여 있을 수 있는 것이지?"(619면) 물론 '온갖 치욕은 분명 그녀를 기계적으로만 건드렸을 뿐이고, 진정 음란한 마음은 아직 한 방울도 그녀의 심장 속으로 파고들지 못했다'는 것을 모르는 바 아니다. 그러나 신성의 발견은 단숨에 이루어지지 않는다. 그것은 수많은 회의와 고통 그리고 불안을 대가로 요구한다.

라스꼴리니꼬프는 창백하고 여윈, 균형 잡히지 않은 모난 얼굴과 준엄하고 강렬한 감정으로 불타오를 수 있는 그 온순한 푸른 눈동자, 분개로 인해서 아직도 떨고 있는 그녀의 작은 몸을 보면서 외친다. "유로지비다! 유로지비야!"(624면) 소냐는 라스꼴리니꼬프에게 요한복음서의 라자로의 부활 부분을 읽어준다. 그리고 그는 고백한다. "나중에 알게 될 거야. 당신 역시 똑같은 일을 했잖아? 당신 역시 선을 넘어선 거야……. 넘어설 수 있었던 거지. 당신은 자기 몸에 손을 댔고, 스스로를 죽여버렸어……. '자기생명'을 말이야."(634면) 라스꼴리니꼬프는 소냐와 자신이 '같은 길'을 가고 있다. '자기 생명'을 죽이는 길이다. 그의 고백을 좀더 상세히 보기로 한다.

> "즉 어떤 사람들이 세상에서 살아야 할지, 루쥔이 살아서 그런 파렴치한 짓을 계속하게 할지, 까쩨리나 이바노브나가 죽어야 할지와 같은 문제들이 갑자기 당신의 결단 하나에 달려 있다면 말입니다. 그럼, 어떤 결론을 내리겠습니까? 그들 중 누가 죽어야 할까요? 난 그걸 묻고 싶어요." 소냐는 걱정스러운 눈초리로 그를 바라보았다. 이 확실하지 않고, 아주 멀리서부터 접근해 들어

오는 듯한, 이런 말속에는 무언가 특별한 의미가 내포되어 있는 것처럼 여겨졌다. "난 벌써부터 당신이 이런 질문을 하리라고 느꼈어요." 그녀는 그를 탐색하듯이 쳐다보며 말했다. "좋습니다. 그렇다고 치지요. 그러니, 자, 어떻게 결정을 내리시겠어요?" "왜 당신은 불가능한 일을 물어보세요?" 소냐는 난처하다는 듯이 이렇게 말했다. "그렇다면 루쥔이 살아서 나쁜 짓을 하는 게 낫다는 말이군요! 당신은 그것조차 해결할 용기가 없단 말이오?" "내가 하느님의 섭리를 어떻게 알겠어요……? 당신은 왜 해서는 안 될 질문을 하시는 거예요? 어떻게 그런 일이 내 결정에 따라 이루어질 수 있지요? 누구는 살아야 하고 누구는 죽어야 한다고 심판할 권리를 누가 내게 주었나요?"(787~788면)

이 순간 라스꼴리니꼬프는 불안하고 비통하리만큼 걱정스럽게 자신을 바라보고 있는 소냐의 시선, 간절한 사랑이 깃든 시선을 외면하지 못한다. 증오심은 사라진다. 그리고 꿈에도 생각하지 못했던 방식으로 자신의 범죄를 자백한다. 그 장면을 보면 다음과 같다.

오랫동안 그에게는 낯설었던 감정이 파도처럼 그의 영혼에 스며들어, 그의 마음을 순식간에 적셨다. 그는 그 감정을 거부하지 않았다. 눈에서 눈물 두 방울이 흘러내려, 속눈썹에 맺혔다. " 그럼, 나를 버리지 않는 거야, 소냐?" 그는 일말의 희망을 느끼며, 그녀를 바라보고 물었다. "아뇨, 아니에요. 절대로 언제까지나, 그 어느 곳에서도 버리지 않을 거예요."(794~795면)

그리고 라스꼴리니꼬프는 '나폴레옹'이 되고 싶어 노파를 죽였다고 말한다.

"어떻게 그게 진실일 수 있어요! 오, 하느님!" "나는 다만 '이'를 죽인 것뿐이야, 소냐. 무익하고 추하고 해로운 '이' 말이야." "인간은 '이'가 아니에요!" "'이'가 아니라는 것은 나도 알아." 그는 그녀를 이상한 표정으로 바라보면서 대답했다.(803면)

소냐를 빌어 이제 라스꼴리니꼬프의 영혼에서 신과 악마의 쟁투가 벌어지는 장면이라 아니할 수 없는데, 이는 인간 영혼이 겪는 비극의 드라마다. 그리고 그 싸움은 쉽사리 결말에 이르지 못한다. 소냐는 '명령'한다. "지금 즉시 나가서, 네거리에 서서 먼저 당신이 더럽힌 대지에 절을 하고 입을 맞추세요. 그 다음 온 세상을 향해 절을 하고 소리를 내어 사람들에게 말하세요. '내가 죽였습니다!'라고. 그러면 하느님께서 또 다시 당신에게 생명을 보내주실 거예요."(811면) 그러나 라스꼴리니꼬프는 절대 굴복하지 않을 것이며, 아직 더 싸울 것을 천명한다. "그는 소냐를 바라보고, 그에 대한 그녀의 사랑이 얼마나 큰지를 느꼈다. 그러자 이상하게도·그는 그렇게까지 사랑을 받고 있다는 것이 너무나 괴롭고 가슴 아프게 여겨졌다. 그랬다. 그것은 이상하고 무서운 감정이었다!"(814면)

이러한 사랑의 감정에도 불구하고 흔들리는 라스꼴리니꼬프에게 리자베따가 지니고 있던 삼나무 십자가를 내밀며 '함께 고통을 짊어지고' 갈 것을 권한다. 그러나 아직도 확정적이지 않다. 잠깐 자수를 결심하고 난 후, 두냐와 라스꼴리니꼬프의 대화를 들어보기로 한다.

> "고난을 당하러 가는 것 자체가 벌써 범죄의 반을 씻는 것은 아닐까?" 그녀는 그를 꼭 안고서 그에게 입맞추고 외쳤다. "범죄라고? 어떤 범죄 말이냐?" 그는 갑작스럽게 격분해서 외쳤다. "내가 더럽고 해로운 '이' 같은 존재, 아무에게도 필요하지 않은 고리대금업자 노파를 죽인 범죄 말이냐? 가난한 사람들에게서 즙을 빨아먹은 그 여자를 죽였다는 이유로 사람들은 마흔 가지의 죄도 용서해 줄 거야, 과연 그런 게 범죄일까? 난 그런 것에 대해서는 생각하지 않아. 죄를 씻을 생각도 없어. 모두들 사방에서 내게 손가락질을 하면서 말하지, '범죄다, 범죄다!'라고. 하지만 그 불필요한 수치를 향해 가기로 결심한 지금에서야 비로소 나는 내 소심함과 어리석음을 분명하게 깨닫게 되었어! 난 단지 비열함과 무능함 때문에 가려고 결심한 거야."(1,000~1,001면)

라스꼴리니꼬프는 깊은 상념에 잠겨 이렇게 생각한다. "과연 어떤 과정을 거쳐서 마침내는 내가 생각도 없이 그들 모두 앞에 고개를 숙이고, 마음 속 깊은 신념으로부터 굴복하는 일이 생기게 될 것인가! 그렇게 되지 말라는 법이라도 있겠는가? 물론, 틀림없이, 그렇게 될 것이다. 물방울이 바위를 쪼갠다고 하지 않는가. 그렇다면 나는 왜 살아야 하고, 나는 왜 지금 모든 일이 그렇게 되리라는 것을 뻔히 알면서도 그곳으로 가고 있는 것일까!"(1,006면) 그의 회의는 쉽사리 멈추지 않는다. 자수하기 전날, 그는 소냐에게 십자가를 받으러 간다. 소냐는 두 개의 십자가, 즉 청동으로 된 것과 삼나무로 된 것을 건넨다. 그는 두 사람을 살해할 당시 십자가를 노파의 가슴에 던진 적이 있다. 하지만 십자가를 받아들고 성호를 몇 번씩이나 그어도 그의 불안은 그치지 않는다. 소냐 앞에서 마음을 굳히지 직전까지 그의 영혼에는 '적의에 가득 찬 반항적인 의심만이 끓어' 오른다. 그래서 그의 독백은 처절하게 들린다. "소냐에게서 십자가를 받는 것이 정말로 내게 필요했던 것일까? 오, 난 정말로 밑바닥까지 추락해 버렸구나! 아냐, 내겐 그 여자의 눈물이 필요했던 거야. 그 여자의 겁먹은 표정을 보는 것이 필요했고, 그 여자의 마음이 아프게 찢어지는 것을 보고 싶었던 거야! 무슨 지푸라기라도 붙잡아서 시간을 끌고 싶었던 거야. 사람을 보고 싶었던 거야! 이런 내가 감히 자기 자신에게 기대를 걸고, 자신의 삶에 대해서 꿈을 꾸었다니! 난 비열하고 쓰레기 같은 인간이다. 난 비열한 놈이다, 비열한 놈!"(1,013면)

자수하러 가기 직전 라스꼴리니꼬프는 센나야 광장에서 소냐의 말을 떠올린다. "네거리에 가서 사람들에게 절을 하고 대지에 키스하세요. 당신은 대지 앞에 죄를 지었으니까요. 그리고 세상의 모든 사람들에게 소리내어 말하세요. '내가 죽였습니다'라고."(1,015면) 그리고 '그는 광장의 한가운데에 무릎을 꿇고 머리가 땅에 닿도록 절을 하고는 달콤한 쾌감과 행복감을 느끼면서 더러운 땅에 입을 맞'춘다. 그러나 '내가 죽였습니다'라는 말은 입 속에서 얼어붙어 버린다. 소냐는 그의 슬픈 여정을 계속해서 따라오고 있다. 경찰서에 이르러 그는 스비드리가일로프의 자살 소식을 듣고는 돌아서 나온다. 그런데 경찰서 마당 입구에서 얼마 떨어지지 않는 곳에 '죽은 사람처럼 얼굴이 창백한 소냐'의 모습을 본다. "소냐는 놀란 듯한 표정으로 그를 간절히 바라보고 있었다. 그는 그녀 앞에 멈추어 섰다. 무언가 병적이고 고통스러운 표정, 무언가 절망에 가득 찬 표정이 그녀의 얼굴에 떠올랐다. 그녀는 애원하듯 두 손을 맞잡았다. 비굴하고 당황한 듯한 미소가 그의 입술에 번졌다. 그는 잠시 서서, 쓴웃음을 짓더니 몸을 돌려 다시 경찰서가 있는 위층으로 올라갔다."(1,025~1,026면) 드디어 '바로 제가 그때 고리대금업자 노파와 그의 여동생 리자베따를 도끼로 살해하고 돈을 훔친 사람'이라고 자백한다. 그의 의지는 마지막 순간까지 자수 혹은 자백을 거부한다. 적어도 저항한다. 하지만 '성스러움'의 화신인 소냐의 간절한 표정이 그를 자백으로 이끌었다는 점에 주목할 필요가 있다. 소냐로 표상되는 신의 뜻에 대한 인간의 불안한 저항이야말로 『죄와 벌』이 보여주는 긴장감의 핵심이라 할 수 있을 터이다. 자유의지를 지닌 인간은 '곧바로' 신의 영역으로 도달할 수 없다. 표현하기 어려운 긴장과 갈등과 불안과 고통 그리고 고난을 동반하지 않는 한, 인간이 신의 품에 안긴다는 것은 일종의 제스처에 지나지 않을 따름이다. 이렇듯 신과의 화해를 통한 갱생의 길은 쉽지 않다.

7. 에필로그

라스꼴리니꼬프는 정상이 참작되어 8년형을 선고받고는 시베리아로 유형을 떠난다. 라주미힌은 두냐와 결혼한다. 아들이 시베리아로 떠난지 얼마 지나지 않아 어머니 뿔헤리야 안렉산드로브나는 숨을 거두며 소냐는 그를 따라와 어렵게 옥바라지를 하다 병이 든다. 그의 심리적 저항은 의연하다.

> 그는 소냐 앞에서마저 자기 자신을 수치스럽게 여겼고, 이 때문에 그녀를 경멸하듯이 거친 태도로 괴롭혔던 것이다. 그러나 깎인 머리도 족쇄도 부끄럽지 않았다. 심하게 상처를 입은 것은 그의 자존심이었고, 그는 상처받은 자존심 때문에 병이 난 것이었다. 오, 만일 그가 스스로 자신의 유죄를 인정할 수만 있었더라면, 그는 얼마나 행복했을 것인가! 그렇게만 되었다면 그는 모든 것, 즉 수치와 모욕마저도 견뎌낼 수 있었을 것이다. 그는 자신에 대해 준엄하게 판단해 보았지만, 그의 굳은 양심은 자신이 저지른 지난 사건에서 모든 사람들에게 일어날 수 있는 실책 이외에는 다른 어떤 특별히 무서운 범죄도 발견할 수 없었다. 그는 자신, 즉 라스꼴리니꼬프라는 사람이 맹목적인 운명의 판결에 의해서 이렇게 맹목적으로 희망도 없이, 소리도 없이, 어리석게 파멸당했다는 사실이, 그리고 조금이라도 마음에 평안을 얻기를 원한다면, 그 판결의 '무의미함' 앞에서 마음을 누그러뜨리고 굴복해야 한다는 그 사실 자체가 부끄러웠던 것이다.(1,045~1,046면)

끝내 그는 '자기가 저지른 범죄를 뉘우치지 않'는다. 그는 계속해서 묻는다. "'악행'이라는 단어의 의미는 무엇인가? 나의 양심은 편안하다. 물론, 형식적인 범죄가 저질러졌다. 물론 법조항이 지켜지지 않았고, 피를 흘리게 했다. 그러니 법조항 대신에 내 머리를 자르면 될 것 아닌가……. 그것으로 충분하다. 물론 그런 경우에는 권력을 세습받지 못했지만, 스스로의 힘으로 권력을 잡은 인류의 수많은 은인들마저 인생의 첫발을 내디딘 순간에 사형을 당했어야만 할 것이다. 그러나 그 사람들은 자신들의 걸음들을 내디뎌 앞으로 나갔고, 그랬으므로 그들은 옳았다. 그런데 나는 내디딜 수가 없었으므로, 그 걸음을 스스로에게 허용할 권리를 지니지 못한 것이다."(1,048면)

수형인들은 이런 라스꼴리니꼬프를 불신자라며 증오하는 반면 소냐를 '상냥하고 사랑스러운 우리의 어머니'라며 존경한다. 그는 고열과 헛소리에 시달리면서 누어 있을 때 이런 꿈을 꾼다.

전세계가 아시아에서 유럽으로 번지는 어떤 전무후무하고 무시무시한 전염병의 희생물이 되어야 할 운명에 놓여 있었다. 아주 적은 수의 선택받은 사람들을 제외하고는 모두들 죽어야만 했다. 어떤 새로운 섬모충이 나타났는데, 이것은 현미경으로만 볼 수 있는 존재로 사람들의 몸 속에서 기생해서 살았다. 그러나 이 생물은 지성과 의지를 부여받은 영적 존재였다. 이 생물에 감염된 사람들은 즉시 발광해서 미쳐 버리게 되어 있었다. 그러나 감염된 사람들만큼 자기가 진리에 확고히 뿌리를 박은 현명한 사람이라고 여기는 사람들은 일찍이 없었다. 이 사람들은 자신의 판단, 자신의 과학적인 결론, 도덕적인 확신과 신앙을 이때보다 더 확고하게 느껴본 적은 없었던 것이다. 온 마을이 온 도시가 온 사람들이 감염되어 미쳐갔다. 모두들 불안에 빠졌고, 서로를 이해하지 못하며, 오로지 각자 자기 속에만 진리가 있다고 생각하며, 다른 사람들을 보면서 괴로워하고, 가슴을 치면서 울부짖으며 손을 쥐어틀었다. 누구를 어떻게 판단해야 할지 몰랐고, 무엇이 악이고 무엇이 선인지 의견의 일치를 볼 수 없었다. 누구를 고소하고 누구를 변호해야 할지 몰랐다. 사람들은 어떤 무의미한 증오심 속에서 서로를 죽여갔다. 서로를 향해 군대를 결성했지만, 군대는 진군을 하던 중에 갑자기 자기편을 죽이기 시작했고, 대열은 흐트러지고, 병사들은 서로에게 달려들어 찌르고 베고 물면서 상대를 죽였다. 도시마다 하루 종일 경종이 울렸다. (…중략…) 화재와 굶주림이 시작되었다. 온 인류가 그리고 모든 것들이 파멸해갔다. 전염병은 점차 기세 등등해져서 더욱 멀리까지 퍼져 나갔다. 전세계에서 구원을 받을 수 있는 사람은 단 몇 뿐이었는데, 이들은 마음이 깨끗한 사람들로 새로운 종족과 새로운 삶을 시작하고, 대지를 복구하고 정화하게 될, 선택받은 사람들이었다. 그러나 사람들은 어디에서도 그들을 만나볼 수 없었고, 그들의 목소리와 말조차 들을 수 없었다.(1,053~1,054면)

부조리한 환각! 이 꿈을 계기로 도스토예프스키적 초인 라스꼴리니꼬프는 신의 존재를 어렵사리 긍정하기에 이른다. 그의 관념 속에서 벌어졌던 신성과 마성의 격투는 이제야, 작품의 맨 끝에 이르러서야 조금 그 승패의 윤곽을 드러낸다. 신성이 승리할 수 있었던 것은 사랑 때문이었다. 즉, "그는 울면서 그녀의 무릎을 안았다. 처음 순간 그녀는 무섭도록 놀라서, 온 얼굴이 죽은 사람처럼 창백해졌다. 그녀는 자리에서 벌떡 일어나, 벌벌 떨면서 그를 바라보았다. 그러나 곧, 바로 그 순간에 그녀는 모든 것을 이해했다. 그녀의 눈에서는 무한한 행복감이 반짝이기 시작했다. 그녀는 이해했다. 그녀는 한 점의 의심도 하지 않았다. 그가 사랑하고 있다는 것, 그가 그녀를 무한하게 사랑하고 있다는 것을, 마침내 그 순간이 도래했다는 것을……. 그들은 말을 하고 싶었지만, 할 수가 없었다. 눈물이 그들의 눈앞을 가렸다. 두 사람 모두 창백하고 여위어 있었다. 그러나 이 병들어 창백한 얼굴에서는 이미 새로워진 아침 노을, 새로운 삶을 향한 완전한 부활의 서광이 빛나고 있었다. 그들을 부활시킨 것은 사랑이었고, 한 사람의 마음속에 다른 사람의 마음을 위한 삶의 무한한 원천이 간직되어 있었다."(1,057~1,058면) 이처럼 라스꼴리니꼬프의 '개심(改心)'에는 고통과 희생이 따라야 했다.

그러나 그럼에도 불구하고 도스토예프스키는 라스꼴리니꼬프의 개심을 확정적인 것으로 보지는 않는다. 마지막으로 이렇게 말하고 있기 때문이다. "그는 새로운 삶이 거저 그에게 주어지지 않으리라는 것도, 그 삶을 사기 위해서 아직은 값비싼 대가를 치러야 한다는 것도, 그것을 위해서는 앞으로 위대한 행적을 쌓아 보상해야 한다는 것도 미처 모르고 있을 정도였다. 그러나 이제 새로운 이야기, 한 사람이 점차로 소생되어 가는 이야기, 그가 새롭게 태어나는 이야기, 그가 한 세계에서 다른 세계로 옮겨가는 이야기, 이제까지는 전혀 몰랐던 새로운 현실을 알게 되는 이야기가 시작되고 있다."(1,060면) 라스꼴리니꼬프의 개심에는 적잖은 유보조항이 붙어 있다. 그러니까 그의 개심은 새로운 삶의 시작을 알리는 신호일 따름이다. 그의 새로운 삶이 겪게 될 고통을 도스토예프스키는 이미 예견하고 있었는지도 모른다. 복잡다단하기 그지없는 존재인 인간은 단번에 신의 세계로 들어올려지지 않는다. 아니 그럴 수도 없다. 이런 점에서 도스토예프스키는 참으로 '잔인한' 예언가이자 사상가라 아니할 수 없다.